U0926208

本译丛获教育部人文社科重点研究基地项目“本土媒体全球化发展历程及问题研究”、“新媒体使用及其影响研究”和教育部“多媒体时代记者型主持人培养模式创新实验区”资助

IPTV and Internet Video:

Expanding the Reach of Television Broadcasting (2nd Edition)

·当代电视研究前沿译丛·

总主编 王瀚东 张卓

IPTV and Internet Video:

Expanding the Reach of Television Broadcasting (2nd Edition)

交互式网络电视与互联网视频

——视听放送的进展(第2版)

[美] 韦斯·辛普森(Wes Simpson)
[美] 霍华德·格林菲尔德(Howard Greenfield) /著

张少君 /译

中国·武汉

内 容 提 要

本书在视听传播业迅猛发展的背景下深入剖析了互联网视频革命的技术内涵和产业影响。作者通过对广播电视变革和互联网发展趋势的考察，构建了基于互联网传输技术下的视频传递系统、业务模型以及商业模式，进而帮助技术人员有效搭建视频传输系统，帮助商业决策者做出明智的技术选择和成功的商业决策。

图书在版编目(CIP)数据

交互式网络电视与互联网视频:视听放送的进展/(美)韦斯·辛普森，(美)霍华德·格林菲尔德著；张少君译. —2 版. —武汉:华中科技大学出版社，2019.10

ISBN 978-7-5680-5685-4

Ⅰ. ①交… Ⅱ. ①韦… ②霍… ③张… Ⅲ. ①互联网络-传播媒介-研究 Ⅳ. ①G206.2

中国版本图书馆 CIP 数据核字(2019)第 261414 号

湖北省版权局著作权合同登记 图字:17-2019-170 号

交互式网络电视与互联网视频
——视听放送的进展(第二版)

Jiaohushi Wangluo Dianshi yu Hulianwang Shipin
—Shiting Fangsong de Jinzhan(Di-er Ban)

[美]韦斯·辛普森(Wes Simpson)
[美]霍华德·格林菲尔德(Howard Greenfield) 著
张少君 译

策划编辑:钱 坤　　封面设计:原色设计
责任编辑:张汇娟　　责任校对:李 弋
责任监印:周治超
出版发行:华中科技大学出版社(中国·武汉)　　电话:(027)81321913
武汉市东湖新技术开发区华工科技园　　邮编:430223
录　排:华中科技大学惠友文印中心　　印　刷:湖北新华印务有限公司
开　本:710mm×1000mm 1/16　　印　张:13.75　插页:2
字　数:265 千字　　版　次:2019 年 10 月第 2 版第 1 次印刷
定　价:68.00 元

作者献词

感谢我深爱的妻子 Laurie，以及两个孩子 Taylor 和 Cameron，因为他们的支持和鼓励，我才能走完这段有趣而艰辛的旅程。

——韦斯 · 辛普森

致将我托在肩上、放在心间的父母 Sam Greenfield 和 Rose Greenfield。

——霍华德 · 格林菲尔德

致谢

笔者在此要感谢诸多专家和思想领袖，正是与他们开放且充满智慧的面谈，让我们吸取了大量的经验，这非常有助于我们开展工作。本书获益于他们的思想以及他们对未来科技、商业以及文化所做的贡献。

同样，笔者也要向很多与本书有密切联系的人们致意，他们为这本书的编写提供了诸多的帮助和支持，并同我们一起完成了这项卓越的任务。他们是：

Angelina Ward, Beth Millett, Joanne Tracy, Mark Weiss, Olaf Nielsen, Keith Glitz, Gene de Vore, Justin Radke, Pierre Costa, John Trimper, Paul Atwell, Graeme Packman, Cesar Bachelet, Jon Haass, Dan Gillmor, John Markoff, Francoise Groben, Barbara Bouchet, Ephraim Schwartz, Susan Daffron, Jean Anderson, Bill Veltrop, Steve Schneider, Clare Henjum, Keval Desai, Mark Valahovic, Dan Oakey.

关于作者

Wes Simpson Telecom Product Consulting 公司创始人、主席。Telecom Product Consulting 是一家专注于解决企业视频及电信产品发展与营销的独立咨询机构。在视频传输领域，Wes 是一位高产的演讲人和分析师。在过去 5 年的时间里，他先后在 IBC、NAB、Broadcast Asia、SMPTE、Vid Trans 等会议中发表演讲。同时他还是畅销书 *Video Over IP：A Practical User's Guide to Technologies and Applications* 的作者，此书已于 2008 年由 Focal Press 再版。

Wes 拥有超过 28 年的电信应用产品的设计、开发和营销经验。在创立 Telecom Product Consulting 之前，他曾担任 MPEG 格式视频设备生产公司 VBrick Systems 的 COO（首席运营官）。在更早的时候，Wes 则是 ADC 的生产主管，在他的领导下，公司开发了引领市场的视频转换系统 DV6000。毫无疑问，在电信产业领域，Wes 拥有丰富的工作经历。在 1997 至 2001 年，作为 Video Services Forum 的联合创始人，Wes 担任了该论坛的董事会成员。他拥有克拉克森大学电子工程学士学位以及罗切斯特大学工商管理硕士学位。

Howard Greenfield Go Associates 主席。Go Associates 是一家帮助企业实现技术向市场转化的全球咨询公司。他既是电子媒体和商业发展的咨询师，也是一位具有全球影响的资深专栏作家。Howard 在诸多公司都扮演着重要的高级管理和咨询师的角色，这些公司包括 Sun Microsystems、Informix Software、英国电信、苹果公司等。他还创建了 Sun Microsystems 的第一个媒介实验室。

在过去的 25 年间，Howard 一直是一位成功的技术开发者、经理、教育者和作家。此外，作为与 Xerox PARC、Ericsson 及美国电影学会等大型组织有紧密合作的个人，他在众多创业型公司中扮演着领导者的角色。这些创业型公司涉及在线视频编辑、流媒体、内容管理以及定向插播视频广告等领域。其中有三家公司后来分别被 Ariba、IBM 和微软收购。

Howard 曾在硅谷、欧洲以及亚洲等地举办的诸多国际会议中发言，并为政府机构和文化咨询委员会提供服务。这些机构包括加利福尼亚州政府、UK Trade & Invest、CNET 等。他的文章涵盖了互联网、广播以及电信产业融合等领域。Howard 拥有斯坦福大学交互技术硕士学位。

笔者诚挚期待来自读者的任何评论、提问以及思考。如需来函，请发送 e-mail 至 wes. simpson@gmail. com 给 Wes，或 howard@go-associates. com 给 Howard。

序

1999 年，我所在的 broadcast. com 公司[①]开始转型，并成为一家如同 DIRECTV[②]的互联网媒体，我们共同的任务是对广播传送业进行彻底的改造。

今天，在这项改造进行了 10 年之后再来展望 2010 年之后的世界，任务似乎依旧没有改变：将无线节目与网络线上节目进行连接。我一贯认为，视频的演进将会创造机遇，但是竞争环境和利害关系都会发生变化。伴随着互联网的延伸，网络环境下的广播级品质的标清和高清视频正在为受众提供卓越的交互性、个性化和定制化服务。

作为一项产业，我们一直致力于不断完成有关 IP 网络、宽带、压缩、三屏接入，以及机顶盒、台式计算机、智能手机向新商业模式、广告模式以及服务模式的转变。在接下来的阶段，我们将关注 IP 网络提供服务的新特点和结果收益的新表现。

在这本书中，Wes Simpson 和 Howard Greenfield 尝试对 IP 视频传递技术和基于此技术发展下的商业影响一探究竟。今天，IP 视频表现出了向用户进行内容传送的多种可行性。从商业角度看，它揭示了多种产生投资回报的路径，这其中包括了消费者的多种支付方式以及赞助商和广告商的新的机遇，但必须指出的是新技术在 IP 平台上的易实施性将同时使我们面对机遇和挑战。

我们正在见证视频传输方式的惊人改变。如果一种媒介能够从根本上向大众提供广泛且多元的娱乐形式，那么它将成为一种通用的数据类型，它能轻易整合机顶盒或者浏览器上的新闻、体育和娱乐信息，以及文本、邮件、社交媒体、商业交易、IT 企业应用软件等。但凡想将传输系统的潜质转化为收益，都必须对其建立范式，并构建出良好的商业系统来满足供应商的需求。

市场的剧变让我们清楚地意识到，我们的探究应符合更宽广视野下的决策要求。请读者注意，市场的转变和新趋势的发展是这本书关注的重点。正如在其中一章的开篇所引用的比尔・盖茨的话："五年内，人们就会嘲笑我们今天正在使用

---

① broadcast. com 公司：库班创建的线上网站，被雅虎收购，译者注。

② DIRECTV：1994 年成立，总部在美国加州埃尔塞贡多市，主要业务是直播卫星电视，译者注。

的电视。”但是传统的广播业者如何在错综复杂的技术革新浪潮中拔得头筹?变革为无数的内容生产者、广告业者和商业管理者提供了失不再来的机遇,也为更多人提供了在媒体王国的起跑线上就能获取收益的机会。

越来越多的选择方式和多元内容被提供给了无论身处何处(家里或者外面,固定场所或者移动场所,繁华场所或者偏僻场所)的受众,这是 IPTV 变得重要的原因。有新的内容获取方式和新的内容观看方式的支撑,越来越多的内容变得可传送、可负担,并常常可以供用户免费使用,而我们正在做的只是突破表象。《交互式网络电视与互联网视频——视听放送的进展(第二版)》一书是一份周密的执行简报,它从独立制造业者的角度为我们提供重要技术的可靠描述。在这本书中,作者 Wes Simpson 和 Howard Greenfield 向一线的产业领袖们传递了富有价值的思考内容和趋势分析。

作为消费者,我们希望获得电视网络选择范围的极大化和内容的定制化,这成为今天行业的底线。我们可以独自观看一段视频,也可以和朋友们一起观看。我们可以按自己的节奏在数字摄录机、IPTV,抑或是计算机上观看我们想看的内容。我们也可以按时收看,以便我们可以一边收看一边和朋友进行讨论,或是在看完之后和朋友分享。为什么可以这么随性?因为我们确信他们同样也能收看到。我们希望可以窝在沙发里却漫游在由数以百计的电视频道提供的数以千万计的节目之中。

电视和我们已然无法分割,正如前 BBC 首席执行官 John Varney 在这本书中所言:“我们正在目睹社交网络、用户生产和视频分送三者间融合萌芽的产生。如果这一过程能被确认,那么其广泛的影响力将使其成为广播传送史上最神奇的时段。”

成为达拉斯小牛队的老板和首席啦啦队队员让我兴奋和满足。今天电视业正在进行革命,我身处其中,正是在这个过程中我看到了可视化交互传播的新纪元。这股冲劲儿正在重塑我们的生活,并深切地影响着全球的商业部门。无论是广播传送业、娱乐业、互联网业还是电信业都无法像视频这般无所不在。

我们移步进入下一个十年,这正是我们探索这一成长中的新型产业的最好时机。最好的时代即将到来,这正是作者在这本书提供和论证的信息。1999 年以来,我们在视频传送革新中取得了很大的进步,视频传送的革新速度只会越来越快。我们的想象力正不断遭受挑战,今后的历险将使我们在希望和繁荣中学习到更多、成长得更快。

马克·库班

broadcast.com 创办人

HDNet 公司,达拉斯小牛队拥有者

前言

世界正在发生着巨变，大的事物将无法再击败小的事物，但快的事物可以击败慢的事物。

——鲁伯特·默多克

在过去几十年里，传统的广播商业模式一直符合社会发展的需求，但如今这种模式正在开始改变。今天，越来越多的消费者所使用的获取视频内容的方式在过去若干年中是无法想象的。如今每个月都有数以亿计的视频从世界各地被生产出来，数以百万计的各国用户通过 IPTV（网络电视）订阅了相关服务。请仔细思考以下的描述：

电视正在向网络转移。通过台式计算机和其他上网设备收看 2008 年北京奥运会的受众人数创造了历史记录（230 万人同时在线见证了迈克尔·菲尔普斯斩获第二块金牌）。2002 至 2009 年，美国流媒体的浏览和下载数量迎来激增。仅 2009 年 3 月，YouTube 就向 8900 万的单一用户提供了 54 亿个视频；同一时间，Hulu 发布了 3.48 亿个黄金时段的节目和电影视频。①

非实时性数字录像机（DVR）和广告跳过。过去数年里，使用数字录像机的美国用户数量急剧增加，伴随而来的是无线电视和有线电视向集成式机顶盒等多样化的解决方案转移。2008 年，全球有 2000 万台 DVR 设备进入家庭。有机构预测，装载 DVR 设备的家庭将从 2008 年的 5600 万个增长到 2013 年的 2.08 亿个。② 这使广告商的焦虑不断增加，这种焦虑既源自有偿过滤广告的行为不断出现，也来自广告商将丧失掌控观众在特殊情形中观看广告的能力，如电影开场时间里的广告信息等。

媒体走向移动化。移动电话的销售量已超过 10 亿，它们越来越多地开始提供视频功能。事实上，智能手机在未来数年中将占手机销售额的一半以上。超过黑莓销售量的 iPhone 3 仅在 2008 年第三季度就通过 App Store 向 iPhone 用户提

---

① YouTube 为世界上最大的视频网站，Hulu 是一家美国的视频网站，译者注。

② Informa Telecoms and Media，http://www.storagenewsletter.com/news/consumer/informa-telecoms-media-dvr-pvr-sales。

供了2亿种软件以供购买或下载。同时,新的移动文件和流媒体发布标准也越来越多地基于IP技术,根据市场观察,未来这一增长势头还将延续。

人人都是制作人。与上述现象同时发生的是,越来越多地由用户生产的视频内容持续引导观众访问YouTube等网站。仅以2009年3月为例,YouTube上视频的日观看人次就达1.76亿。不同需求的受众愈发习惯在计算机显示屏前观看多样化的视频内容。

播客成为主流。当Adam Carolla[①]在2009年离开传统主流广播而成为一个播客后,他的播客内容在其开播的一周内就被下载了100多万次。这一数字远远超过了预期。预计到2013年,仅在美国将有接近3800万的播客受众。

免费多屏观看时代的到来。越来越多的设备提供商,如Sling Media、Apple、Vudu、Roku[②]等,现在都允许消费者在不同的观看设备上共享所购买的媒介内容,这些设备包括台式计算机、电视以及便携式媒体播放器等。

在过去25年中,那曾只是虚无缥缈的新兴数字媒体网络,现在已然发出了振聋发聩的声音,一场新的商业革命正在发酵。传统播出机构如何在如潮水般涌入的新技术竞争中保持优势?这要求传统媒体理解并学会利用那些同样被竞争对手——视频提供商所使用的关键技术。不论是交互式网络电视(IPTV)还是互联网视频都是基于IP技术的,并非与广播传输产业完全无关。

电视传播业者早就是IP技术的集中使用者。但凡在一家现代视频生产机构里走上一圈,我们就不难发现,从数字编辑台到文件服务器,再到播出控制系统,几乎所有的设备都在使用IP技术。同样我们也很难在当下的播出执行部门中找到不支持IP技术的设备。手提式计算机、便携式电邮设备,抑或是IP语音电话,无一不是基于IP技术的设备。

然而不管怎样,早些年想通过IP网络传输放送视频影像是不可行的。但今天,随着高速网络的发展以及全球范围内硬件生产商对IP技术的接纳,通过IP网络进行视频的传输不仅是可行的,而且成为向某些特殊类别观众进行视频传送的唯一方式。对于已是或将要成为视频内容经销商的人而言,其关键在于IP技术将会如何影响到观众观看和支付视频内容的行为。

本书对视频传输技术及其商业面都进行了探索,例如如何快速将IP技术渗透到生产、传送和市场行为中。IP技术创造了向消费者传递内容的大量新的方法,这些方法集中体现在与广告业支持的传统线性广播的差异上。有观点认为,IP视频开启了许多价值生产的新路径,这其中包括消费者运用的各种不同的支付

---

① Adam Carolla:电台主持人、电视主持人、演员、导演和播客,曾主持《亚当·卡罗拉脱口秀》,译者注。

② Roku:2002年成立的美国公司,其产品以与网络相关的多媒体装置为主,译者注。

方式以及赞助商和广告业的相关机遇。那些在IP平台上出现的便于执行的新技术，意味着新的商业模式将成为可能，这将是富有创造性的挑战之路、机遇之窗。

本书旨在为读者提供一个围绕IPTV和互联网视频的相关技术及其商业运作的可靠论述。我们以审慎的态度对主要的概念进行了梳理，并对个体执行的特殊细节持续保持关注。在个案研究中，我们会引用真实案例来加以诠释，这些案例往往是相关技术在现实中为付费用户传送的服务。

执行人员、职业经理人以及技术人员将从本书中获得有益的信息。执行人员将会从中找到针对不同技术选择和商业选择的指引。无论是大型的媒体集团、电信提供商还是小型的创业公司，这种指引都有助于其实现自己的战略目标。

职业经理人会发现本书中大量的技术和商业模型都有助于实现自己组织中有关视频传送商业战略目标的实现。技术人员将会在书中找到各类工具和设备的概述，这将有助于构建视频传递系统，有助于快捷地界定下一步研究领域及其实现的路径。

许多产业正在IPTV和互联网视频传递系统的大潮中受到影响，具体有以下几个方面：

① 新的技术将被引入现有的传播机构，并用于为内容的传递和新的用户体验创造途径。

② 电信网络供应者将会创造一系列的服务和传递模型，这些模型能够帮助公司从已有的设备和基础设施投资中寻获新的赢利点。

③ 媒体提供商和内容提供商将会发现一系列的机会，新技术将使内容不仅能传送给本地消费者，而且能向国际市场传递，同时他们还可以从中发现新的商业模型并寻求资产价值最大化。

④ IT工程师和软件开发者将能够从更高的维度去探寻应用程序、中间件和服务系统在媒体传递中的一体化实践，并创造出新颖的、多元的网络操作方法。

⑤ 投资者将从中收获更深层次的有关技术和商业实践的认知，这将广泛冲击不同的市场并产生新的投资模式。这种认知能力的提升，将可以界定不同部门的价值所在，从而帮助投资者做出清晰、有效的投资决策。

本书的设计基于更好地帮助读者快速、有效地找寻各类信息。我们提供了以下三个方面的内容作为各章节主要关注点的补充，希望为决策者提供更多的思考空间。

① 专家解读。每章开篇都会有一个“专家解读”，其内容都直接引自在该领域有着卓越影响力的开创者的原文。这些开创者为我们提供了该领域当下的发展方向以及未来的有效预测。

② 现实检验。基于本书的重要对象是同时对新技术的优势和劣势都需要了解并掌握的决策者，所以我们在每个章节的结尾都加入了现实检验这一环节。在

一些章节中,它呈现了符合本章节主题的应用研究或市场数据;而在另一些章节,它则聚焦在具体事件或限制技术广泛发展的服务上。但无论是哪种形式,我们都希望通过典型的事例来帮助读者更好、更全面地领略 IP 视频的优点。

③ 术语表。对本书中相关领域的各种术语的解释能够更好地帮助读者接收并理解有关信息。附录中有 180 多个技术术语,为读者提供清晰、明了的术语释义。

本书将用十二个章节来阐释有关 IPTV 和互联网视频技术的发展及其商业化、产业化等核心内容。每一章节都会为广播业者和有关服务提供者阐释一个本领域的重要议题。我们乐于看到读者根据自身的兴趣和所需去选读任何章节。但必须提醒大家的是,一些重要且基础的概念主要在前几个章节中进行讨论,且在后面的一些章节中会有所涉及,请读者理解。本书十二章的内容如下:

第一章:什么是互联网协议(IP),为什么要在视频领域使用互联网协议?本章将对使用 IP 网络进行视频传输服务的基本动机进行分析,同时我们也将对该领域在市场主导下的急速成长进行研究。

第二章:IP 视频的类型。本章将对 IP 网络下的四种视频类型进行讨论:IPTV(交互式网络电视,IP 电视)、IPVOD(IP 视频点播)、Internet TV(互联网电视)以及 Internet Video(互联网视频)。我们将对每一种类型都进行详细的讨论,并尝试通过不同的传输模式来比较各视频类型的系统属性。

第三章:商业模式。IPTV 和互联网视频催生了多种迥异的商业模式。在本章中,我们将关注设备成本、项目成本以及视频用户的付费模式,并对实际应用的 IPTV 系统进行深入分析,讨论其方案中预期的财务目标是否能实现。

第四章:网络概览。本章将对 IPTV 和互联网视频系统的基本架构进行讨论,对两者在硬件和软件功能上的所有关键元素进行描述。

第五章:IP——互联网协议。IP 是 IPTV 和互联网视频的根本。本章我们将对 IP 和对 IP 提供硬件支持的多种当下流行的设备进行充分的介绍。同时,我们也将对多点广播这一 IPTV 中的重要概念进行阐释。

第六章:视频压缩。视频压缩是所有 IPTV 和互联网视频系统的根本需求。我们将从这一需求展开讨论,并对当下主流的压缩系统——MPEG 系列、Microsoft Windows Media 等多种压缩系统进行描述。

第七章:视频品质与安全的维护。本章将围绕视频品质与安全展开讨论。我们也将对视频与网络的损耗加以描述,这种损耗始终伴随着系统设计者一直以来尝试削弱乃至抵消损耗的努力。

第八章:选择合适的服务器。服务器广泛应用于 IPTV 和互联网视频系统中。在本章中多种服务器技术将被广泛讨论,它们是构成 IPTV 和互联网视频系统的关键。同时,我们将着重分析用于视频点播、广告以及直播流的服务器技术。

第九章:带宽的重要性。现状是多种不同的服务在有限的 IP 带宽下展开了激烈的竞争。我们将对 DSL 生态系统和家庭网络进行探讨,并尝试给出一个网络带宽的计算实例。

第十章:机顶盒。机顶盒是 IPTV 网络的核心组成部分之一。它必须能够接收视频数据包并进行压缩,且在需要时能进行解码播放。同时,机顶盒和中间件也必须能够支持基于 IPTV 的用户所有的互动行为。

第十一章:互联网视频接入。多种技术可被用于互联网视频服务,它们包括真实流、下载并播放、渐进式下载和播放。我们将考察每一种技术、每一种相关协议及其播放器。

第十二章:IP 视频的未来。本章将对 IPTV 和互联网视频未来的可能性进行广泛的讨论,这将涉及商业驱动力量、更先进的技术条件以及移动媒体设备。我们将专注于通过商业领袖、趋势分析师以及技术人员对自身领域未来的认知来描述 IP 视频的发展和未来。

通过本书,你将发现有关媒介未来的讨论以及重塑视频媒体的种种力量。这些认知都是有依据的。IP 有着近乎无限的潜能去重塑共同作业的完成方式并诠释全球化设计是如何整体实现的。没有日新月异的互联网网络,本书将无从落笔。

显而易见,传媒的未来生态将与今天的广播和传播生态迥异。希望读者能够从我们提供的各种专业意见中受到启发、有所收获。此外,我们也坚信,无论是作为技术开发者、商业拓展者,还是作为一个新的媒体世界中的受众,本书都将提供抓住未来机遇的一把钥匙。

目 录

第一章

什么是互联网协议，为什么要在视频领域使用互联网协议？

只有在电视里发生了，否则任何事物都不是真实的。

——Daniel J. Boorstin（美国社会历史学家、教育家）

在我们尝试去定义什么叫互联网协议（IP）以及诠释为什么对视频而言 IP 是一个好的解决方案之前，我们可能首先得认识到视频传输并不是今天才存在的东西，这一点显而易见，并且这一存在在未来的许多年里将进一步统治视频传输领域。当这一现象发生时，新型的媒体传播服务将会以可以想见的方式与之共同提升。

在本章中，我们将花更多的精力去讨论 IP 的起源，并在本书的其他章节进一步展开讨论。毋庸置疑，当更先进的压制技术、更快捷的数据链接、更精密的软件和受众习惯的演进汇聚合一时，一个规模庞大、种类繁多的市场正在持续成长。因此，我们首先要对趋势进行探究，然后再来看看这些趋势是如何影响到当前的网络、技术和商业决策的，最后我们将展望这些趋势有可能在未来的数十年中引领我们走向何方。

数字视频是一种能够精准地持续、同步传输的二进制信息传输（比特率）流。通常被使用于网络上，通过为视频专门构建的频道信号来实现。相应地，IP 网络指的是在一个通用信道上同时从庞大的资料库中携带多种不同的数据形态，如电子邮件、网页、即时信息、互联网协议电话（VoIP）及其他各类型数据。当这些数据需要汇聚在一起时，互联网成为它们最好的选择。因为它既可以轻松地将这些信息进行同步整合，又可以将它们分发到各自独立的数据包中去。但很显然，IP 和视频也无法完成理想中完美的技术联姻。

尽管存在着这样的不协调，但 IPTV 和互联网视频的市场依旧在扩大。为什么会如此？答案可以归结为以下五个方面：

（1）在越来越多的发达国家里，宽频 IP 网络进入了家庭。视频服务商可以通过宽频 IP 网络向这些家庭提供服务，而不需要自己先去搭建一个网络。

(2) IP能够让新视频服务的传送任务变得轻而易举,这些任务包括了人机互动、视频点播以及针对性的广告投放等。

(3) 随着每年大量新设备的投入使用和国际标准的建立,IP网络的组网成本不断在降低。

(4) 几乎在每个国家都可以发现IP网络的存在,并且通过高速互联网接入的用户数量也在急速增长。

(5) 对很多应用而言,IP是一项完美的技术,比如数据交换(邮件、银行业务等),以及局域网搭建、文件分享、网页浏览等。

专家解读

IPTV是一项庞大的发展计划。无论是对我们自身还是对我们的合作伙伴而言,它都如此庞大。但算一算电视机的数量,每年你并没有从每台电视机上赚到足够多的钱,这个落差就是未来的机遇,我们应该为此感到兴奋。

——史蒂夫·鲍莫尔,CEO,微软①

这一章将以IPTV和互联网视频的市场趋势简报作为开端,然后将讨论上面提及的五个方面是如何深刻地影响到视频传送向IP网络转移的。伴随着这一部分的内容,我们还将看到在IP网络中一个系统或组织尝试传送视频时会面临并需要解决的一些问题。在本章中,我们还为读者准备了一个有关IPTV网络构建的成功案例。

第一节 互联网协议(the Internet protocol)

互联网协议(IP)提供了各接入网络的设备间进行直接数据流动的机制。IP作为一种通用协议被广泛使用在网络及其他数百万的联网平台中。没有IP,混乱就会发生,因为我们并没有其他的方法将定制的信息从一台设备发送到另一台设备上。

究其核心,IP是一种在互联网这类大型、复杂网络中使用统一格式和地址来规范数据包的标准。数据包实际是信息单元(一个由字节组成的集合),只有按既定的规范制成的信息单元才能够通过IP网络进行传输。典型的例子就是,一封邮件或一个视频信号都是被分解在多个IP数据包中完成的。IP可以被各种不同的网络技术所使用——以太网技术、远程光纤技术、电话网络技术以及无线Wi-Fi技术等。

多种不同的视频服务均在IP网络中被使用。诸如低分辨率、低帧率的应用程序(如网络摄像机Webcam)和高清晰度的电视和医学图片都被广泛地应用在IP网络中。IP技术正在以超乎想象的速度发展,一大波视频技术都将在IP网络

① IPTV International, Volume 2, Issue 2.(第二卷,第二期)

中得以应用。

第二节　IP 视频的市场

因为有太多的视频应用程序被应用在 IP 网络中，任何试图将这些应用量化的尝试都变得极为困难。任何这方面的努力很快就不得不面对不具有时效性的窘境，但是依旧有一些事实和特性能够引起我们的兴趣：

- AT&T[①] 在 2004 年铺开了自己的 U-verse™ IPTV 服务，代号名为 Project Lightspeed（光速工程），并按其在 2008 年底统计的数字，计划向 AT&T 所服务的 1900 万家庭提供这项服务。[②] 在按计划投入 46 亿美元完成这一项目后，仅 2009 年初，使用 AT&T 服务的消费者就增加了 100 万人。
- 2008 年 11 月，中国的 IPTV 系统已为 100 万受众提供服务。中国电信正以每年投入 1 亿元的规模去实施 IPTV 网络建设，并将成立一个国家级的 IPTV 商业运营中心去发展和研发新产品和新内容。在这 100 万 IPTV 中国用户中，70 万在上海，这里也正是中国电信计划中服务首先投入的地方，并借此向全国其他地区铺开。[③]
- 截至 2006 年 9 月，法国电信拥有 42.1 万的 ADSL 数字电视（IPTV）订阅用户（IPTV 的订阅用户较 2006 年 6 月 30 日的 30.6 万增长了 38%）。[④] 到 2008 年底，这一数字已经戏剧性地增长到 189.9 万。图 1-1 展示的是 4 年间其用户增长的情况，年累计增长率超过 120%。
- 2006 年 10 月，Google 完成收购 YouTube 这一允许用户自行观看和上传原创视频的网站，耗资达 1.65 亿美元。彼时，YouTube 每天有 1 亿余次的视频浏览量，日接受上传 6.5 万个视频。[⑤] 到 2008 年，仅 9 月就有 126 亿个视频通过美国宽带在线上传播。同样，2007 年由 NBC 和 FOX[⑥] 联合发布的视频网站 Hulu.com 也拥有了超过 1.45 亿的浏览量。

---

① AT&T：美国电信公司，美国第二大移动运营商，创建于 1877 年，曾长期垄断美国长途和本地电话市场，译者注。

② AT&T Corporate press release，May 8，2006.（AT&T 公司新闻发布，2006 年 5 月 8 日。）

③ http://www.tmcnet.com/usubmit/2008/12/25/3877895.htm.

④ France Telecom press releases，July 27 and October 26，2006.（法国电信新闻发布，2006 年 7 月 27 日及 10 月 26 日。）

⑤ Google 与 YouTube 联合发布会，2006 年 10 月 9 日。

⑥ NBC，FOX：NBC 是美国全国广播公司的简称，全美三大商业广播电视公司之一；FOX 为 20 世纪福克斯旗下 FOX 电视网，译者注。

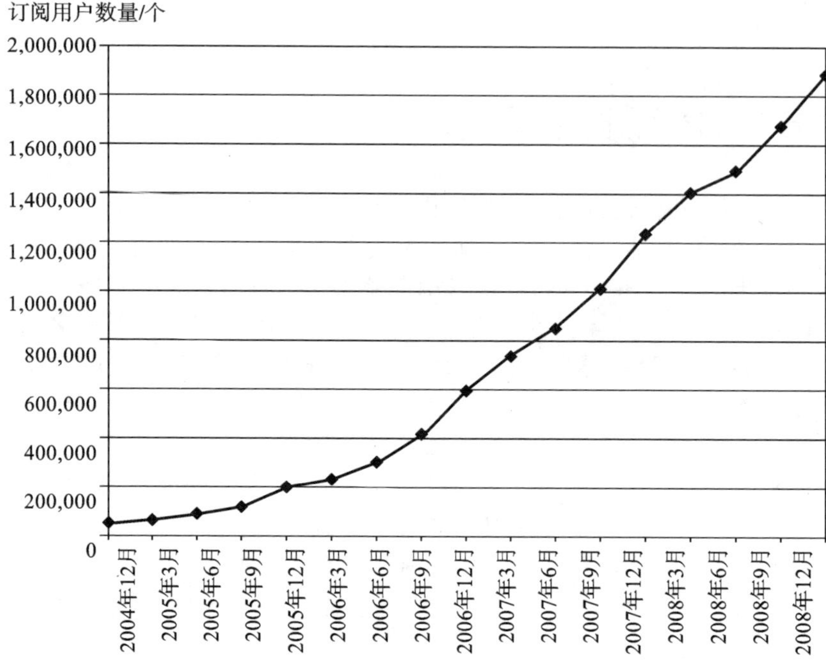

图 1-1 2004—2008 年 France Telecom 公司 IPTV 订阅用户增长统计

(资料来源:法国电信财务报告及网络文摘。)

· 2008 年北京奥运会无疑是一次成功的全球线上视频传播范例。NBC 为网络用户提供了 2200 个小时、7550 万流媒体直播服务,这一数字是 2004 年雅典奥运会和 2006 年都灵冬奥会数据流供应和独立观看人数总和的两倍。同样,北京奥运会期间 12.4 亿的页面浏览量,相较于雅典奥运会和都灵奥运会合计的 5.611 亿页面浏览量也增长了 1 倍有余。①

· 市场调研机构 MRG 曾预测,从 2008 年到 2012 年,全球 IPTV 业务的订阅用户将从 2440 万人增长到 9280 万人(届时这一服务的总收益将超过 370 亿美元)。② 在本章最后的现实检验环节将提供更多有关 IPTV 和宽带用户数据增长趋势的细节。

提供视频 IP 网络化服务的应用在快速且持续地增长。我们将在第二章中对本书所关注的 IPTV 和互联网视频做详细的定义。然而,其他一些提供视频向 IP 网络转化的应用同样应该被提及。

---

① http://www.nytimes.com/2008/08/25/sports/olympics/25online.html?bl&ex=1219896000&en=262a7f83cc5b8c72&ei=5087.

② IPTV 全球预测——2008 到 2012 年,IPTV 全球半年预测,2008 年 4 月。多媒体研究集团(MRG,网址 www.mrgco.com)发布,包含这些端口的列表已于 2006 年 8 月公布在网上。

· 视频会议将会议从过去的特定真实空间通过特殊的电信数据环路转移到基于IP网络下的计算机桌面上的交互界面中。由HP、Cisco[①]等公司开发的高质量远端呈现技术有着良好的视频传输能力,能让用户产生身临其境的感受。然而就在几年前,我们只能使用低码置配去匹配低分辨率的头像,以呈现出屏幕上的"传声大头照"视频("talking head" video)。

· 网络摄像机迅速普及,特别是在低成本、实时交流中网络摄像机得到运用,并且它还被应用到了诸多的领域,从安保监控到商业视频会议,从天气观测到社交网络。早先这些系统只能采用低帧率(小于等于10帧/秒),但现在已经达到30帧/秒,这使网络交流更加真实且具有可操作性。

· 绝大多数应用于安保领域的视频监控设备在向IP技术转移。这其中有太多的原因,但最值得关注的原因是IP技术可以直接使用已有线路或极易搭建完成以太网视频电缆线路。这意味着在这些网络中,IP的各种协议和以太网线路可以轻易地在摄像机、录像机和放映机之间建立点对点的连接。

· 在专业视频生产领域,IP网络往往被用于各个方面(如同其在许多现代商业领域中)。IP网络可以用来连接视频编辑室与完成文件服务的产品工作室。同样,它还被用来传送高质量的视频文件,并将远程地址的实时动态反馈给制造工厂。在商业领域,它往往被用在几乎所有的工作室、邮局和播出机构间传送包含有原始素材的视频文件、已完成的节目及广告。仅以Limelight Networks公司[②]而言,它在自己的网络上就提供超过4拍字节的内容。

在本书中,并不是所有关注并提及的应用都与宽带有直接关联。但是它们都为这个以IP作为视频网络协议选项的数十亿美元的市场做出了贡献。

第三节 对IP视频有利的讨论

有太多的理由让每个公司和个体都做出将视频信号转向IP网络的决定。其中常被人们论及的三个原因分别是IP网络的灵活性、低成本以及IP网络所带来的组织内和世界范围的让人无法置信的覆盖率。让我们就这三点做更深入的讨论。

① HP,Cisco:HP,惠普,总部位于美国加利福尼亚州的帕罗奥多(Palo Alto),是一家全球性的资讯科技公司;Cisco,思科,全球领先的网络解决方案供应商,译者注。

② Limelight Networks公司:数字内容支付领域的全球领先企业,译者注。

一、互联网协议(IP)的灵活性

IP 网络的应用数量无疑是让人惊愕的。一个简单估算这一数量的办法是参考互联网地址编码分配机构(IANA)管理的已完成的 IP 端口数量。在数以千计的已完成注册端口中,80 端口是为 HTTP(hypertext transport protocol,超文本传输协议)服务器开放的;25 端口为 SMTP(simple mail transfer protocol,简单邮件传输协议)服务器开放,主要用于发送邮件;110 端口是为 POP3(post office protocol-version 3,邮件协议 3)服务器开放的,主要用于 e-mail。

对 IP 端口数量的计算只是帮助我们认识 IP 应用的冰山一角,还有很多其他的项目同样使用此协议,它们拥有自己的端口分配。比如,毫不夸张地讲,我们有几十个电子邮件项目被应用在各种不同的操作系统中(Windows、Mac-OS、Linux 等),所有这些都得定义到 SMTP 端口和 POP3 端口才能进行通信。

越来越多的设备开始支持 IP 协议。除了台式计算机和笔记本之外,服务器和大型主机也通过安装各种操作系统来使用 IP 协议。此外,在视频领域有很多设备拥有以太网端口,它们能够将各种功能以及各种简单的检测和控制行为置入到高清视频传输中。

另一个让互联网协议变得灵活的原因是它并不与特定的物理传播技术捆绑。IP 链接可以在各类不同的物理链接上进行搭建。其中最广泛地使用了 IP 传输技术的是以太网,它在局域网中占据了统治地位。当然,很多其他的技术也同样支持 IP 协议,这包括了无线连接技术(如 Wi-Fi)、同步光纤技术(SONET)以及 ATM 电信连接技术(ATM telecom links)。此外,IP 协议还被广泛使用在多种网络技术混合的连接当中,比如当无线网络家庭与提供有线调制解调器服务的有线电视系统连接后,它们将交替通过主光纤电缆传送消费者数据至互联网中。

对传输业者而言,这种灵活性是至关重要的,但这种灵活性也意味着挑战。说它重要是因为它为传输业者提供了大量的技术和商业模型以便其可以创造新的传播方式去传递内容。说它具有挑战性则是因为在 IP 网络中,传输业者将再也无法通过单一的方式去传递视频内容,因为所有潜在的受众不会再为单一内容买单。

二、互联网协议的低成本优势

经济学讲究事物从哪儿开始获得利润,而 IP 技术恰恰有着非常低的硬件成本。越来越多的新款台式计算机和笔记本都配备了以太网端口。我们仅仅用 15 美元就可以从网上买到千兆级以太网接口插件(1000 Mbps)。至于其他的基础接口构件,如以太网转换器,每个接口也只需 10 美元。而在 ATM、SONET 或 SDI 视频路由等其他网络技术下,其元件价格则是 IP 技术下的 5 到 20 倍不等。

基础性的IP软件的价格往往也非常低廉，甚至是免费的。主流的计算机操作系统全部都内置了IP协议软件“进程堆栈应用”(stacks)，借此在不增加用户使用成本的前提下支持更多的IP协议服务。这一设置不仅对商业应用至关重要，而且对家庭用户同样重要。因为他们可能会在检索邮件的同时接入互联网视频服务。当然，这并不意味着所有的IP视频软件都会很便宜——事实也远非如此。那些装配有一个功能性IPTV传递平台，并能通过这一平台延展出数百个视频频道和上千万受众的软件能够轻易地卖到数百万美金。

低成本的IP网络往往从两个层面为传输业者带来高的收益：第一，低成本意味着更多的基础网络构建必须与受众已购买并被潜在用户所安装的视频资源相连接，因为传输业者并不会轻易为此买单。第二，用户对高品质内容的追求会形成对带宽的反向付费要求，这使传输业者可以继续稳妥地发展IP网络(这个曾经的假设在过去30年里被年复一年地证明)。

三、互联网协议的普及

互联网协议网络在2000年之后渗透到世界的各个角落。即便是南极洲和格陵兰岛都各有超过7500个互联网主机，美国则拥有3.15亿个。[①] 专用的IP网络在世界范围内无数的家庭和商业机构中存在。无论人们是想通过连接两台计算机以分享打印机还是一起接入互联网，IP协议已经在当下成为一种大家默认的技术。就旅行者看来，无线网络连接已经在酒店、机场和咖啡厅全面铺开，同样，它们也能够在全球各个城市通过移动手机网络来联系世界。

高速数据接入线(high-speed data access lines)已然持续在绝大多数发达国家飞快地建设着。据美国联邦通信委员会(FCC)有线竞争处搜集的数据显示，截至2007年底，全美有7400万家庭拥有高速线路，这一数字比2005年底增长了50%以上。美国每月将增加超过100万的宽带用户，而全球宽带用户数被认为可以从2008年的4.52亿提升到8.76亿(2012年)。[②] 图1-2所示即为过去5年间全美宽带增长趋势。

对传播业者而言，互联网的全球化利弊共存。好处在于，地球上任何一个人，但凡他可以接入稳定的网络，他就是传播业者眼中潜在的目标受众(例如，他可以从东京的酒店房间里查看美国康涅狄格州的本地气象雷达)。弊端在于，作为本地传播业者，他可能要面对互联网影响下用户绕过所带来的财务损失(本地用户不需要通过本地传播业者的网站去观看好莱坞电影，他们只需简单地从相关影片

---

① http://www.nationmaster.com/graph/int_hos-internet-hosts.

② In-Stat, http://www.instat.com/press.asp? Sku = IN084057MBS&ID = 2398, October 16, 2008.

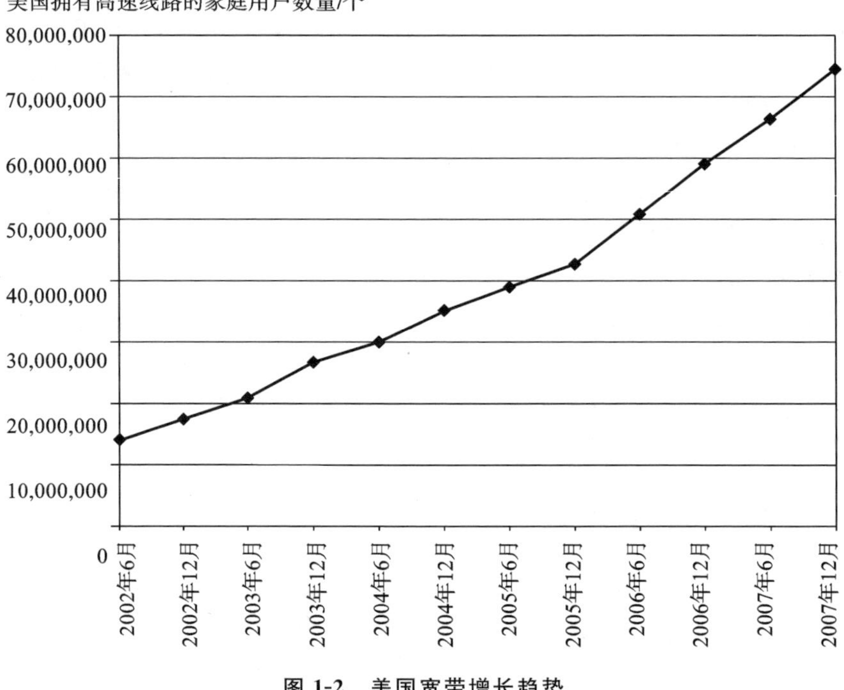

图 1-2 美国宽带增长趋势

(资料来源:Broadband Forum by Point Topic.)

制作方的影片库中直接调取影片即可)。

今天,绝大多数电视节目公司会将他们最受欢迎的节目上传到他们自己所拥有的或辛迪加式的网站上,比如 Hulu、Veoh 和 Roku 平台就同时被 Netflix① 和 Amazon 共同使用。BBC 的 IPlayer 是这一现象的又一例证,如果你错过了日常的播出,稍后你就可以在那儿看到,这意味着约定式的观看行为已经消亡。此外,越来越多的内容提供商开始探寻新的手段以通过各类线上广告形式来增加他们的资产,这一点我们稍后会讨论到。

对很多人来说,与美国市场或全球市场展开竞争的捷径在线上。MMAX Enterprises② 体育频道监制 Chuck Vaughn 说道:"广播的时代已经结束,内容也不再为王……而是分配(distribution)为王","或许这种情况只是暂时的,但碎片

① Netflix,一家在线影片租赁提供商。公司能够提供 Netflix 超大数量的 DVD,而且能够让顾客快速方便地挑选影片,同时免费递送。Netflix 已经连续五次被评为顾客最满意的网站。可以通过 PC、TV 及 iPad、iPhone 收看电影、电视节目,可通过 Wii、Xbox360、PS3 等设备连接 TV,译者注。

② MMAX Enterprises,位于美国好莱坞的公共体育娱乐公司,译者注。

化已经从根本上改变了一切，这正是为什么每一个好莱坞人感到紧张的原因”。

Roku 真的是 IPTV 吗？

卫道士们总是认为只有通过机顶盒进行宽带网络服务的视频传送形式才能被称为 IPTV。如果根据这样的定义，Roku 盒子自然不能被公认为 IPTV。但是当你使用它超过一个月，你确实会有极好的电视体验。Roku 客户产品副总裁 Timothy Twerdahl 认为：“我所理解的一般意义上的 IPTV 是指那些被管控并因此被限制其商业化的东西。但是我们的盒子是个开放的平台，在这里你可以获得你想得到的一切。”

本月 Twerdahl 告诉我说：“我们不相信磁盘驱动器。它们是失败品，因为它们噪声太大。人们不希望这东西出现在他们的房间。“低于 1 磅(1 磅＝0.4536 千克)”的 Roku 支持复合材料、S-视频连接方式、电子元件和高清晰度多媒体接口(HDMI)，并提供在 16∶9 画幅下的标清和高清 (480p 和 720p) 的视频格式。供应商为每幅图像进行了 4 种不同比特率的数字化，而 Roku 将根据消费者的个人带宽选择适合的传输模式，从而通过消除再缓冲来消除延迟。观看 Roku 的全部内容只需要 1 Mb/s 的互联网连接速率，借此我们常规的内容就可以通过电视播出。即使用户有高清的需求，也只需要 4 Mb/s。

第四节 对 IP 视频质疑的讨论

虽然有强有力的证据让我们将 IP 网络运用到视频传输中，但对这项新技术的潜在缺陷有所了解依然很有必要。对其的第一个争议发生在经济领域，围绕着“互联网历史上有太多的事物是免费的”这一观点展开。第二个争议在技术上，集中表现在保持流畅的、恒定的比特率视频信号以及在 IP 网络中为变速器调试信号的难度上。第三个争议是混合视频信号的困境，这一过程往往对网络有很高的需求，这种链接必然会占用其他的通信量并需要获得优先使用权。让我们分别仔细地讨论这三个方面的问题。

一、免费带来的竞争困境

就某些方面而言，互联网至今还残留着一些早年的恶习，那个时候互联网上的内容对每一个接入互联网世界的人都是免费的。这种所谓免费的精神一直延续到了今天，尤其表现在对有价值的音乐和视频内容的非法复制及非法分享使用上。

任何试图通过互联网进行内容贩售的传播业者都应当了解这些“传统”和“渴

求",并努力去制定并完善相应的政策加以应对。一种通用的做法是,内容依旧免费提供给每个使用者,但网站页面上会被安置广告,或是干脆使用植入性广告;另一种方法则是,收取注册费(会员费)或实行按次浏览收费。有关收益的问题我们会在第三章详细讨论。

获取合法的内容授权同样也面临挑战。很多的内容所有者往往会将授权许可执照拆分成不同的分发形式。比如,一家电影制作公司通过不同的条款和不同的授权执照以不同的形式发布内容:院线、按次浏览付费、电视会员费、DVD、商业电视台等各种形式。对于一个基于网络的内容获取机构而言,建立一个基层的团队去专门负责获取这些执照,这一过程不但花费巨大且过程漫长。

免费带来的困难还在于,对收益锐减的唱片业而言,除去传统的贩售,并没有其他更好的替代方法了。早些年有关 Napster 公司①的趣闻正是对此很好的诠释。② 那是一场父亲和女儿的对话,当父亲知道自己十来岁的女儿很喜欢三张音乐 CD 后,就悄悄去买回来并作为礼物送给了女儿。女儿却很诧异地说道:"爸!这些是你买给我的?为什么你不事先告诉我?我们可以在网上免费下载!"(指通过 Napster 下载)

即便是在和 RIAA、Viacom③ 这样愿意寻求通过诉讼,甚至能在社会高关注度的非法文件分享的诉讼中获胜的公司的对抗中,免费的力量似乎也占据上风。盗窃服务不会成为大问题,但无法回避的是,用户自己盗窃部分内容服务的行为时常发生。并且,随着技术的发展,对加密的破解能力也会不断提升,作为现代数字版权管理(DRM)基石的加密算法不断遭到暴力破解。而内容所有者必须明白他们所拥有的内容价值正是全部依靠 DRM 技术才能实现。

二、融通性的观看表现

让数量庞大的用户养成一种新的观看习惯是一件相当费时费力的事情。基础的 IPTV 服务基本复制了传统广播电视服务,但更加迎合用户的期望。用户正在并将继续期待 IPTV 的基本服务可以提供与现有的其他传送模式近似质量的视频内容与系统表现。而更多的进阶服务,比如点播视频和交互项目则要求用户

---

① Napster,一款可以在网络中下载自己想要的 MP3 文件的软件、P2P 文件共享平台,译者注。

② From www.go-associates.com/files/DigitalPiracy.pdf.(参见前述网站)

③ RIAA,美国唱片业协会,是一个代表美国唱片业的贸易团体,由多家制作与发行约 90%美国音乐唱片的私有公司如唱片公司与分销商组成。Viacom,维亚康姆公司是一家全球娱乐内容公司,通过多个著名娱乐品牌为电视、电影、互联网及手机平台的用户提供服务,译者注。

产生新的收视习惯。

很显然，受众的习惯不是无法改变的。比如受众就已然接受了使用数字视频录像的习惯，2008 年，5600 万数字硬盘录像机在全球范围内被装载使用，这一数字在 2013 年增加 3 倍达到 2.08 亿。[①] 无论怎样，将一种新的交互服务推广出去无疑是一个长期且困难的过程。IP 系统的实施者必须能够认清那些创造了各式服务的竞争者们，他们所创造的服务必然可以被应用在现有的广播传送和有线电视设备上。新兴服务的提供者应当将这些因素考虑进他们的账目中，特别是在为一个已存在的新型服务设计商业方案时。这些计划可能更加有利可图，但它们也同样要求用户改变收视习惯。换句话说，IPTV 能够成功，很多人有着和 Broadcasting & Cable 网站所述一样的感觉，"人们现在所想拥有的是既有完美表现但又不昂贵的 IPTV"，并且要提供和 Comcast 或 DirecTV 等公司一样丰富的节目内容。它还必须能提供"现在人们所没有的或是补充人们所需的，而非只是对人们已有内容传输方式的简单替换"[②]。

三、网络抖动

无论何时，在 IP 网络中持续性的信号，如视频，都是被分割到数个数据包中，并通过网络进行传输的，这其中的难度很高。这些网络干线要让数据包可以及时抵达，但同时它们又需要被用于数据的发送。一旦这一过程无法实现，对接收器而言，有效地对数据包进行重新排列并完成编码视频的输出将变得非常困难。虽然这可以通过接收设备上的存储缓冲器得到调节，但是这一过程必将使端对端的视频连接产生延迟，并延长更换频道的时间。

传送业者一定要知道这些可能的减损并有及时的应对办法。然而其中一些解决办法不仅昂贵而且对网络而言不切实际，所以所有的方法最终都将回归到互联网本身。

四、优先级

IP 网络的一个重要利好在于其有着不计其数的各类应用支持。不管怎样，对

---

① Informa Telecoms & Media Global DVR Forecasts report，10/08，http://www.storagenewsletter. com/news/consumer/informa-telecoms-media-dvr-sales.（Informa Telecoms & Media Global DVR 预测报告，2008 年 10 月，网址如前。）

② Broadcasting & Cable，This link seems to not work though it appears the same as the one that* does* work which is：http://www.broadcastingcable. com/blog/Beyond_the_Box/11469-one_zillion_reasons_why_I_m_skeptical_about_Zillion_TV. php March 4，2009.（原链接已失效，相同内容有效网址如前。）

网络管理者而言,分清应用的优先顺序是他们必须承担的责任。没有优先系统,时序要求严格的数据包就可能会出现延迟,因为从不同的流程涌入拥挤的数据包是在IP网络中经常发生的。

不幸的是,在专用网络中,现有掌控优先数据包的机制效果很有限。这些机制在公共互联网中也同样没什么用处,因为优先路由在这里无法被实施。其原因在于,在公共网络中优先数据包的确定存在困难。因为任何一个使用者,都会很自然地认为自己的数据包要比其他人的重要很多。如果没有为应对不同等级的数据包服务制定的全球优先排序和定价方案,单纯尝试去设置互联网优先过滤协议是不现实的。

在专用网络中,优先系统能够被使用,但很难长存。重复一次,决定什么样的信号应当被设为优先是一个争议不断的问题。然而对给予视频信号超过其他信号优先权的讨论是很明确的,因为一旦视频数据包发生延迟或丢失,视频就将无法播出。况且视频信号在各种网络中都是最多宽带用户所使用的,且它还能带来显著的分配收益。除此之外,几乎在所有类型的IP网络中都可能存在选择出恰当的优先等级的困境。

第五节　现实检验

在本章的现实检验中,我们首先看一个在市场中流传着的令人难以置信的大预测。虽然这个预测中所表述的增长很惊人,但目前我们所观察到的增幅尚未有如此之高。在第二个现实检验中,我们将看到法国IPTV的市场规模,不管从什么维度,它都可以被称作是一个成功的典范。

一、市场预测

不管依据什么标准,IPTV的服务市场在过去几年都经历了迅猛的扩张。产业观察者也认为这一扩张趋势将会持续保持。从后面的章节中我们能清晰地看到IPTV订阅用户数的增长步伐在不断加速。到2011年全球IPTV的订阅用户规模达到9300万,2012年总收益达到140亿美元。2008年宽带用户增长的前十名国家(见图1-3)和IPTV订阅用户(见图1-4)都反映了这一趋势。[①]

---

① http://www.tvover.net/2009/03/25/IPTV+Doubles+In+North+America+In+2008.aspx.

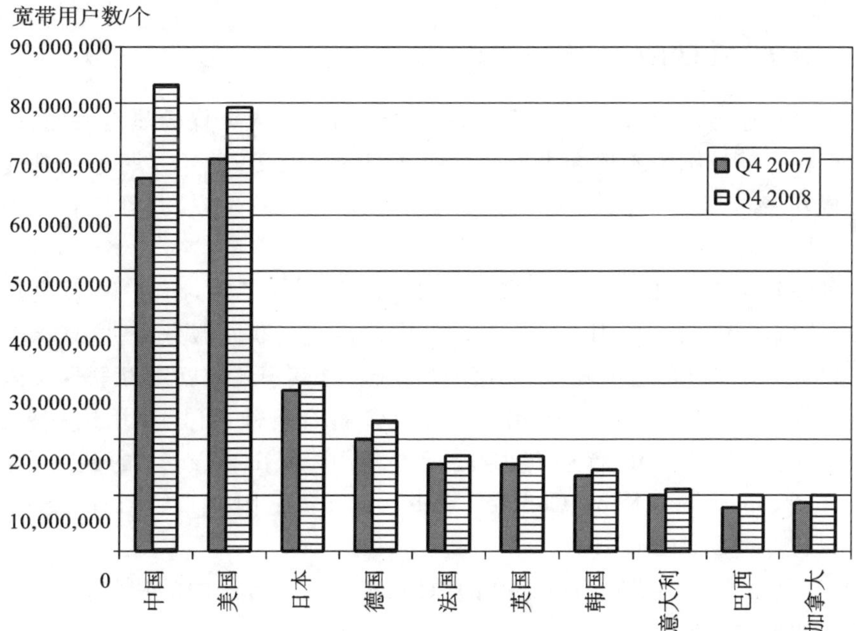

图 1-3　宽带用户增长的前十名国家(2007 年第四季度—2008 年第四季度)

(资料来源:Broadband Forum by Point Topic.)

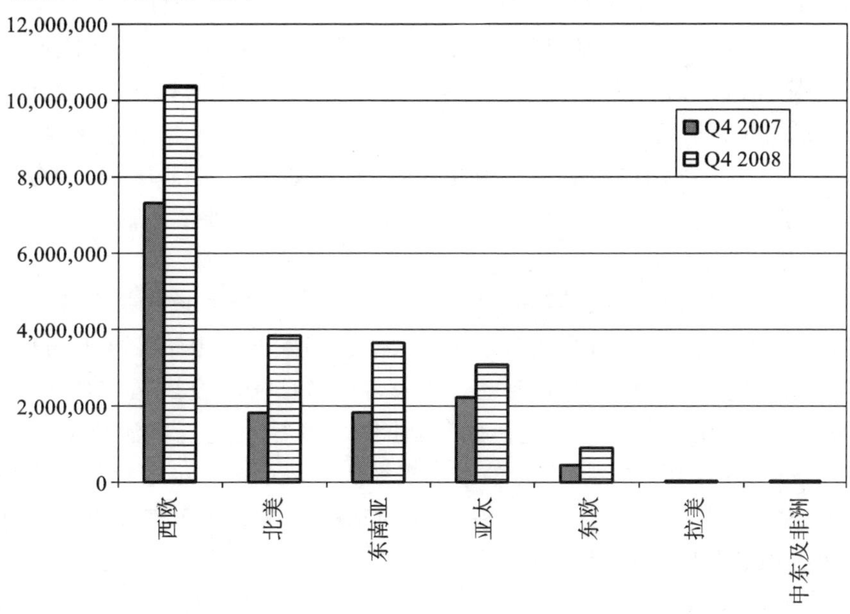

图 1-4　IPTV 订阅用户(2007 年第四季度—2008 年第四季度)

(资料来源:Broadband Forum by Point Topic.)

二、IPTV 在法国

在任何产业会议中,IPTV 都有着很好的理由以成为会议的热门话题:服务提供商们正在全球范围内不遗余力地向消费者们推广 IPTV。不是每条路都能造就出一名成功者,但是在这个领域已经有着足够多成功的过去,并且还有更多正走在路上的成功者。[①]

法国是较早部署 IPTV 的国家。在 2004 至 2006 年间,超过 40 万用户通过 Orange(法国电信)订购了 IPTV 服务。可供选择的互联网服务提供商(ISP)为该 IPTV 业务提供了包含超过 80 个频道的数据包,这其中还包括了互联网接入和电话语音服务。190 万自由的宽带用户中有 2/3 符合条件,可以使用这一数据包。法国其他的 IPTV 提供商还包括最近并购了 AOL France 的组线运营商(alternative operator) Neuf Cegetel、Telecom Italia 附属的 Alice 公司以及 T-Online下属的 Club Internet。

IPTV 能够在法国成功有一系列的原因,有一些具有法国的特殊性,但另一些可以被其他地方借鉴。

1. 价格

由于身处一个竞争的市场环境中,提供 IPTV 服务的费用变得非常低廉。Orange/France Telecom 所提供的包含 40 多个频道的基础 IPTV 服务每月仅需要 16 欧元。三网合一自由基础数据包里包含了高速的 ADSL2+互联网接入和 20 多个国家固定电话间的视频通话以及 IPTV 业务,每月也只需 30 欧元。面对低价,很多自由的消费者很乐意购买这样的流量包来享用上网和电话服务,而不再如过去般单一地使用电视服务。因此,Orange 开始将其基础 IPTV 业务进行捆绑,在新的套餐中包含超过 30 个频道,并免费提供部分宽带接入服务。

2. 竞争弱化

就像我们在前面所提及的,和 IPTV 产生替代性竞争关系的是有线电视和卫星电视,但这两者在法国的渗透率都远低于其他国家。以有线电视为例,直到 2005 年,法国依然有多家有线电视运营商未将模拟信号转变成数字信号,而他们的英国同行在大力进行这一改造。此外,他们的多数系统也无法提供视频点播(VOD)服务。再看卫星电视,严苛的本地规划法案使很多卫星电视的潜在用户无法在自己家中安装卫星天线。其结果就是,对很多潜在受众而言,IPTV 是其收看到数字电视服务的唯一选择。

---

① 参见 2006 年 9 月 10 日于荷兰阿姆斯特丹召开的国际广播会议上的报告《IPTV——概览与成功所在》及后续采访,更多信息请参考前述网址。

3. 丰富的内容

法国两家最大的 IPTV 提供商为其 IPTV 提供了极为丰富的频道资源。除去为全法提供的所有频道，他们还为用户提供来自欧洲其他国家以及中东的部分电视节目。Orange/France Telecom 甚至还提供了额外 200 个频道给付费用户。这两家供应商还和媒体集团 Canal+合作，一起提供高品质付费内容。

4. 新服务项目（高清和视频点播）

虽然不如前面几项那么重要，但很显然高清内容和视频点播服务能够吸引订阅用户使用 IPTV。当下法国的高清传送市场发展落后于美国，IPTV 服务提供商正在自我定位以求通过早日发展高清有线机顶盒来抢占高清市场。在法国，视频点播服务也尚未普及，IPTV 提供商可能是实际意义上第一个在法国提供视频点播服务的。

欧洲的其他国家在 IPTV 领域都遇到了困难。比如，和法国有着差不多电视用户数量的英国，却有着两倍于法国的数字卫星电视订阅用户（用户总数超过 700 万），NTL/Telewest 公司的数字有线电视系统几乎占据了英国一半以上的家庭，拥有 330 万的订阅用户。总的来看，英国数字电视渗透了全英近 70%的受众，这一数字远高于法国及其他欧洲国家。在这一因素和其他因素的共同作用下，英国 IPTV 的使用率偏低。然而，一些新进的服务商，诸如 BT Vision 公司的 IPTV 服务在 2008 年底时就有了 37.6 万的订阅用户，他们正在改变英国的形势。①

第六节　总结

正是因为强有力的市场领导者不断地推动公司和消费者对 IPTV 技术的认可和接受，IPTV 才在当下有着不可忽视的力量及可以被预见的未来。即便在 IPTV 延伸到每一个潜在受众之前，我们依然有一系列的问题需要解决，但这些问题不仅是可以解决的，并且和其他新技术遇到的问题相比，无论是范围还是量级都相对轻松。

本章包含了使用 IP 网络进行视频传送服务的基本动机，它们分别是灵活性、普及性以及价格优势。它们诱使越来越多的运营商提供这些服务。我们从市场趋势中不难看出，IPTV 是一个急剧成长着的市场。然后我们检验了推动这一技术迅猛发展的若干因素。同样，本章中我们也了解了阻碍 IPTV 发展的一些因素——只是这些因素没有一个超出了新技术所带来的阵痛范围。

---

① TelecomView，http://telcotv-view.blogspot.com/2009/02/bt-adds-56k-iptv-subscribers-in-4q08.html，February 12，2009.

第二章

IP 视频的类型

某种意义上它就是西部荒原，正处在蒙昧时期，每个人都学在其中。

——Adam Berry，Brightcove 公司[①]市场战略副主席

在众多不同的视频传送节目方式中，IP 网络是当下常被用到的。它可以成为体育场与传播机构间的各种方式下的专业“投递”网络，也可以通过网络摄像头让不同大陆上的人们进行面对面的视频聊天。本章我们将聚焦于将视频内容传递给受众(家庭)的四种主要网络形式。

当人们使用 IPTV 这个词的时候，我们很难从字面上了解其衍生意义。使用这个词的人是想表达由全球范围内电信公司建立起的高速电视传输系统架构，还是想讨论互联网上刚刚兴起的由用户生产视频内容所构成的门户网站呢？在现有术语条件下，我们是很难说清楚的。

对任何一个高速发展着的技术而言，用来定义这一领域的描述必然也是在不断变化着的。我们都见证了个人计算和传播设备——手提式计算机，以及移动电话截然不同的剧烈演变。但如今那些不同类别的描述都开始被智能手机和上网本(netbooks)的介绍所消解。这种改变也同样发生在 IP 视频领域——IPTV 和互联网视频之间的界限正在消解中。

起初，出现这两种不同的类别就可以了，它们似乎能够清楚地表达出“IPTV”和“网络视频”的差异，这些差异至今仍然存在。自 2006 年以来，有太多的新服务被引入相关领域，但它们不属于上述的任何一类。比如通过互联网进行连续流(continuous stream)传递且由广告主出资，并在计算机或移动设备上运行的服务应被归类到何处？互联网环境下通过电视连接机顶盒完成内容点播放映从而观看电影和网络项目的基于订阅的服务又该被称为什么呢？上述的例子没有一个可以轻易地被归类到本领域最初的两个类别中去。

---

① Brightcove 公司是一家为《华尔街日报》搭建信息发布平台的公司，译者注。

专家解读

让我们先从IPTV不是什么开始吧。很显然，它不是简单地通过网络传播的电视。当IP被用来代表互联网协议(Internet protocol)时，这并不意味着人们通过电视端登录自己喜欢的网页就叫作IP。IP更应该被看作是一种通过安全且严密管理的网络传送信息并得到优质娱乐体验的东西。

需要特别指出的是，IPTV允许服务提供商向消费者提供他们在任意给定时间上想看到的频道——和传统电视传播不同，传统电视传播是在一个网络中将所有频道向网内的每个家庭进行传送。首先这将更实惠，举例来说，向每一个想看大学篮球比赛的人传送信号远比无差别地向一个本地社区进行传输要更有效果。

——Mike Quigley，Alcatel主席兼COO①

第一节 两种新类别

为了帮助我们厘清这其中的一些困惑，在“IPTV”和“互联网视频”间加入两个新类别是有必要的。第一个是“互联网电视”，它在很多方面与互联网视频相似，但却有一个显著的区别：用户观看的是流内容的“频道”，而非从一个视频文件库中点播自己想看的内容。NASA TV② 是一个很好的例子。NASA TV每天提供数小时的直播和预录节目(其直播涵盖所有航空器的发射和着陆)，用户可以在他们想看的时候轻松观看相关内容。相似的例子还有CNN. com Live(http://www. cnn. com/live/)和Bloomberg Live TV ③(http://www. bloomberg. com/)，当用户打开它们的时候，它们可以很快地连接上实时直播流——那可能是一首歌或一个说了一半的句子。如果想看其他内容而非当下播放的内容，用户则必须换到另一个频道去。

第二个新的类别是“IPVOD”(视频点播)，用来指代可以在个人计算机或连接到电视和网络的装置(机顶盒)所进行的专业级视频点播。这类服务往往包含提供商的影子并带有广告或含有订购项目。当下流行的Hulu. com和Netflix. com

---

① BusinessWeek(商业周刊)，2005年5月20日。

② http://www. nasa. gov/multimedia/nasatv/schedule. html. NASA，即美国国家航空航天局，是美国联邦政府的一个行政性科研机构，负责制订、实施美国的民用太空计划与开展航空科学暨太空科学的研究，译者注。

③ CNN. com Live，美国有线电视新闻网线上直播；Bloomberg Live TV，彭博电视直播，译者注。

的“Watch Instantly”(立即观看)都是此类的优秀代表,它们在个人电脑和网页浏览器抑或是装有 Roku 机顶盒的电视上都可以观看。为了保证有价值的内容免于非授权使用,此类内容常常受到严格的数字版权管理(DRM)保护,这和很多有价值的互联网视频内容的情况是有所不同的。

本章节的大部分内容将用来比较这四种典型的通过多种标准所进行的传送。并且在现实检验环节,我们将看到 MobiTV 这一通过上述不同传输方式提供节目的实例。

第二节 不同网络的比较

每种视频传送系统都可以在多个不同的特性上加以比较,每种特性也都可以展开。

一、网络类型

IP 视频传输网可以被归为两种类型,即如表 2-1 所示的公共网络和专用网络。在公共网络中,最重要的是互联网。在互联网上,来自不同地方的使用者可以接入海量视频资源。这些资源来自公共的或专用的网址(URLs),但却都存在于传输网络中。在四种传送机制中,有三种是基于公共网络的——IPVOD(IP 视频点播)、Internet TV(互联网电视)、Internet video(互联网视频),这意味着它们需要在高容忍度的环境中进行作业,即视频来源和接收都必须承受数据包丢失和延时的风险。

表 2-1 网络类型

服务属性	网络类型
IPTV(互联网协议电视,IP 电视)	专用网络
IPVOD(IP 视频点播)	公共网络
Internet TV (互联网电视)	公共网络
Internet video (互联网视频)	公共网络

专用网络则存在于从小型点对点连接到涵盖数百万用户的大型系统等多种不同的结构当中。每个用户在专用网络中都必须直接与网络相连才能访问资源并接受服务。IPTV 是四者中唯一需要专用网络的传送机制,因为它是唯一一种提供给传输者以掌控关键性网络参数的网络,从而影响到视频传送方式的机制。同时,从实际来看,专用网络也是唯一经济可行的能在每周向每个美国家庭提供

60 小时及以上电视内容的途径。实际上，多数的网络服务提供者（ISPs）并不愿意也没有能力向其服务的全体或多数订阅用户提供如此多的内容。IP 视频传送系统类别如表 2-2 所示。

表 2-2　IP 视频传送系统类别

服务属性	IPTV（互联网协议电视，IP 电视）	IPVOD（IP 视频点播）	Internet TV（互联网电视）	Internet video（互联网视频）
网络类型	专属网络	公共网络	公共网络	公共网络
服务质量	已控制的服务质量（已管理 QoS）	未管理 QoS	未管理 QoS	未管理 QoS
多点模式	真实多点广播	单点广播	重复单点广播	单点广播
关键协议	RTP 下层使用 UDP 传输	即看式下载＋播放	超文本传输协议流，即看式下载＋播放	超文本传输协议流，即看式下载＋播放
观看设备	电视＋机顶盒	电视＋机顶盒或 PC（个人计算机）	PC（个人计算机），手机或网络设备	PC（个人计算机），手机或网络设备
节目选择	数百个不间断电视节目频道	数以千计的离散视频文件	上千个不间断电视节目频道	百万离散视频文件
用户体验	与广播及有线电视类似	与 DVR（数字硬盘录像机）或 VOD（视频点播）类似	与网上冲浪类似	与网上冲浪类似
更换频道时间	快 1～2 秒 慢 10～20 秒（包含搜索时间）	适中 5～10 秒	慢 10～20 秒（包含搜索时间）	慢 10～20 秒（包含搜索时间）
回放和快进	不支持	支持	不支持	支持
产品价值	专业级制作	专业级制作	专业级制作	用户生产
内容类型	直播或预录	预录	直播或预录	预录
节目库	围墙花园内容	围墙花园内容	世界范围延伸，多种品质	用户自己设防
所有权	强（数字版权管理）	强（数字版权管理）	较强	弱或近乎无，频繁的侵权

续表

服务属性	IPTV(互联网协议电视,IP电视)	IPVOD(IP视频点播)	Internet TV(互联网电视)	Internet video(互联网视频)
收益模式	用户付费	订阅,按集收费或广告	免费但有广告	免费但有广告
典型提供商	本地电信,AT&T,U-Verse	Netflix, Hulu, CBS. com, ABC. com, Cartoon Network	NASA. tv,本地电视广播,Mogulus,MobiTV	YouTube, Facebook

二、服务质量

在IP网络中,服务质量(quality of service,QoS)是典型的用来描述不同服务被分配不同优先次序的机制。它由IP数据包报头直接指示,通过路由器给特定的数据包以优先权。举例来说,这种机制可以通过给予视频通信以高优先权来保证其数据包不会丢失并保持最低限度的延迟,而不是让其去等待低优先、非视频通信先行通过本已非常拥挤的网路。

无论是否为视频传输信号,网络中都存在一些一致性的规则,这样服务质量就可以轻松地在专属网络中实现。但这一功能在公共互联网中毫无用武之地,因为在公共互联网中不存在一种机制,可以强制某种规则在所有视频资源和其他内容中始终得以贯彻。没有稳定的优先机制,所有的用户都会为自己的通信设置高优先权限,这必然导致优先机制在公共互联网中毫无意义。

在表2-3中可见,IPTV服务事实上总是在已控制服务质量(QoS-controlled)的网络中实施,无论其是通过载入式网络连接到家庭还是家庭的分享网络。质量服务控制能够保证持续的、高品质的流被每个受众所接收,这是高质量视频实时传送的根本保证。IP视频点播、互联网电视和互联网视频对QoS没有过多的要求且可以在未控制的服务质量网络中被使用。

表2-3 服务质量

服务属性	服务质量
IPTV(互联网协议电视,IP电视)	已管理QoS
IPVOD(IP视频点播)	未管理QoS
Internet TV(互联网电视)	未管理QoS
Internet video(互联网视频)	未管理QoS

三、多点模式(multipoint method)

互联网视频传输都是将视频内容从一个来源向多个目的地进行传送。基于被传送的服务类别不同，完成单点对多点的布置方法也是多样的。单点广播(unicasting)可以被简单定义为任何一个数据包从一个单一来源被传递到一个单一终点。多点广播是指通过特殊协议所进行的特殊进程，在流通过网络时，对流进行了实时拷贝。

如表2-4所示，对IP视频点播和互联网视频而言，单点广播是唯一可行的方法，因为只有单点传送允许用户自由地接入内容(快进、回放等)，选择他们所需的内容，并即时回放。

表2-4 多点模式

服务属性	多点模式
IPTV(互联网协议电视，IP电视)	真实多点广播
IPVOD(IP视频点播)	单点广播
Internet TV(互联网电视)	重复单点广播
Internet video(互联网视频)	单点广播

对互联网电视而言，重复的单点广播是可以被使用的。在这里，每个用户都可以获取单独的单点传送流(互联网并不支持多点广播)。所有这些流大致上都是同步的，它们要么在视频来源进行复制，要么通过特殊的服务(被称为反射服务器，reflecting servers)进行复制，围绕互联网的众多服务提供商所提供的都是这一服务。

对IPTV而言，真实多点广播(true multicasting)是可以被采用的，因为绝大多数的现代网络设备在被安装到专用网络上时就配置了支持多点广播。正如我们将在第四章中去解释的，多点广播使用了一个特殊的协议，叫作互联网组管理协议(Internet group management protocol，IGMP)，通过这个协议，在数据包流将要抵达终点时对其进行拷贝，这将有助于网络中带宽效率的改善。

四、关键协议

在表2-5中可以看到，在IP回路中，多种不同的协议都可以被用来传输视频。一些通用的协议被使用到，其中超文本传输协议(HTTP)几乎被用在每天的网上冲浪中，同样也有一些协议是专门为实时信息传送设计的。所有这些协议的区别在于，当数据流流过各种网络时所适用的控制方法不同。

表 2-5　关键协议

服务属性	多点模式
IPTV(互联网协议电视,IP 电视)	RTP 下层使用 UDP 传输
IPVOD(IP 视频点播)	即看式下载+播放
Internet TV (互联网电视)	超文本传输协议流,即看式下载+播放
Internet video (互联网视频)	超文本传输协议流,即看式下载+播放

即看式下载和播放可以被用于 IP 视频点播、互联网电视以及互联网视频。这一协议将视频信息分割成不同的数据块,这些数据块可以表示一定时间内的视频或音频数据,这一时间一般为若干秒或几分钟(通常是 30 秒到 60 秒)。用户的网页浏览器将预先下载每一个数据块并保证这些数据可以被特定的网页视频插件所使用。其好处之一是大量的防护墙建设能够被使用,因为对一个可以被任意浏览器所下载的正常网页而言,每个被下载的数据块都有着几乎相同的属性。即看式下载与播放的缺点在于,用户通常需要在播放前等待第一个数据块(通常包含多个 IP 数据包)下载完成;缓冲也会在用户每次进行快进或回放,以及任意时间新视频被选中播放的时候产生。

超文本传输协议通常被用于互联网电视和互联网视频的配置上,有时也被 IP 视频点播所采用。它因使用标准的超文本传输协议而被网民所熟悉:与等待浏览器要求连续的视频数据包不同,服务器会持续地推送数据包给浏览器,而不考虑推送要求是否被接受。这有助于网页视频操作,因为这将允许在更多自然的时机点上视频数据包按照视频或音频内容的需要以一定的速率进行传送,而非由用户的浏览器做决定。

在 IPTV 中,真实流媒体实时传输协议(real-time protocol,RTP)通过下层使用用户数据报协议(RTP over UDP),同样可以被用于其他类型的数据传送。它是一个单向的协议,也就是说,无论是否存在特殊的用户设备,源都完全控制了所有数据包的流动。这意味着无论 RTP 或 UDP 都能够被用于单向网络,比如卫星或空中广播;同时还意味着流可以在网络中被重复,以使之支持多点广播。RTP/UDP 对高质量数据传输的重大贡献在于时机管控——它允许一个高带宽流的传输伴随着低接收器缓冲,允许视频流在被要求时极为迅速地进行播放。但 RTP/UDP 在互联网视频信号传送中并不普及,因为它很难保持一致的端对端时间点(end-to-end timing),并且会在穿过防火墙时遇到麻烦。

五、观看设备

大量的观看设备可以被用于 IP 视频应用(见表 2-6),这一范围还在不断增加，且趋势明显。

表 2-6　观看设备

服务属性	观看设备
IPTV（互联网协议电视，IP 电视）	电视＋机顶盒
IPVOD（IP 视频点播）	电视＋机顶盒或个人计算机
Internet TV（互联网电视）	个人计算机，手机或网络设备
Internet video（互联网视频）	个人计算机，手机或网络设备

对家庭用户而言，多数 IPTV 系统都是基于机顶盒实现的。许多 IPTV 提供商的目的是直接替代对绝大多数市场上的用户而言同样可以使用的有线电视、卫星电视和广播服务，所以电视机依旧可以在该系统中使用。当 IPTV 在一个共有的环境中进行传送时，个人计算机常常被用于桌面观看；尽管如此，机顶盒还是被用于无桌面播放的网络中。

当 IP 视频点播服务伴随着 IPTV 提供给家庭用户时，IP 视频点播也会通过机顶盒或定制机顶盒（如 Roku 播放器）进行传输。Roku 被设计成可以直接连接家庭网络和电视的设备。另一个使用 IP 视频点播进行观看的方法是利用装有合适的浏览器及插件的标准个人计算机。

基本上，互联网电视和互联网视频都是基于个人计算机端播放所设计的。当然，也有部分提供商允许通过手机进行视频浏览。越来越多的专业网络设备被开发出来，这些设备可以获取已经被个人计算机接收的视频流并将它们在电视上进行播放，一些特殊的设备可以直接连接到互联网上（参考 Apple TV 产品，www.apple.com/appletv）。

六、节目选择

内容提供商向用户提供了越来越多的各类节目选择，这其中有一些相同的趋势反复出现（见表 2-7）。

表 2-7　节目选择

服务属性	节目选择
IPTV（互联网协议电视，IP 电视）	数百个不间断电视节目频道
IPVOD（IP 视频点播）	数以千计的离散视频文件
Internet TV（互联网电视）	上千个不间断电视节目频道
Internet video（互联网视频）	百万的离散视频文件

典型的 IPTV 一般会提供数百个频道给用户，其中一部分频道基于用户的订

阅费用。事实上,添加过多的频道是不明智的,因为一些无名小频道的观众量是很小的,提供商为每个频道的投入都需要被考虑到。当过多的频道被提供时,对提供商而言,节目导卫装置(program guide table)将变得笨拙,并且其用户数量也不会有明显增加。

互联网电视频道的数量是可以随时掌控的,它是一个变化的数字,因为获得或删除这些频道并没有什么大的影响。在互联网上,上千个频道被提供,其中部分频道通过其他媒介拷贝自广播电视。因为节目成本关系到相关内容 24 小时不间断的捕获、制作和分配,故只有少数公司愿意投资去建立一个频道。有时候,为了让用户感到有弹性,一些互联网电视频道也会被互联网视频下载网站所代替。

IP 视频点播的内容选择依赖于内容所有者所能获取的内容数量;这一数量受到不同公司和不同类型内容的影响。通常相关网站,无论是出售或租赁视频内容,还是提供下载或点播,都有着上千种可能的选择,但在一个通过多种选择来填满的节目库中可能并没有足够的专业制作内容。

随着用户生产互联网视频的出现,线上有了数百万不断新上传的可用视频(同时一些被删除)。事实上,每分钟有 12 小时的新视频内容被上传到 YouTube 上,相当于每周有 6 万小时的故事片。当然在这样的数量下,想找到有价值的观看内容的确有难度。

七、用户体验

最佳描述这四种不同类型用户体验的方法是如表 2-8 所示的对已有服务的类比。IPTV 在设计之初就是为了直接替代有线电视和卫星电视的,并在使用机顶盒时提供完全相同的用户体验,这其中包含选择频道的互动节目指南。IP 视频点播提供了类似的体验,用户可以通过有线电视观看点播的影片或通过他们个人的数字硬盘录像机(DVR)回看已录内容。而互联网电视和互联网视频则都提供了近似的网上冲浪体验,即通过观影设备(一般是个人计算机)和特定方法选取内容(网上搜索、点击热门链接或图片预览等)。

表 2-8　用户体验

服务属性	用户体验
IPTV(互联网协议电视,IP 电视)	与广播及有线电视类似
IPVOD(IP 视频点播)	与 DVR(数字硬盘录像机)或 VOD(视频点播)类似
Internet TV (互联网电视)	与网上冲浪类似
Internet video (互联网视频)	与网上冲浪类似

八、更换频道时间

更换频道时间是指用户发出指令(通过遥控器按钮或点击网页)后,IP视频系统开始播放新频道或新文件内容的所需耗时。这一耗时在不同的IP视频传送技术中有着很大的不同(见表2-9)。因为主流的IP视频传送方法都是适用于发送单一信号流到不同用户的。当用户更换频道时,传输网络必须再次传送新的数据给用户。这和卫星电视、有线电视以及空中广播所采用的多频道传送系统下的频道更换方法截然不同。在多频道传送系统下,用户的设备同时接收了多个流并在流的转换中进行协调。

表2-9 更换频道时间

服务属性	更换频道时间
IPTV(互联网协议电视,IP电视)	快1～2秒
IPVOD(IP视频点播)	适中5～10秒
Internet TV (互联网电视)	慢10～20秒(包含搜索时间)
Internet video (互联网视频)	慢10～20秒(包含搜索时间)

IPTV系统模仿了多频道系统的设计从而保证在很短的时间内完成频道更换,这一更换过程一般只需要1～2秒。这需要精确的系统和诸如RTP/UDP等技术来实施。例如,IPTV传输平台就被设计成了在频道转换要求被执行后立即向用户传送额外的视频帧。

IP视频点播系统有着相较于IPTV略多的更换频道时间,原因之一在于它向用户提供了更多的内容选择。同样,因为多数此类系统使用了即看式下载和播放技术,这使更换频道的时间因第一个数据块需要下载时间而增加。在许多IP视频点播系统中,使用机顶盒和遥控器实际上能够减少更换频道的耗时,因为此时用户的行为很容易被系统所处理。

互联网电视和互联网视频系统需要更长的更换频道时间,因为这一时间既包括了基于浏览器用户界面的反应时间,也包括了用户从一个内容选择进入另一个内容时新数据载入的时间。

九、回放/快进

线性节目选项中(IPTV和互联网电视)都不提供受众轻松支配播放器的功能,不论节目的类型及用户介入的时间(一些观看设备可以在视频播放时进行记录,从而使用户可以就已传送的内容进行回放,但这一功能是有限制的且在更换频道后无法使用)。相反,由于内容都是预录并一个个地传送给每一个用户,IP 视频点播和互联网视频都能支持回放和快进,如表 2-10 所示。

表 2-10 回放/快进

服务属性	回放/快进
IPTV(互联网协议电视,IP 电视)	不支持
IPVOD(IP 视频点播)	支持
Internet TV(互联网电视)	不支持
Internet video(互联网视频)	支持

十、产品价值

产品价值通常和准备在视频内容上的投入密切相关——高投入往往会带来高产品价值。其结果是,付费服务往往能比免费服务提供更多、更专业的生产制作。总体来看,有一些如表 2-11 所示的趋势。IPTV 和 IP 视频点播都专门提供了专业内容生产;如果用户钱花了却只买到低质量的视频,那么他们一定会不满意。互联网电视的产品价值较前两者具有区域的多样化——美国关于专业制作的含义与世界其他国家不相同。总的来说,互联网电视频道提供商提供了合理的高制作等级;虽然不能保证其内容总能引人入胜,但至少视频是足够清晰的,音质是可被接受的。对互联网视频而言,产品价值体现在那些上传了自己视频的独立用户身上——其影响就是品质变化很大。

表 2-11 产品价值

服务属性	产品价值
IPTV(互联网协议电视,IP 电视)	专业级制作
IPVOD(IP 视频点播)	专业级制作
Internet TV (互联网电视)	专业级制作
Internet video (互联网视频)	用户生产

十一、内容类型

预录内容在所有的 IP 视频传送系统中都是可用的——在所有主流的视频类型中都适用,如表 2-12 所示。虽然很多通过 IPTV 和互联网电视进行的流传送是实时的,但大量主流的节目仍是由预录内容所组成的。

表 2-12 内容类型

服务属性	内容类型
IPTV(互联网协议电视,IP电视)	直播或预录
IPVOD(IP视频点播)	预录
Internet TV (互联网电视)	直播或预录
Internet video (互联网视频)	预录

只有IPTV和互联网电视能够传送实际的直播覆盖,比如体育赛事或新闻节目直播。这里的"直播"与通过传送系统的总延时有关——延迟约30秒在多数互联网电视应用和一些IPTV系统中司空见惯,但延迟好几分钟的事还未曾听说过。

十二、节目库

围墙花园(walled garden)是指由服务提供商预先选择的内容采集,并预示凡是超出采集范围的服务均无法向用户提供。表2-13所示情况在IPTV提供商那里总会发生,因为在服务提供商管理下,每个频道都可以被用户使用,这既涉及功能因素,也涉及财务因素。同样,IP视频服务也是由服务提供商从内容所有者那儿获取的有限内容选择。

而在互联网电视和互联网视频上,内容可以从全球范围内获取,但质量无法得到保证。特别需要注意的是,那些由用户贡献内容的互联网视频网站有着可以想象得到的各种视频类别,从庄重严肃的到荒诞不经的……(这需要用户自己区别)。

表 2-13 节目库

服务属性	节目库
IPTV(互联网协议电视,IP电视)	围墙花园内容
IPVOD(IP视频点播)	围墙花园内容
Internet TV (互联网电视)	在世界范围内延伸,多种品质
Internet video (互联网视频)	Viewer Beware(用户自己设防)

十三、所有权

作为从众多供应商获取内容的先决条件,所有权必须被强制执行。这种强制性通常表现为两种形式:对发送给用户的内容在发送前进行加扰或加密,以及通过数字版权管理(DRM)技术对用户所被允许接收的内容进行管理(见表2-14)。IPTV和IP视频点播都有很强的所有权——其系统都采用加密(至少对部分内容进行加密),并频繁地使用数字版权管理。互联网电视也相对多地使用到加密和数字版权管理,比如其对付费频道同时进行上述两项技术,而对免费频道则均不使用。相对前三者,互联网视频则缺乏控制,在多数的相关网站中鲜有使用加密和数字版权管理技术的,在用户生产内容的网站更是罕见。

表2-14 所有权

服务属性	所有权
IPTV(互联网协议电视,IP电视)	强(数字版权管理)
IPVOD(IP视频点播)	强(数字版权管理)
Internet TV(互联网电视)	较强
Internet video(互联网视频)	弱或近乎无,频繁地侵权

十四、收益模式

当然,因为任何的收益模式都能够适用于任何一种网络,故如此进行的一般分类都常常会被修订。我们可以通过表2-15看到被用于各网络类型的主要收益模式。

表2-15 收益模式

服务属性	收益模式
IPTV(互联网协议电视,IP电视)	用户付费
IPVOD(IP视频点播)	订阅,按集收费或广告
Internet TV(互联网电视)	免费但有广告
Internet video(互联网视频)	免费但有广告

无论是通过专用网络进行视频传输,还是基于网络的内容流通,订阅模式都是IPTV的常用规则。很多IPTV提供商以极低价格(但不是完全免费)向用户提供含有无线频道的免费订阅选项——以此来维系一部分网络建设和操作的成本。但在整个应用中,相关费用往往由公司承担而非由单一用户来承担。

和IPTV不同,IP视频点播采用不同的收益模式。当IP视频点播服务和IPTV结合以及当它们提供“吃到饱”(all-you-can-eat)套餐选项时,订阅是IP视频点播服务商常用的收益方法。无论是租赁还是购买,按集收费往往被用在好莱坞出品的节目上。广告支持也常常被使用在电视剧中,在回放电视(“catch-up”TV)里,更是如此。

很多的互联网电视频道都是免费提供的，那些较容易就能通过电视广播进行重播或由政府基金赞助的更是如此。互联网电视主要面向移动视频用户。一些互联网电视频道得到了广告商的赞助，但是总体来看广告内容很少。

互联网视频上大量的资源都是可以免费观看的，特别是其中用户自己生产的部分。广告也时常被用作利润的产生方式，但这需要经过专业生产并成为吸引人的内容。多种广告形式在互联网视频上都得以运用，这包括了前置（内容播放前）、插播（内容播放中）等广告形式，以及在播放过程中间歇性出现的覆盖部分底部播出内容的广告图像和其他包含在视频里的网站条幅广告等。

十五、典型提供商

针对所列的四种不同传输模式，我们在表2-2中给出了一些典型的提供商。当然它不可能是一个详尽的清单，我们只是希望可以通过有形的例子更好地帮助大家理解不同的类型。每一个例子的更多信息都可以很容易地通过网络搜索得到。

第三节 现实检验

在本章的现实检验中，我们将讨论一个综合了我们在前面所定义的各种类型的例子：

MobiTV——打破边界的服务。

自1999年组建起，MobiTV通过不同的用户设备向个人计算机和手机用户提供了多种实时及点播节目。这项服务之所以被称为MobiTV，是因为其可供移动电话用户订阅。根据报告显示，到2009年2月，MobiTV拥有用户600万。[①]

将MobiTV定义到我们前述的四种类型的某一类中去都是不恰当的。下面是MobiTV正在提供的服务：

（1）向智能手机订阅用户传送持续的、实时的广播频道，并提供下载服务。其有效节目包括一系列的新闻频道、体育频道、娱乐频道以及诸如音乐视频这样的特别节目。

（2）MobiTV也提供了个人计算机端使用的版本，并和AT&T宽带进行市场连接。

（3）在所有者网络中进行点播服务。截止到本书写作的时间，其内容库中已有大量电视剧集，这些剧集往往在主要网络中进行首播之后的第二天就可以在这

① MobiTV新闻发布会，2009年2月17日。

里看到。

(4) 作为2009 NAB show(2009美国广播电视展[①])的一个典型示范,MobiTV在PBS[②](KLVX,PBS下属成员频道,译者注)和CW[③](KVCW,CW旗下接纳频道,译者注)的免费移动数字电视(DTV)中起了重要作用,即通过IP技术在各电视台DTV的部分频道带宽上进行无线电视传送。[④] 此外,MixTV是另一个示范,MixTV是在移动WiMAX技术下提供的一个包含已播出7天内容的点播库。有意思的是,PBS DTV广播对持有适当的移动电话并安装相应软件(可能免费也可能收费)的用户免费提供服务,当然点播的部分仍需要注册。

移动或智能手机版本需要每月缴纳10美元以订阅节目,但这往往已被涵盖在无线数据套餐中。个人计算机版本的费用是每月20美元,需要注意的是,个人计算机用户需要自己提供宽带网络以连接互联网。

通过这个例子,我们可以看到,并不存在一个单一且通用的IPTV定义。关键在于无论何时,当IPTV出现在对话中时,我们都需要特别小心地去界定演讲者的演讲内容,然后才能得出结论。

第四节　总结

本章重点讨论了基于IP网络下的传递视频的四种不同系统。这些名词常常被专家混杂使用,请务必注意讨论的具体情况。为了平衡起见,我们将把IPTV作为一种分布在基于实时传送的专用网络中向通过机顶盒观看电视或在其他设备观看的用户提供多频道的视频服务。我们也讨论了互联网视频这种由成千上万的独立内容文件组成的,需通过公共网络在个人计算机显示器上进行播放的技术。

这些区别的重要性在于,它们影响到用户能否自主控制观看的内容、时间和地点。同样,我们也将很快发现,适用于这些服务的商业模式和技术也是非常复杂的。随着不断创新,我们必将看到更多、更有意思的IP视频传输技术。

---

① 美国广播电视展(NAB Show)由美国广播电视设备制造商协会(NAB)主办,是全球电子传媒界最负盛名的展览会之一,译者注。

② PBS,美国公共电视网,也称公共广播协会或美国公共电视台,由354个加盟电视台组成,译者注。

③ CW,美国一家电视公共网,开播于2006年,由哥伦比亚广播公司(CBS)及华纳兄弟(Warner Bro.)共同出资,译者注。

④ http://www.mobitv.com/about/press/releases/?page=press/release_042009b.

第三章

商业模式

信息技术与商业正在不断地交织。我不认为可以在不讨论其中一方的情况下，对另一方进行单独讨论会有意义。

——比尔·盖茨

除去技术之外，对消费者进行视频传送服务成功的关键在于是否存在一个可营利的商业模式。今天，在 IP 网络中有大量的模式在市场上被用于传送视频。从完全的免费服务到单一内容按次观看收费，各种不同的收费方式不断地在市场中被尝试。

不论利润是来自订阅、账单到期给付，还是前置或互动式覆盖广告，我们所希望看到的是正如谷歌 CEO 埃里克·施密特所说的“在新（线上视频）娱乐形式上的新的营利方式”①。“那正是我们当下在探索的，”施密特说道，“那就是圣杯。”通过进一步的行为分析和消费者关系的引导，由广告收入支撑的线上视频业将从 2007 年的 14 亿美元增长到 2012 年的 64 亿美元。②

从长远来看，一些特定的模式将占有优势，但是我们应该更为明智地去了解更多的、当下在使用的模式。本章将分为两个部分。第一部分我们将看到首先在 IPTV 网络中使用的一些商业模式。在第二部分中，我们将讨论有关互联网视频的商业模式。

这两类模式之间的界限虽然模糊，但是我们需要谨记的是：一般来说，IPTV 提供商需要为建设和经营网络进行支出，传送服务本身也应被纳入内容成本中，并且绝大多数的互联网视频服务提供商的支出与内容的获取及筹备有关。当然，我们后续也将讨论更多的成本明目，但是网络建设和经营费用是所有费用中的最主要组成部分。

---

① July 16，2008，Google quarterly financial briefing. 2008 年 7 月 16 日，谷歌财务季报。

② New Advertising Technologies and platforms，Parks Associates，11/08.

专家解读 1

香港,一种成功的 IPTV 模式

当我们要寻找一个典型的由现有电信公司进入电视领域从事 IPTV 服务的例子时,香港是一个很好的选择。当 2003 年 9 月 PCCW 这家本土电话公司发布线上电视服务时,大家表现得不以为意。因其风险与 1996 年和 2000 年类似,前两次的努力都因在时机上未能把握准而失败。但是现在,85%的 PCCW 手机用户拥有足够快捷的宽带来支撑视频传送和由 PCCW 提供的其他服务,比如 Now 电视①,这个频道已经成功进入了全港近 4 成的家庭。

700 万人生活在香港这片小小的土地上,这造就了全世界最高的人口密度,也为互联网和电话服务提供了便利。② 若干年前,正是这些因素让 PCCW 成为世界上第一批由现任的经营者完成固网用户止损中的一员。

这是一种任何电信公司都梦寐以求的成功:一种新业务不仅制止了在网用户的流失,还在有线电视领域给予有线电视公司以重击,更重要的是它还带来了一种新的价值获取模式……无怪乎 PCCW 财务主管 Alexander Arena 会说几乎全世界每家电话公司都来 PCCW 进行考察。现在 PCCW 对全球多家公司进行指导,帮助它们模仿 PCCW 模式去成功铺开自己的 IPTV 业务。③

——节选自 *Tuning into the Future*?(《经济学人》)

专家解读 2

Google,互联网视频商业模型

当迈入互联网视频时代,广播放送业者和互联网业者都在努力探寻一种有效的、可衡量的营利模式。这个问题的部分实质就是"引入新的广告创新,使广告代理公司真正将我们的成果转化为价值"(迪士尼旗下 ABC 电视台数字媒体高级执行副总裁 Albert Cheng)。但是,广泛的商业化也造成了困惑。这部分的专家解读内容来自 GoogleTV 生产管理督导 Keval Desai 的有关互联网视频获利化的观点。④

互联网视频获利化(和视频整体获利化)的现实是如果没有大量的用户在其中产生互动行为,获利就无从谈起。对短视频而言,各种广告模式——覆盖广告

---

① 香港的一个商业电视频道,译者注。

② Asia's Media Innovators, Stephen Quinn, 2008. "PCCW and the Now Business Channel in Hong Kong".

③ "走向未来?",《经济学人》,2006 年 10 月 12 日。

④ 2009 年 3 月 30 日,对 Howard Greenfield 的访问。

(overlay)、互动广告、文本广告、视频条幅广告等都是可行的。但我不认为这些能带来大笔收益。

我认为一个有趣的关注点是互联网世界里用户到底和视频之间产生了什么样的互动。就我看来最显而易见的是,他们还在看着与过去 20 年来几乎差不多的电视内容。高质量的长篇内容将会在你的电视里移植或共生。网页的获利化将来自长篇内容下的嵌入式视频广告(这基本和我们在电视上所采用的模式相同)。

当用户开始“玩”视频,并与之互动,然后互动广告就会出现。当用户正在看带状视频,嵌入式视频广告就会出现。一个很好的示范就是英国。在英国,用户可以和他们的电视产生互动(在 Sky 遥控器上有一个“购买”按键)。可见,用户行为已然被建立起来,在此之上的互动广告、叠加或点播才能产生更多的意义。

作为广告策略,我们所做的所有尝试全部源自用户。紧跟用户,其他的东西就会自动出现。试图在用户行为之前预设广告的形式是极其危险的,因为这会让其他大量的视频广告的成果都陷入其中。

我想消费者行为是前因,在此之上,获利化才可能实现。所以当你现在专注于让业务获利或在半年到两年间获利,你得先搞明白“用户在干吗?”因为如果他们并没有产生过多的行为或与之相关的网络流量,你将不可能获利。

我们为线上媒体提供的 AdSense① 可以帮助每一位出版商的长视频获利。例如,我们正在做的是在 YouTube 上帮助很多往期的 Bonanza 秀视频变现。

第一节　IPTV

诚如在第二章中我们所讨论的,IPTV 网络是通过专用网络向那些在一般电视台上收看节目的观众传送多种持续内容流的网络。虽然这听起来很简单,但实际是一系列的特殊技术需要被安装并进行管理以便提供上述服务。表 3-1 总结了一个 IPTV 系统的主要费用要素。

表 3-1　IPTV 系统主要费用要素

主要费用要素	收费形式	描　　述
视频内容	每个用户每月支付循环费用	支付给内容提供商,比如广播网

① AdSence,即谷歌通过在合作网站上发布内容或搜索广告,与合作网站进行广告收入分享的计划,译者注。

续表

主要费用要素	收费形式	描述
传送网络	固定的费用,需预先支付	IP 网络的费用,部分用于共同的设备,部分是单一用户费用
机顶盒(STB)	不同订阅用户支付不同定额的费用	通常采用租用形式,有时由消费者买单
数字接收端	固定的费用,需预先支付	接收视频型号,转换成 IP 信号
内容服务	固定的费用,按规模计算	用于点播和广告
电子节目菜单(EPG)	反复收费,按频道和用户的数量计算	也许由当地的 IPTV 提供商提供或从服务机构获取

表 3-2 给出了美国主流电视网每月的节目费用。注意,这些费用是由 IPTV 系统提供者向内容拥有者进行支付的;在部分 IPTV 网络的商业方案中这部分费用被设计从用户那里得到补偿(收费)。

表 3-2　节目费用样本

网络	每个订阅用户每月费用(2008 年)
ESPN	$3.66
Fox Sports Net	$2.15
TNT	$0.93
Disney Channel	$0.86
NFL Network	$0.85
ESPN HD	$0.70
HD Net	$0.68
NHL Network	$0.53
USA	$0.52
MGM HD	$0.52

(资料来源:SNL Kagan© 2009 部分基于尼尔森公司(2009 年)数据,SNL 金融 LLC 部门。所有权利保留,使用需授权。)

除去表 3-1 和表 3-2 所给出的费用,其他经常成本(续生成本)也必须被覆盖。这包括了市场营销、消费者支持和网络维护。这些费用在 IPTV 系统被部署前很难衡量,却会对整个系统的收益率产生重要影响。

以下内容将对可应用于 IPTV 系统的部分商业模式进行讨论。

一、订阅

订阅服务也许是用以建立IPTV系统最通用的方法。在这个系统中，用户订阅视频服务（频道）数据包并一般按月付费，然后用户就可以看到他们所订购的不同频道服务。

一般来说，这些服务分为了不同等次，从不昂贵的基础服务（比如来自本地无线电视提供商OTA的信号）到优质的体育赛事和电影等昂贵的频道服务不等。服务提供商尝试通过不同的频道组合来使每一等次的订阅人数最大化，同时控制节目成本最小化。这一安排与许多有线电视商和卫星电视商的做法类似，因此也较容易被市场接受。

比如，基础服务中常包含OTA网络信号源（它们并不向IPTV提供商收取费用，或仅收取很少费用）、一些新闻和气象频道、购物频道以及一些本地内容。而昂贵的服务等次中则可能包括大量的全国性的娱乐、体育和音乐频道，并包含如表3-2中所列的频道。这一等次所付费用往往比基本等次多一倍到两倍。甚至比这更贵的等次也可以被提供，但必然也包含更多的内容，如无广告频道和特殊体育频道。

二、点单式频道(À la Carte Channels)

点单式频道选择与订阅的定义相近，其区别在于点单式频道选择允许每个用户只选择他们想收看的频道而不用为他们所不喜欢的频道付费。即每个订阅用户每月的账单中只包含有他们所选择的特定频道的费用，而服务提供商则用这部分收益来完成对内容的购买。

在传统有线电视和卫星电视提供商那里，点单式频道服务并没有被广泛推广。IPTV提供商则存在两个重要的优势得以推进这项服务：第一，正因为每个订阅用户想看的频道都是通过IPTV系统单独向用户的机顶盒发送的，只提供选定的特定频道给用户在技术上并没有困难。第二，IPTV提供商可以利用用户愿意为自己想看的频道付费的欲望；点单式频道选择措施可以被用来作为差异化服务和市场进入策略。

三、本地广告

本地广告是指将目标市场定位在本地商家，将他们的广告信息插入尚未被当地用户接收到的网络信息源中。这项技术业已成熟——很多全国内容提供商会在他们的节目源中做出专门的标记以示本地服务商在何处（何时）可以插入本地广告。这些被称为效用(avails)的标记由内容所有者在与本地服务商联系后提供。有时,一个本地服务商可以通过本地广告赚取足够多的利润来部分或全部支付节目费用。

很多的有线电视供应商已经开始改造他们的网络以抢占这块的收益。对IPTV供应商而言,很多的技术已然成熟。一些特殊的服务器可以从很多的资源中获取广告,并且这些服务器可以同时监控多个视频频道以便服务于本地效用。一旦一种本地需求产生,服务器中的广告内容将轻易地替代原节目源的对应内容。

本地广告的吸引力提升并不会影响到本地商业。即便是拥有全球性品牌的公司也会希望将他们的广告与当地兴趣结合,比如饮料公司会将本地运动队的粉丝作为目标等。本地服务提供商的挑战在于如何与广告商有效地经营他们的效用选择,这将决定他们能否获取最大价值。

四、视频点播

让用户可以随时随地观看到他们想看的节目这一想法并不新鲜。然而,随着技术的发展和成本的降低,对服务提供商而言视频点播(VOD)越来越有吸引力。

视频点播的基本概念是基于用户要求下的视频节目的存储和发送。这个存储库可以以集中的服务器需求为形式将节目同时传送给数百个用户,也可以通过更多分散存储库的形式进入网络。限制在于,对于每一个用户来说需要有单一的存储硬件装载于机顶盒之中。

这些年来,各种形式的视频点播都被尝试过,绝大多数的视频点播也都是以其中某个形式存在至今。表3-3列出了最常用的视频点播服务类型。

围绕数字硬盘录像机的最大争议之一(在表3-3中有描述)是记录内容中的广告所扮演的角色。广告主在这一过程中有两个主要的关键点:

第一,跳过广告(ad skipping),即用户通过快进跳过广告。这一功能是许多消费者购买数字硬盘录像机的主要动机之一。

第二,广告的时效性(ad timeliness),用户可能是在初始播出后很久才在其设备上观看相关节目的。而正确的时间点对部分广告主而言尤为重要,因为他们的广告活动可能针对的是特定的时间段,比如对即将上映的电影所进行的推广广告。

表3-3 视频点播服务的类型

类型	描述
真实视频点播(VOD)	这是正统的VOD形式,通过它,用户可以自行控制所要接收的任意单一视频流。用户有能力自行开始、停止、暂停、回放和快进。用户可以对其所观看的单一节目进行付费;费用可以通过预付账户的储值进行支付,也可以在每月账单中进行支付

续表

类　型	描　述
数字硬盘录像机(DVR)	此类设备接收、压缩并下载视频节目于硬盘上,该硬盘往往与机顶盒或单机设备进行连接。用户可以通过该设备回看内容,同样也能够操作暂停、快进和回放功能。它也被称为时间转换器,用户通常可以通过设置他们的 DVR 设备在特定时间记录下特定节目,但现在多数的卫星电视公司在自家机顶盒上预装了 DVR 功能
视频点播订阅(SVOD)	和 VOD 相同的传送技术和用户操作,只是付费系统不同。在 SVOD 中,订阅用户通过缴付的月费无限制收看节目库的内容。在很多此类系统中,节目库每月进行升级更新
免费视频点播(FVOD)	即取消了支付的 VOD。在众多此类系统中,其内容往往伴有大量广告、购买指南和其他低成本节目
任意需求播放	对一些技术追求者而言,这是终极的视频传送系统,即在任意时间向任意用户提供所有节目
准视频点播(NVOD)	除去单一视频流控制功能,与真实 VOD 无异。对于 NVOD 而言,一个共同的形式被称为交错播放,即多个单一节目的拷贝以每五分钟一次的方式轮播,从而让任何用户可以在五分钟内开始收看他们想看的节目内容
网络数字硬盘录像机(NDVR)	与 DVR 提供了相似的功能,但是其记录存在于服务提供商的网络中,而非用户本地。一些内容提供商声称这种技术在功能上与 VOD 极其相似,应该通过牌照许可来加以管理
每次观看付费(PPV)	这种用于 VOD 的初期技术往往被用在传送直播付费节目中,如音乐会和体育赛事,用户无法控制播放使得它不能算作 VOD

服务提供商很难掌控那些被用户记录在自己设备上以供之后观看的内容。他们能做的进一步控制数字硬盘录像机的举措也只限于在自己所加装了数字硬盘录像机功能的机顶盒中——在这里他们至少能够确定数字版权管理(DRM)功能正在有效保护硬盘上的版权内容。提供商真正拥有的是影响那些使用网络数字硬盘录像机的用户,因为这些用户的视频记录都储存在服务提供商自己的服务器中。

相较于其他的数字硬盘录像技术,网络数字硬盘刻录技术更受到广告主的青睐。为什么呢？想象一下，发生在一台普通的数字硬盘录像机上的广告的遭遇吧。当这台机器忠实地记录节目内容和广告的时候，它也同时给了使用者快进的权利，让他们可以随性地跳过任何的节目内容，这其中也自然包括了跳过广告。此外，比如说有一个用户在12月20日录下了一个节目并决定在12月29日观看。正如你可以想见的，其所下载的节目中包含了一定数量的专门为圣诞促销所准备的广告。很不幸的是，当用户开始观看节目时，圣诞季已经结束，这些广告无论对用户还是对广告主而言都变得毫无价值。现在，我们来设想一下包含有先进功能的网络数字硬盘录像机吧。通过这项技术，服务提供商可以随时更换掉这些广告，从而保证用户无论何时何地观看其下载内容时所接收到的都是最新的广告信息。比如，在12月29日传送的广告可能就和新年有关，一方面这些广告往往会得到用户的主动关注，另一方面广告主也更愿意为此付费。

实现这一技术的全部准备也就是在视频点播服务器中装载一些软件并拥有某种程度上的法律框架以管控广告出现的次数。这个产业也许现在还未成形，但这项技术必将在不远的将来大放异彩。

五、互动电视

当用户有机会和传送内容产生互动时，其互动的结果就是催生了互动电视(interactive TV，iTV)。从通过对一个按键的简单按压到多种详尽的菜单主题，互动电视有着多种形式。下面是在iTV上常见的应用：

(1) 广告回应，用户可以通过它对已播出广告的产品或服务要求提供更多的信息。

(2) 摄像机角度(机位)选择，用户可以选择一个或多个直播赛事中的播出机位来观看直播。

(3) 投票，观众可以对正在播出的电视事件进行投票。

实现iTV的关键是返回路径，即通过它，用户的行为被传送到服务供应商处。但在卫星电视应用上它很难被构建，因为它需要有互联网的连接或者在前代技术中从内部调制解调器连接到机顶盒再连接到用户的电话线。相反地，在IPTV网络中，返回路径是已存在的，可简单完成与iTV的集成。

六、三网或四网合一

三网合一是指将多项服务通过单一服务提供商进行传送，其服务包括声音(电话)、数据(互联网接入服务)和电视服务。四网合一则添加了移动电话。服务提供商通常向购买多项服务的消费者提供折扣，这已被证明是有效的市场策略。其价值主张是消费者的权益不仅来自低价，也来自单一支付账单的便捷性(虽然这一价值在之后饱受争议）。

从一个服务提供商的角度来看，三网融合从三项相互分割的服务中提供了混合的现金流去购买一个通用的网络从而传送所有服务（比如基于IP技术的网络）。当然，安装额外的设备和软件以便同时提供三项服务需要有额外的支出，但这笔支出可以带来稳定的市场。

毫无疑问，三网融合有着美好的前景，它可以引发不计其数的网络风投。其经营者将具备传统范畴下的影响力（如以视频对抗传统电话），更具备支持三网融合输出的能力。这一系列的冲击已经取得了很大的进展——一批电信公司多年来基础电话服务订阅用户的消费能力和其利润都出现了下降，这一现象在VOIP（网络语音电话业务）技术与移动电话的综合影响下更显著。

"我们通过三网融合提供包括宽带接入、VOIP以及IPTV在内的服务，"法国电信国际电视内容部主管Paula Souloumiac说道，"我们的客户使用IPTV，进入视频点播目录，订阅项目，得到一个频道包——这一切全部来自它的宽带服务商。"

Souloumiac继续说道："你可以想象得到，固网业务会持续下降而宽带业务会持续上升。所以我们必须在宽带业务中占据强有力的位置。并且事实上，通过三网融合我们还能更好地吸引消费者。同样，我们也感觉到在三网融合里拥有电视业务会使我们更加强大，而我们的顾客也将更加忠诚。今天，对提供商而言，TV选项已然是'必选'了。"①

七、经由IPTV的互联网视频——围墙花园(walled garden)

IPTV供应商面临着一个困境：一方面，他们想成为订阅用户唯一的（或者至少是占统治地位的）视频内容提供者，这是保证持续订阅利润的最好方法；但另一方面，互联网上有着大量的视频内容，用户可以轻易地接入，且这些内容必然含有他们所喜闻乐见的事物。为了解决这一难题，一些IPTV供应商开始使用"围墙花园"这一概念。

"围墙花园"可以被理解为在互联网中对一部分的内容进行受保护下的复制，或者使一部分内容在互联网上无法进行任何操作成为可能。它同样可以被理解为对互联网观看进行严格设限和过滤。但不管怎样，总的来说，网上的所有内容中只有一小部分被纳入这个花园。

服务提供商从"围墙花园"中看到若干优势：第一，这堵墙可以预防用户接入与网络设备技术不兼容的内容或含有病毒、蠕虫或木马的内容。第二，这堵墙有

① http://www.iptv-news.com/—video interview, home page, April 27, 2009.

助于提高收益,因为服务提供商的收益源自包含有广告的内容或视频点播的内容收益。第三,这堵墙还可以预防用户接入与服务提供商产生竞争的内容或不适宜部分用户群体(如儿童)的内容。

关于“围墙花园”的概念早已有之。AOL(美国在线)早在20世纪90年代初就尝试向他们所有的订阅用户提供基于网站的“围墙花园”。随后,这一模式开始发挥作用,大量的消费内容只针对AOL订阅用户开放。但当用户开始产生接入非墙内网站的需求后,这一模式失败了。此外,即便是如同AOL这样拥有几百万订阅用户的公司,创造和准备专属于“围墙花园”的内容成本也非常高。10年间业绩的不断恶化,使AOL调整了策略,它开始允许其用户接入互联网以获取更多的开放性内容。

第二节　互联网视频

互联网视频传输系统是指通过互联网向用户传送节目的系统。这使适用于该技术的商业模式不同于使用IPTV系统的商业模式。冒着滥用类比推断的风险,我们可以说在互联网视频领域没有“围墙”的阻碍。表3-4总结了互联网视频服务提供商主要的成本要素。

表3-4　互联网视频系统成本要素

成本要素	收费方式	描　述
视频服务器	固定收费,通过提供流的数量进行计算	必须有足够数量的服务器以支撑所有同步内容的观众需求
视频内容	如果不是免费,则常通过获利分成支付	向内容所有者进行支付,如出演的艺术家及生产商
互联网接入带宽	固定收费,通过提供流的数量进行计算	向互联网业务提供商(ISPs)支付费用以提供高速宽带连接

虽然Netflix、亚马逊等都在窥视这一领域,但在互联网视频领域,基于订阅的定价机制不如IPTV那么通行,这在本章节的后段我们将会讨论。一个几乎一致的看法是娱乐节目视频更适合在电视上观看,而非在计算机显示器上观看(窝在沙发里远比坐在电脑桌前舒服)。此外,基于屏幕分辨率和服务占用空间,很多互联网传送服务无法提供与为特定目的而建造的电视传输设备相同的视频质量。

一些元素在两种技术中共存。比如这两者当然也都高度依赖于广告收入,不同的是IPTV的广告利润更多地被内容提供商获取,而互联网视频的广告利润更多地被入口提供商获得。两者的构建都支持多种视频点播服务，且都有着多种成功的商业模式。

以下部分我们将对一些使用在互联网视频领域的商业模式进行讨论。

一、按次收费

按次收费往往被用在如好莱坞电影这样的高价值内容上。在这种模式里，用户购买的是在特定时间段内（一般是 24 小时）观看特定内容的权利。用户可以暂停、快进和回放内容，但对观看设备有所限制。

之所以进行如此严格的观看限制，其部分原因在于通过这样的措施可以简单地达到利润最大化，剩下一部分原因则是出于对安全的考量。如果一个用户用某种方式试图在多个设备中观看内容，其结果是“破解”出的播放文件只能在很短的周期内有效，因为播出时限一直存在。这样的技术有助于限制此类非法技术的企图。

二、购买权利/播客

在互联网视频系统中传送的多数内容都是以永久许可证的方式出售给了用户，用户因此可以无限时地观看所传送的内容并被允许将内容下载至电脑或其他播放设备中，且可以按用户所希望的方式播放。需要注意的是，具体可以进行共享的播放设备在数量上是有限制的，通过数量上的限制可以预防用户向其他未购买用户进行付费内容的二次贩售。

对供应商而言，一个略有争议的事件是对副本（备份件）的定义。和很多线上内容提供商一样，苹果 iTunes 的现行政策是基于个人的副本是合法的，但若最初购买者向他人进行散布和出售则可能违法。[①] 然而一旦消费者想获得对内容进行备份的权利，就不能丢掉决定其所收集存放在硬盘或其他设备上的有价值的内容是否失效的权利。无论如何，内容所有者所恐惧的是宽松的备份环境可能带来的其所拥有的有价值内容被广泛盗用的情况。

三、订阅

部分互联网视频内容以订阅方式出售。这其中有两种商业模式被经常用到：接入直播视频，用户通过月费方式换得观看直播流视频的权利，如体育赛事；接入视频库，用户通过月费方式接入视频库且能播放其中的内容。

---

① http://www.apple.com/legal/itunes/us/terms.html # SALE (intellectual property, 14a).

订阅模式能够以最佳的方式运作需要存在特定内容的搜集包(库),也需要有一定基数并愿意为之付费的用户,比如包括美国职业棒球大联盟此类的来自不同国家不同语言的新闻节目,以及大量的成人节目。另一个例子则是在用户支付月费后,由 Netflix 和亚马逊提供不计其数的电影和电视流,通过 Roku 设备在用户的电视上进行播放。经济上的成功源自对产品的成本控制(如和其他电视商分摊制作成本等)并建立起足以支撑系统成本的庞大的订阅用户群体。

四、广告赞助

与电子邮件和互联网搜索门户一样,很多的互联网视频供应商开始免费向用户提供服务。只有用户基数增长,门户所有者才能够在网页上以静态广告展示的方式卖出广告位。常见的形式有两种:一是在播放内容的窗口中出现图片;二是在用户所选择的内容播放前播出视频广告。

从广告商那里获取的利润除了装进老板和资本家的钱包,还可以用于三种有效的使用途径:第一种是向提供商购买更多的内容,无论是通过直接购买的方式还是通过利润分成的方式。第二种则是雇佣员工并租赁设备去创建一个更庞大、更友好、更有用的门户以吸引更多的用户并产生更大的广告收益。第三种是在市场上释放部分收益,试图凭此增加使用门户的用户数量。这三种选择并非相互排斥——很多提供商会同时使用这三种途径作为其互联网视频服务成功增长的途径。

五、免费内容和用户生产内容

人类有着无限的创意。装载在个人计算机上的各种低成本、高品质的摄像头、动画软件、音频记录软件、电子合成器和专业的视频编辑软件创造出制作个人数字影片和节目的无限需求。诚然有时只是创作者自我感觉良好,但也有足够多有灵光、有魅力及有趣的内容被创造出来并提供给了热门网站。

对于此类网站,服务提供商创造利润的方法有以下三种:

(1) 向用户收取可在朋友和家人中轻松地实现内容分享的费用。例证之一就是很多的图片网均按此操作,并机智地创造出了商机。

(2) 建立免费视频门户,由门户对外出售自身广告位或在内容播放前向用户推送广告。这种方式能够为服务提供商提供足够的利润以赚回投入,特别是其在宽带和存储器的投入。

(3) 通行的方法是免费提供影片的预览,但对正片收费。很多专业制作的音乐视频就通过这种方式播出。大量的网站已经开始使用这种方式,通过免费预览部分片段,然后提供相应的网址引导用户进行付费和下载。其他的预览方式是在影院或 DVD 播放中加入其他视频的预览。此类以预览为特色的网站一般靠佣金或其他获取点击量的方法获得资金。

第三节　现实检验

很显然，建立和运行一个 IPTV 系统需要成规模的投资，这必然会产生各种向用户收取费用的方式。在下面的现实检验环节，我们将带领大家看一看一家本地电信提供商是如何成功地建立并运作一个典型的 IPTV 传送系统的。

一、Canby 电信

Canby 电信是一家坎比(康比)本地通信运营商(坎比，Canby，位于俄勒冈州，距波特兰以南 20 英里，1 英里≈1.61 千米)①。这家公司向本地居民提供电话服务已经有超过 100 年的历史。现在 Canby 电信向 8600 名消费者提供近 1100 根电话接入线。

Candy 电信的商业版图由相当多的农业地区所构成，其服务覆盖范围超过 84 平方英里。本地的一大特点是大量的西班牙裔人口迁到此处从事花木维护工作。

2004 年 10 月，Canby 电信获得许可，可按其商业计划向消费者提供三网融合服务。在其传统提供语音服务的基础上，公司决定提供基于 DSL 技术的宽带数据 IPTV 服务。2005 年 10 月，公司正式向他们的第一位用户提供了相关新服务。现在他们正在实施第二阶段有关光纤入户的升级改造工程。②

Canby 电信的基础业务包括基于 ADSL+技术下的语音、数据和视频服务。在这一技术下，消费者可以获得 10 Mbps 的下载数据流服务。Candy 希望到 2009 年将这一速度提升到 20 Mbps。针对 5000 英尺(1 英尺≈0.30 米)内使用同一数字用户线接入复用器(DSLAM)的订阅用户，Canby 能够同时提供 3 套视频流。在 5000 英尺至 8000 英尺的 DSLAM 用户则能被提供两套同时的视频流。

二、系统构成

Canby 电信的 IPTV 系统由不同的提供商提供设备和软件支持。这是当下很多 IPTV 发展方的典型方式，因为这其中有太多的技术需要被使用到。下面所列

---

① 资料来源于 2006 年 11 月公布与 Canby 电信网站上的对公司管理层(主席 Keith Galitz 等)的采访及其他公开资料。

② http://telecomengine.com/article.asp? HH_ID=AR_4687.

的是一些基本的构建模块及其典型供应商:

(1) 内容处理器——塔特系统(tut systems) Astria CP 型号。这一部分的功能是从大量的资源中找出所需节目并将其转压成提供给用户观看的通用格式。

(2) 远程终端(DSLAMs)——Calix C7 多重服务接入平台。这一部分安置在 Canby 电信的设备里并生成 DSL 信号以传递给订阅用户。它们也接收用户上传的反馈数据。

(3) DSL 调制解调器——Best Data 542 四口以太网交换器。这一部分可以接收输入的 DSL 信号并将其分割成不同的数据包并转成四个流。其中三个流可以连接到机顶盒,另一个流则可以提供高速连入个人计算机服务。

(4) 伺服器——Myrio。这个软件可以提供多种功能,包括频道转换接入的支持、向用户提供诸如 EPG 格式的信息播放以及视频点播菜单。

(5) 加密/DRM——Verimatrix。这个软件通过和 Myrio 连接来保护可能被用户或第三方侵占的数据内容。

(6) 机顶盒——Amino AmiNET 110。这是一个基于以太网输入的小巧却功能强大的机顶盒设备,它只支持标准的 MPEG-2 节目。

(7) 现在基于 MPEG-4 下的 36 个高清频道则通过 Entone 机顶盒提供服务。

三、提供服务

Canby 电信提供了大量的三网融合服务。基本电话业务覆盖公司服务的全部地区,DSL 服务在其服务区域内的 99.6%的家庭和公司中覆盖。到 2006 年 11 月,IPTV 服务已经可以在区内 3000 个家庭实现。

Canby 电信的 IPTV 服务提供了 200 个标清频道和 36 个高清频道以及其他增值数据包,这包括了 21.95 美元("经济型")套餐和 55.95 美元("至尊型")套餐。这些套餐包含了本地节目、视频点播节目以及电视端来电显示等。

四、投资

Canby 电信在某种程度上是 IPTV 市场的先行者,这是由于在 2005 年公司就决定铺开相关服务。这使当时的投入比今天高出了很多,其原因有二:

(1) 同其他高科技领域一样,当时所使用的 MPEG-2 压缩技术的成本也在随着时间的推移不断下降。

(2) Canby 电信在当时所采用的部分技术比较新,与其他技术无法完全兼容。其结果就是 Canby 电信花费在兼容性上的成本远比今天类似系统要高很多。

即便有这么多的投入,Canby 电信完成 IPTV 数字头端设备的总投入仍然少于 200 万美元。基本费用如下:

(1) 数字头端设备,包含内容处理器,以及其他信号接收和处理元件,这占了总投入的 70%～75%。

(2) 视频点播系统,包含用于内容存储的硬盘和创建提供用户收看的 IP 数据包流的服务器,这占了 20%～25%的总投入。

(3) 其他设备,包括碟形卫星接收天线、辅助电子产品、伺服器以及初始许可费,由投入的剩余部分承担。

五、结果

在良好的工程、可承受的费用以及其本地有线电视公司的弱竞争等因素的共同作用下,Canby 电信取得了很好的投资转换率。截至 2006 年 11 月,在所有 3000 户家庭的统计中,已有 900 户 IPTV 订阅用户,市占率为 30%。这其中更有 77%的 IPTV 消费者在 Canby 电信订阅了全套的视频、语音和数据三网融合功能。这有效地预防了基础电话服务用户的流失,而预防此类用户流失一直是 Canby 电信管理中的重点。到 2009 年 2 月,该公司的 IPTV 订阅用户数量已经增长到了 1600 户。

第四节　总结

本章主要讨论了有关运用在 IPTV 和互联网视频领域的各类商业模式。因为这些技术及其应用都很新,我们很难分辨出哪些是好的商业模式,哪一种又是成功的。唯有时间和大量的资本投入才能找到答案。

本章我们开始关注 IPTV 系统中设备的投入和节目的成本;然后我们检验了那些可以让消费者为相关 IPTV 服务付费的模式,如订阅、本地广告以及视频点播;我们还讨论了用于互联网视频的若干商业模式,包括按次观看付费、播客、订阅以及广告赞助;我们也涉猎到了那些由投资大鳄赞助的免费视频门户,他们把眼光放在未来;最后我们对一个真实的 IPTV 系统进行深入的讨论,并以此作为本章的结束。

第四章

网络概览

美国人对电视和其他视频内容的着迷并没有减弱，消费者在持续创纪录地进入电视、网络和移动领域。兼顾到其他诸如便捷性、质量和使用等因素，用户正在表现出对观看购买内容的最佳屏幕进行选择的趋势。但是，电视依旧是其观看视频的主要途径，即便线上和移动平台已经成为家庭电视直播的重要补充。

——Susan Whiting，尼尔森公司副主席(2009 年 2 月)

当我们将 IPTV 和互联网视频连在一起时，会出现一个复杂的迷局。就像拼图爱好者说的，没有示意图，我们很难弄清楚每一块与每一块之间的关联。通过本章的学习，希望可以给大家提供相关技术及其协同运作的总体示意图。

很多网络设施被成功地用在传输 IPTV 和互联网视频服务上。将这些设施都放在一本书中进行讨论，很显然是不现实的。但是我们可以就每种传输模式下的典型网络设施进行分析。通过理解这些参考模式，读者将能够更好地理解组成视频传输系统的所有元素。

有趣的是，在 IPTV 领域，我们会花费大量的时间来讨论其硬件部分，而在互联网视频中，我们将用很多的时间去讨论软件部分。为什么会产生这样的不同？原因在于，绝大多数的 IPTV 网络需要通过大量的硬件部分来帮助其延伸至用户家中，而互联网视频传输则发生在互联网上每个订阅用户独立购买的链接中。换句话说，IPTV 服务提供商往往需要通过建立一个网络来和其用户连接，而互联网视频服务提供商则是在使用现有的设施。

专家解读

AT&T IPTV 2005

在本书第一次出版时，AT&T 正处在发布他们的 IPTV 产品的前夕。SBC 产品策划副总裁 Jeff Weber 在 2005 年的 NAB 年会上说过："从最高层面来看，今天(2005 年)的经济形态和 10 年前相比有着巨大的变化……压缩技术的革新、成熟的视频转码等在全世界范围内的技术更新让 IPTV 得以实现。伴随着这些标准发挥作用——我想 SBC 能够对其有所帮助——其规模和经济形态都开始改变，连带着搭建成本(下降)。”

AT&T IPTV 2009

仅就 2008 年第四季度增长 264000 人来看，五年后，AT&T U-verse SM 所提供的 IPTV 服务将服务超过 100 万的订阅用户，并将对 1700 多万户公寓提供服务。AT&T 主席兼 CEO Randall Stephenson 在报告中说道：“AT&T U-verse 电视服务持续发展。我们完成了贯穿全美最快速的互联网主干通路的部署，这在全球都是最大的。我们将进一步扩充领先行业的网络性能并为商业市场提供服务。”

本章包含两部分：一部分聚焦在 IPTV 网络上；另一部分聚焦在互联网视频网络上。每个部分都包含了对其主要构件在软、硬件上的细致描述，并在现实检验环节中讨论每一种网络类型。

第一节　构建一个 IPTV 网络

IPTV 网络能够建立起服务于上百万订阅用户的网络服务，也可以提供只针对几千人的服务。其大型系统可以是包含国家级在内的，保证数百个节目频道通过数千里的最优网络传送。其小型系统可以只为一个社区或同一幢楼中的一家公司提供几十个频道服务。无论是哪种，高性价比的中心设备配置和传输网络是商业运作成功的关键。

我们始终需要记住的是，IPTV 网络是典型的分阶段配置网络。在系统发布之初，并不是所有的功能都能够提供给潜在用户，这主要有以下两个原因：

(1) 测试和获得收益需要时间。工程师需要足够的时间来对 IPTV 网络进行复杂的配置，系统操作人员及其安装、调试供应商也需要相应的时间。由于安装预算有限，服务只能在测试完成并与其他部分相互协调好后才能完成配置。此外，一些配置更高的设备往往价格昂贵，从而只能在有足够消费者数量并产生充足的利润之后才能被提供。

(2) 用户基础在发布之后才能建立。尤其是在他们的电视观看需求遭遇到新的技术后，消费者往往要花费大量的时间才会决定订阅一项新的 IPTV 服务。一份审慎的商业计划认为，说服消费者接受新的电视传输模式对他们是有利的，并且这一努力是必需的。在新服务发布之初就快速地获得 20%的订阅用户的假设是不现实的。

在这两个重要因素的影响下，一个不断增长的动态建设及消费者行为策略变得尤为重要。在首次发布时，可能只有很少的消费者会订阅。因此，整个网络必然会控制早期设备上的成本投入。同时,早期的建设也围绕在高密度消费者所在的地区,这可以一举两得,实现低成本及提供本区域内的多种服务。

在为IPTV系统所做的财务方案中有两个很重要的指标:一个是网络内家庭通过(homes passed)总数,其本质是指网络已接入并可向所有有愿意订阅IPTV的消费者提供相关服务的住宅总数;另一个是订阅用户总数,即已通过向IPTV服务提供商订阅服务的消费者。IPTV部署是否成功的一个重要标志就是订阅用户总数与家庭通过总数的比例。最初,这个比例会非常低(往往只有个位数)且其增长的幅度也很小。另外需要我们注意的是,这一比例永远不会达到100%,因为对绝大多数地区而言,其他竞争技术同样存在(比如有线电视或卫星电视),而且事实上无论定价高低,现实是并非每一个消费者都愿意为电视服务买单,对此我们会在第九章做更多相关讨论。

一、一个典型系统架构

在很多大型的IPTV传输系统中经常会存在一个设备构建的层次,以便视频信号在广阔的地域中进行传输。首先是一个或两个超级前端(头端、SHE),通过它向数百万订阅用户提供频道服务,这些频道面向所有区域的所有订阅用户;然后是一个视频服务站(VSO),它位于不同地区,从而能够控制单一城市或地理区块中的本地节目和特殊频道服务;最后是中心站(CO)或远程终端(RT),它被用于服务本地终端站(LEO),包含了向本地消费者提供节目传输的必要设备。以上就是一个电话公司或其他本地设施所有者真实存在的部分典型设备。这些设备的作用我们会在下文中有更多的解释。只是不同的公司可能会对这些设备有不同的叫法;重要的是,我们要清楚在网络中这些设备的功能及表现出的作用。图4-1是一个典型IPTV系统架构的示意图。

在一个小规模的IPTV系统中,上述三种功能可能会被融合在单一位置中。但所有功能都必须存在,只是不再以单一的功能设备去体现。

1. 超级前端(SHE)

在IPTV系统中,超级前端是最基础的资源。它的功能是汇集内容提供商提供的内容并将之转换成适当的格式以便在IPTV网络中将内容传送至视频服务站(VSO)。同时,一个SHE也可能被视频服务商用来作为存储用户视频点播内容的存储站。以下是SHE的每一个功能:

(1) 聚合内容。

内容必然来自不计其数的各类节目提供商。这些节目是可在IPTV系统中进行传送的任何内容,比如标准电视网馈给(信号),特色频道——专注于体育、新闻、音乐、戏剧、少儿或自然节目等,优质电影频道,或其他一些非广播馈给(信

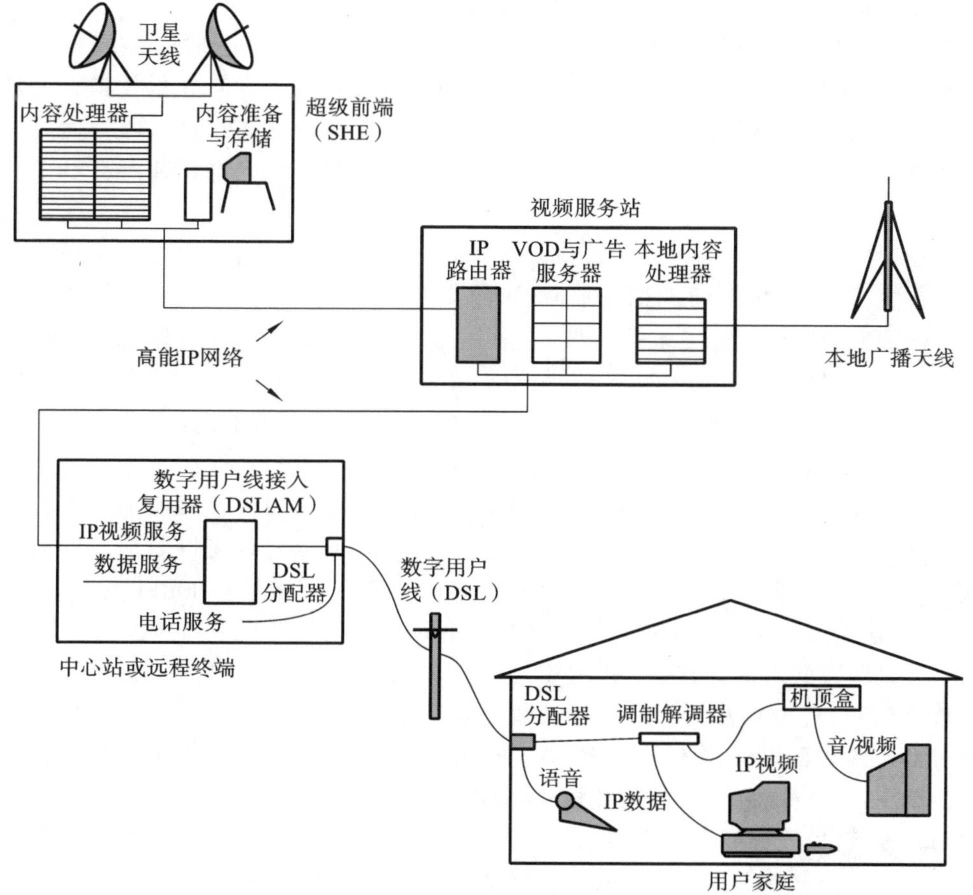

图 4-1　典型 IPTV 系统架构

号）。很多时候，这些视频信号可能来自不同的卫星信号接收商或地面信号传输网络（站）。最常见的是接入信号都是加密的数字格式，这要求接受者必须能够从节目提供商那里接收到必要的指令和解密密钥。

（2）转换。

接入的内容必须转换成可以在 IPTV 系统内传输的格式。简单来说，就是每个频道都必须用统一的方式制定格式——标准比特率、标准数据包格式、标准压缩方法，以及其他所有影响到用户设备“理解”视频信号、传输视频信号的各个方面。

自从节目提供商可以免费选择压缩类型，转码就变得非常普遍了。转码是指将视频信号由一种压缩格式转换成另一种压缩格式。进入转码器的视频可以是任意类型——未压缩的视频、MPEG-2、MPEG-4 或 VC-1 等——内容提供商所选择的任何类型，但输出的是符合 IPTV 网络需要的压缩格式和特定比特率。

(3) 输送。

已压缩的视频信号必须从网络输送到每一个 VSO 中。有时这一网络属于 IPTV 供应商并由其运作;有时这一网络需要从远端网络供应商处租赁。无论是哪种情况,这些网络都拟建为地面站的形式(地理条件不允许除外),因为通过高带宽方式向多个地区传送数以百计的频道,如果选择卫星传输,则其费用太过昂贵。

在很多的实例中,连接 SHE 和 VSO 的网络存在冗余。其原因是,这种冗余可以在主干网络发生问题时,对 VSO 的操作依然可以持续。在超大型系统中——服务数以千计或更多的用户——一个备用的 SHE 会被建立以用来预防严重问题下大规模的切断电视服务的情况。在上述的例子中,那两个 SHE 站可能会相距数百英里以保证在突发状况下整个网络可以继续有效工作。

(4) 格式。

用于视频点播系统的内容往往在来源格式上五花八门。它可能来自各种主流录影带或 DVD 格式中的一种。和 IPTV 一样,其部分内容将以数据文件的方式在 IPTV 网络中传送。另一些内容则是通过实时广播链接(如光纤或卫星)进行输送,这需要特定设备用以接收视频信号并进行存储以备后续操作。

无论内容的来源怎样,一些关键性的功能必须存在于视频点播系统中。第一,内容必须被转码并转换成能够被每一台机顶盒所识别的通用格式,其标准参数包括比特率和压缩技术等。第二,内容必须被登载成目录并给予标签以供参考。第三,软件标签(一般为元数据)需要被添加用以指示视频的持续时间并向用户描述内容,以及列明存储和传送的相关限制等。并未要求标准格式内容引入 IP 数据——因为这是向用户传输视频信号的点播服务所提供的功能。

广告内容有时也需要通过 SHE 完成。在步骤上,广告内容的绝大多数步骤都和节目内容的步骤一致,其区别在于广告内容的结果将会传送给广告服务器而非视频点播服务器。广告服务可以直接设在 SHE 中以便于在 IPTV 系统下的节目中插入广告,也可以设置在每一个 VSO 中以使在不同地区播放不同的广告内容。作为视频点播的内容,适当的标注和传送广告内容是成功的关键。

在 VSO 中分配视频点播和广告内容到服务器一般是以文件形式在标准数据网络中进行传送。只要这一内容并未被实时观看,冗余就不会被要求。在发生故障的 SHE 和 VSO 连接网络中,内容常常会在网络修复后被再次传送。在这一网络中,安保很重要。内容所有者希望有很强的措施以确保他们拥有的有价值的内容不会被盗版。因此,视频点播分配系统会使用加密及(或)物理安全网络(如专用光纤连接等)。

在 SHE 上存在的这些不同功能都对硬件设施和软件系统提出了要求。因此,需要对监控系统的操作配备人手以在最短时间内修复任何故障以及执行需要人员介入的任务，比如视频点播文件的加工等。

2. 视频服务站(VSO)

VSO向不同地理区块如城市等提供视频的加工和传送服务。每个VSO都可以接收来自SHE的内容和本地的节目资源。其作用是向每一个中心站或远程终端(CO/RT)实时分配所有的接收内容。VSO也可以作为视频点播系统的服务器及其他用以对用户进行特殊内容传送的服务器。消费者服务、账单和其他相关操作同样可以被设置在VSO中。VSO的功能还包括：

(1) 定位。

VSO的一项重要功能就是向特定地区传送特定内容。这可以通过本地无线广播站进行或由本地其他源产生，如教育机构、政府资源或公共接入信号等。和SHE近似，不同格式的本地信号需要被转换成IPTV传输的通用格式。

(2) 压缩。

视频内容加工者选取了各种不同格式的视频输入内容并将之分配成所需的格式进行视频输出。内容加工者可以将某种以特定比特率压缩的视频信号转化成另一种比特率的压缩信号。同样，他们也可以将那些已经按某一标准(如MPEG-2)压缩的视频信号转码为另一种标准(如H.264)。一些视频加工者还可以将未压缩的视频进行任何标准下的压缩。

(3) 流生产。

VSO还可以用来生产IPTV流。这些流包由向中心站或远程终端传输的数据包组成。远程设备的复杂等级决定了由VSO生产的流的数目。在简单的远程设备里，VSO需要为每一个活动用户提供一个流。而复杂的远程设备可以复制外传数据包，为每一个广播频道生产一个流。当许多的用户在观看同一个频道时，远程设备将对每一个活动用户提供必要的拷贝。

(4) 存储。

视频点播服务器也常被设置在VSO中。这些系统能够生产单个的流并向每个观看视频传播内容的订阅用户传送。在真的视频点播中，每个用户都能够暂停、快进和回放视频流。每个用户的命令都必须快速地、有针对性地被执行，因为视频点播的控制功能和其播放功能同样重要。

(5) 本地广告。

对每个IPTV经营者而言，本地广告都是其重要的收益来源。这些广告被插入到全国和本地的各种原创节目中。在从SHE或其他源接收到广告内容后，广告服务器被用于储存这些广告。广告插件会扫描众多频道来寻找有价值的信号，然后检索出符合这一信号的广告格式并将其插入到相关输出视频信号中。

(6) 互动性。

互动性是IPTV得以与卫星电视竞争的主要原因之一。在VSO中，来自不同机顶盒的命令被汇集并处理。其互动功能的主要表现形式是选择、购买以及视频点播内容的控制。另一个互动则与视频内容相关,如为一个游戏秀进行投票或进行网上购物。为了支持这些功能,VSO 需要配备相关的应用服务器以运行有关软件去处理用户的命令。

(7) 机顶盒授权。

机顶盒授权是 IPTV 供应商的重要收入来源。置于 VSO 内的系统将会确认每一个机顶盒在可以接收视频内容前都得到授权,从而限制非授权观看。通过使用不规则和加密数据可以实现两个目标:IPTV 运营商可以确认只有付费用户可以观看内容,以及保护内容免于非授权复制及再传播。

(8) 光纤传输。

在千兆以太网连接中,使用光纤连接 VSO 和 CO/RT 是很普遍的。它可以通过不同光的波长(颜色)置于很少的相关光纤上以提供给千兆以太网流使用。

3. 中心站或远程终端(CO/RT)

很多 IPTV 网络利用了电话公司已有的物资设备,包括建筑。中心站包含了电话呼叫转接设备。远程终端往往设置在地下,包含连接用户线和用于与最近的 CO 相连的数字或光纤连接系统。在不同类别的建筑中,其设备都要求可以在 DSL 环线中传送 IPTV 服务。这些位于不同设施上的设备必须体现以下不同的功能:

(1) 数字用户线接入复用器(DSLAM)功能。

在任何一个 CO/RT 中都存在一个或多个 DSLAM 单元(常被称为视频远程接入设备,VRADs)。DSLAM 的基本功能是作为以太网开关并连接 VSO 到 DSL 线路上,以完成视频传送。为了完成这一过程,DSLAM 将会检验每一个进入数据包的 IP 地址并将其转发到基于 DSL 线路的用户设备的 IP 地址上。

(2) 多点传送技术。

多点传送技术(通常基于互联网管理协议,IGMP)往往被用在 IPTV 视频传送中,并被多种新型的 DSLAM 所支持。通过这项技术,DSLAM 能够只接收来自 VSO 的单一流并复制它以满足大量同时观看同一信号的用户需求。如果没有这项技术,VSO 则必须为每一个用户生产唯一的视频流。

(3) 连通性。

在 CO/RT 里,DSLAM 必须与现有的电话系统相连。DSL 分流器或混合桥式器被用以保障 DSL 设备和已有的电话设备可以分享接入每个用户家中的一对单独铜线。

(4) 综合服务。

多种不同的服务都能够共享由 DSL 带来的高速带宽并进入每个用户家中。当然,IPTV 视频服务是其中的一个组成部分,另一个则是提供互联网接入的高速数据服务，这一传输由 DSLAM 分割并在 CO 的协助下连接到 IP 数据路由。如果设置恰当，像网络电话（VOIP）等服务也可以以单独的 DSLAM 输出来进行传送。

4. 用户住处

对 IPTV 运营商而言，较困难的环境之一就是用户的家庭内部环境。IPTV 设备需要电源、一个物理位置以及连接房屋内外一个或多个机顶盒的网线系统。在这里多种不同的技术被使用到，包括家庭网络（Home PNA）、同轴电缆、双绞线以及一些用于无线连接的投入。

（1）一个 DSL 调制解调器。

DSL 调制解调器被安装在每个家庭以接收来自 DSL 网路的高速数字信号，并将信号转换为可供其他设备读取的格式。这一设备可以独立存在或与网关合二为一。

（2）一个 DSL 滤波器。

DSL 滤波器是指在家庭环境中通过 DSL 调制解调器接收高速信号来有效分离低频音频信号与高频数字信号。

（3）家庭网关。

家庭网关是一项可选择性安装的设备，部分服务提供商提供，以此来保护控制权并对多个机顶盒进行传输。这一设备同样可以用以管理家庭网络，确保个人计算机端的网上冲浪不会危及优先等级的视频传送。它还可以被用在家庭内部或高速 DSL 线路中不同的布线需要上。

（4）机顶盒。

机顶盒用于支撑一个 IPTV 系统中许多功能的实现。它对进入的数字视频信号进行译码，制作可播放图像，支持用户频道转换及其他互动功能并完成许多其他任务。缺少了合适机顶盒的电视机将无法使用 IPTV 系统。

二、典型软件的性能

在 IPTV 网络内部，软件影响着很多关键功能的实现。缺少软件，IPTV 系统将无法在个人计算机上运行。以下是可以在 IPTV 系统中找到的一系列软件功能：

1. 电子节目指南（electronic program guide，EPG）

电子节目指南（EPG）提供屏幕显示信息以向用户告知在哪个频道可以观看到什么节目。它可以同时包含面向所有用户的同步放送频道，以及针对不同用户的单一视频点播内容。节目指南的信息可以由 IPTV 网络提供商提供，也可以购买自外部提供商。

当下存在着两种主要的 EPG 类型。一种是滚动式节目指南，各频道所在序号及其播放内容以缓慢速度在电视屏幕上滚动。这种类型不需要用户参与其中。但当频道数多于15个时，这种方式往往会惹恼用户。另一种被称为互动节目指南。在这种形式里，一个包含频道和内容选择的网格以预知的形式被呈现在电视屏幕上，用户可以通过遥控器进行操作。用户可以通过网格内的滚动、上跳或下跳来观看不同频道，同样也可以通过滚动到右侧以观看接下来的节目。

系统运营商有两种选择以掌控电子节目指南功能。一种选择是在智能机顶盒中嵌入EPG功能。在这类选择里，互动节目指南的相关数据在一定的周期内向所有机顶盒进行广播。每个机顶盒都能够存储最新的信息并将之展示。它可以快速地对用户的指令做出反应并不需要中心设备对每个用户的滚动指令进行操作。这也解释了为什么新接入的机顶盒需要一定的时间才能呈现精准的节目指南，因为它需要时间以接收和存储所有的信息。另一种选择是将互动节目指南进程集成到VSO中。在这类选择中，机顶盒只上传用户命令和接收新的下行呈现信息。其好处是可以减少大量本应发生在机顶盒上的进程，但缺点在于机顶盒与VSO之间的传送变得频繁。

2. 条件接收系统

条件接收系统(或接收系统)控制着用户能够观看到的节目内容。比如，只有少数订阅了优质电影频道的用户被允许接入相关内容。这一系统之所以要被纳入IPTV系统是因为很显然系统需要确定相关流(内容)从未被传送到未被授权接收它们的用户那里。相比之下，卫星电视和传统有线电视系统虽然也有着不同接入的需求，但其所有频道都实时存在于机顶盒中。这就需要将所有的内容都进行加密、不规则化处理或使用其他各种方法以使非授权用户无法使用。

3. 视频点播系统

视频点播系统可以让用户掌握其所观看的内容，一般由一组存在于服务器上的内容文件存储构成，并根据用户指令进行播放。

支持视频点播系统的软件需要支持多个功能，并有着与其他软件模块结合的部分需求。一是有效的节目需要被陈列出来且能够通过EPG方式进行描述。二是任何的支付要求都要被收集。三是视频点播系统和用户机顶盒之间的网络连接必须建立起来以便内容的传送。四是拥有通过数字版权管理系统传输到机顶盒中的任何加密内容的解码密钥。五是通过中介的用户指令(如暂停、快进和回放)必须被接收并快速处理以便控制播放的内容。以上所有的需求都发生在迅速对用户行为产生反馈的基础上，所以这个系统被称为“视频点播”而非“当系统性能良好且准备妥帖后的视频播放”。

4. 数字版权管理系统

对任何一个IPTV供应商而言，有价值的内容有赖于有效的用户管理系统以及收集必需的数据以准备精准的账单。以下是一些常见功能的介绍：

(1) 关联装置。

通过它可以将特定用户连接到特定设备(如机顶盒)上去。这一过程的精确度是保证机顶盒被正确配置以及向特定关联用户就特定服务进行收费的关键。

(2) 用户服务文件。

它包含订阅用户已订购的服务,如针对优质内容频道的特殊设置。这一系统还需要实时地跟踪用户添加或移除服务的操作以及时调整机顶盒的相关设置。

(3) 用户购买记录。

这里存放着每一次的购买记录,如购买优质视频点播内容的记录等。

(4) 服务调用日志和维修调度。

这一部分对用户满意度的影响相当大,如当他们需要维修时,精准性是必需的,只有这样才能告诉用户什么时候维修人员可以到达以及他们的问题何时可以被解决。它也有助于技术人员理解用户上报的问题并掌握为解决问题已尝试的方法。

使用特色内容需要向内容所有者直接付款是司空见惯的。它可能是以用户对所订阅的优质体育频道支付月费的方式进行,也可以以针对视频点播系统中新上映影片的按次付费点播的方式进行。对于没有良好账单系统的 IPTV 提供商而言,他们将会在违反向内容所有者支付的黑名单中找到自己。极端的情况是,在未来低价付费或有缺陷的安全系统将会导致 IPTV 提供商失去接入优质内容的可能。

越来越多的公司开始意识到消费者服务的增加对 IPTV 或其他系统而言都是极为重要的。Amdocs,一家致力于为服务提供商提供消费者管理解决方案的顶尖公司,在 2008 年向服务提供商提供了一份调查报告。报告的结论很有意思:"75%的人认为更快的上市速度有助于减少消费者流出——超过 90%的人承认降低上市的速度将要求对运行支撑系统进行更大的投入。"

5. 紧急情况报警系统

在美国,联邦政府要求电视、广播业者以及有线电视系统运营商建立紧急情况报警系统(EAS)。美国总统可以通过这一系统在国家紧急时刻向全国发表讲话。同样,这一系统也允许州政府和本地政府发布警告,比如台风或其他极端天气等。这一系统可以打断正在播出的所有频道内容并插播适当的警告或其他指令。屏幕图像也同样会被使用。EAS 被强制要求安装在每一个活动系统中并按周或按月进行测试。EAS 发生操作故障将会导致系统运营商支付巨额罚款。

第二节 构建互联网视频系统

就某些方面来说,建立一套互联网视频系统比建立 IPTV 系统要简单,但在另一些方面则相反。相对简单是因为已存在的全部相关数据包传送硬件——IP 网络是不需要重建的,这一已有网络将被使用。然而建立一个有充足能力掌控同步用户峰值的传送系统是很难的。因此,很多的系统被设计成可扩展的,从而能够快速方便地按需提升性能。一些托管公司将此作为一项服务来提供,在这里性能可以被按需快速租用到。

一个内容传送系统的基本要素包括了内容准备系统、作为登录点的网址、视频传送服务器和一台用户用以观看节目的设备,通常是个人计算机。一个内容传播网络(CDN)也可以被用来协助面向用户的传送。上述的每一个要素都需要软件来实现操作,且大部分都可以低价买到。接下来的这一部分我们将讨论主要的硬件要素和在此之上的软件应用程序。

一、典型的硬件构成

虽然并不一定要这么做,但互联网视频传输系统所需要的大部分主要硬件都可以被安置在单一设备中。无论是不同系统要素间的还是不同系统间的或是整个互联网,连接的质量是系统表现的决定性因素。不计其数的应用程序可以实现向用户传送数千个同步数据流,而分布在不同地理区位的硬件设施能够有效地通过排除带宽瓶颈来提升传送表现。图 4-2 是一个典型的互联网视频系统的概览。

1. 内容准备系统

那些由照相机或摄像机拍摄而成的动态图片被记录在了录像带上,我们一般把这类视频称作原始视频。原始视频一般无法直接和流应用匹配,其内容需要经过重新处理才能传送。处理的过程包括格式转换、视频压缩、添加标签与指标,以及流发行。

获取和准备观看内容既可以是一个简单的过程也可以是一个复杂的过程,这取决于使用者的目的以及他们在时间和金钱上的预算。对某些使用者而言,拥有一台家用摄像机并能在自己的网站上放置经压缩的拍摄内容就足够了。但对另一些使用者而言,专业级的制作——包括为网页浏览而精心制作的图像编辑和图形设计——才是他们的需求。

有时,同一视频会有多个版本。这是因为用户有多种媒体播放器可以选择,抑或是视频需要用不同的比特率进行记录。低比特率的视频被传送给了那些互

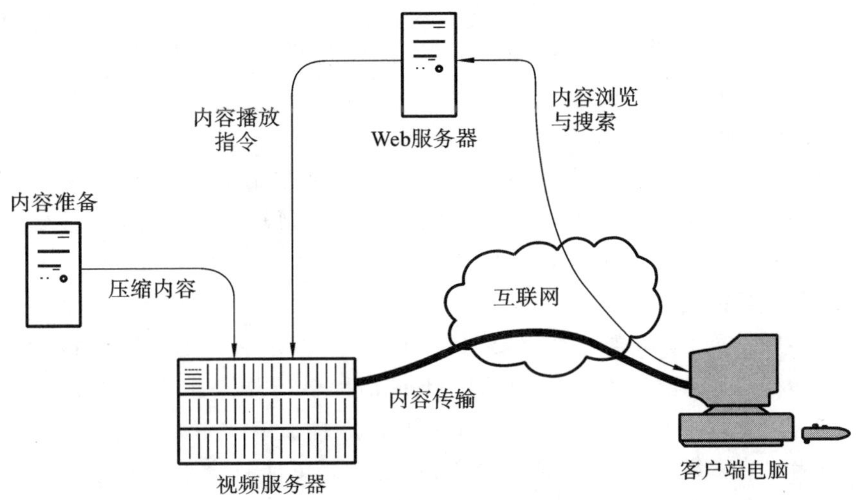

图 4-2　典型的互联网视频系统

联网连接速度较慢的用户。而高比特率的视频伴随着优良画质向那些拥有高速互联网连接的用户进行传送。利用嵌入视频服务器中的相关软件工具，每个用户的连接速度都可以被自动且动态地测算出来，当网络条件发生改变时，根据相应的测算结果，所传送视频的比特率会自动地被调升或调降，用户却感受不到这种改变。不同的视频文件需要被准备成不同的比特率并进行编解码组合，比如同时提供两种不同的观看类型和三种不同的比特率，那么就需要准备六个不同的文件；一些制作工具可以自动完成这一过程。

2. 网络服务器

网络服务器被用于互联网视频系统中以协助用户选择其想观看的内容。一个典型的页面包含视频的描述信息，比如一个或多个视频中的剧照。一些网页被设置含有视频内容的链接，这有助于用户在浏览网页时能够很快地进行视频播放。这一类网页可以在标准浏览器中浏览并能通过常规的文字搜索引擎搜索到。其视频也可以由用户进行文字标签的设置从而帮助其他人搜索，很多的网页也包含相关视频内容的链接地址。

网络服务器通常也支持一些其他的功能，下面所列的是一般网络服务器拥有的其他功能：

（1）用户与电子商务管理。

有些网站需要用户在观看前进行支付或登录。通常网络服务器将控制前述的过程，包括用户文件的管理、支付系统的连接以及激励非会员在进入网站前进行登录。

（2）用户评鉴。

很多网站允许用户就其提供的特定视频内容进行评级或投票。网络服务器能够将用户的相关信息搜集、存储起来，进行相关处理以生成新的页面并向其他用户提供相应简评。

(3) 用户评论。

用户评论框是很多网站需要的。网络服务器常被用来搜集、管理和呈现这些评论。需要特别注意的是，要确保评论与所提供视频是有关系的，并且要有配套的限制脏话的规则和有关版权内容的规则。

(4) 广告配置。

对很多网站而言，广告是其重要的收入来源。网络服务器必须被设置为可以传送正确、及时的广告。更复杂的功能还包括提供传送与上下文相关的广告服务，即服务器会根据网页所播放的视频类型特点播放有关联的广告。例如，一个网页浏览者正在观看某个喜剧演员的视频，服务器可能就会借此播放这个演员最近出演的电影宣传广告。

3. 视频服务器

视频服务器是互联网视频系统的主力。它肩负着安全地存储视频文件并将保证其可被播放的职责。此外，视频服务器还必须创建数据包流以实现向用户的传送。视频服务器还要能够对出站的内容进行加密和加扰以尽力确保其不会被侵权使用。

(1) 存储。

视频服务器需要有足够的存储空间以保证其提供的视频可用。所以对服务器而言，它所需的存储空间大小是相对的。如果多种版本的视频文件被创建，则其需要有足够的空间以保存所有的版本。

(2) 流创建。

视频服务器必须有能力向每一个发布指令的用户传送相关流。这是一个基于用户需求的过程，所以每当一个用户想要收看一个视频时，服务器就需要创建一系列的数据包以发送给相应用户。在流中的每个包都需要由服务器去创建，因为每个包都包含来自用户硬件所提供的特殊 IP 终端地址。对很多视频流而言这并不特殊，当更多的用户加入进来，更多的流需求就会产生，视频服务器的工作量就会增加。

(3) 安全。

存储在视频服务器上的文件通常都会经过加密或加扰，其原因有二：一是通过预加密，可以降低当文件被传送给用户时 DRM 所承担的工作量；二是确保当有非授权的第三方进入服务器中的内容时，相关加密文件将无法被查看。通常内容所有者会通过合约来明确其内容是如何被管理的，而其中就包括了存储在服务器上的内容形式。

4. 实时流媒体服务器

实时流媒体服务器是一个特殊的硬件设施，它可以扩展性地向多用户同步传送实时视频节目。其工作原理是通过对所获取的单一流进行复制，再将这些流实时地传送给每个用户。

想观看直播内容的用户将导航到一个如同门户网站的站点（在下文“典型软件设置”部分涉及）然后再重新传入实时流媒体服务器，以便服务器能够尽可能快地让用户看到想看的视频。一旦他们被接入到这个服务器，源视频就会在服务器内进行拷贝。然后这个拷贝件会按特定格式通过 IP 数据包抵达用户设备并在互联网上进行传播。

5. 个人计算机客户端

虽然越来越多的设备支持视频播放，但绝大多数互联网视频是被传送到个人计算机上以供观看的。每台个人计算机上都需要配备相关的软件从而能够接收进入的视频流量包并将它们转换成视频图像以供用户使用。为了保证这类软件的正常使用，必须存在适当的硬件设备。当下生产的绝大多数个人计算机都有着充足的性能去进行标准定义视频图像的解码和播放，这些视频所采用的标准有 MPEG-2 和 MPEG-4 等。高清晰度流（在互联网视频中越来越普遍）会要求硬件加速器配备更先进的显卡以输出高清图像。

二、典型软件设置

对任何互联网视频系统而言，软件都是其关键要素。它主要用来帮助用户寻找和选择内容、传送内容，以及在用户设备中进行内容播放。接下来，我们来看一下其主要组成部分。

1. 门户网站

通常一个门户网站向用户和内容提供商提供了一个共同的起始点。从用户的角度看，一个成功的门户网站不但应该有着广泛的内容而且这些内容能够被轻松搜索到，还应该能够引导用户进入其感兴趣的本地内容。从内容提供商的角度看，一个好的门户网站应该能够吸引足够多的潜在用户。

通常一个配置良好的网页会有多种不同的内容搜索方式。一种方式是对视频名称进行文本搜索。一种是使用标签（类似关键词），通过由用户添加的用以描述特定属性的视频标签完成搜索，比如“乌龟”或“有趣”等。还可以通过不同类别下视频的流行程度排行或通过视频已观看频次展示来完成搜索。一些网站还允许用户对视频发表评论或评定等级，以此提升用户参与度。

一般一个网站会有很多个网页作为用户观看视频内容的界面。不同的方法被用于用户界面的设计上。一些网站在每个网页提供单一的视频，当用户被引导到相关网页时,这种设计有助于最快速地开始播放。另外一些网站则是在一个网站上给出若干视频图片链接而非视频;当用户选择其中一个小图片进行观看时,一个新的窗口或网页将被打开用以播放相应视频。选择哪一种方法要根据现实情况决定,但在现实中这两种方法都被广泛使用。

对视频网站页面进行 HTML 代码的检验显示,真实的视频内容并非包含在页面自身中,而是存储在其他地方。网站通过掌握与用户的互动,提供给用户视频所存储的地址链接。使用这项技术的好处之一是当用户被导航到网站的新页面时,可以避免用户的浏览器每次都尝试下载完整的视频文件。相对地,使用这一技术,网站页面的载入所提供给用户的是一个除视频以外的所有页面内容,然后将视频文件传送给用户的进程会自动运行。虽然用户所看到的是一个有着活动视频窗口的网页,但实际上这两者是被分开传送的,只是在进入用户网页浏览器时重新结合在一起。如果用户被指引离开播放界面(或进行内容的暂停、回放或快进),网页会保持静态,而流引擎则会重新对自身进行配置以传送用户新选择的内容。

2. 流引擎

流引擎是一个存在在视频服务器上的软件模块,特别是存在于那些被专门设计用来创建一系列 IP 数据包用以输出的视频服务器上。每个 IP 数据包都必须含有源和目标 IP 地址。为了保证每个视频数据包都能到达正确的目的地,服务器必须为每个数据包创建一个含有正确 IP 目标地址的数据头。

即便当流能够达到实时,引擎也将创建功能良好的流,也就是说,流的速率应该是规律的、始终如一的。数据包速率需要被掌握,因为播放器只有在接收到足够多的数据包后才能正确地播放视频和音频。如果数据包速率过快,那就意味着播放器需要在播放前存储额外的数据包,这有可能会导致加载溢出以致播放出现问题。相反地,如果速率太慢,播放器就只能等数据到达,并且会导致播放停顿或中断以等待新的数据到达。虽然播放器软件通常会包含小的缓冲区来规避由 IP 网络导致的不可避免的变化,但流引擎的目的依旧是在 5 分钟或 10 秒钟内传送 5 分钟或 10 秒钟的流。

3. 内容传送网络

对热门网站而言,购买足够的视频服务容量以满足很多用户同时观看视频时所产生的峰值是非常昂贵的。服务提供商会向网站所有者提供内容传送网络服务,这些所有者愿意通过付费使自己的网站加载更快。这既因为按峰值所需的更多数量的内容分发网络(CDN)服务器可以在线上被提供,也因为这些服务器被分布在用户所在网络的地理位置周围。广泛的 CDN 服务成为可能,它们可以被大型网站和小型网站所购买。

4. 浏览器

浏览器广泛存在于个人计算机、移动电话及其他设备中，并能够为用户提供包含文本、图形和其他数据的网页浏览和网站导航。常见的浏览器有微软 IE、苹果 Safari 以及火狐浏览器。通过这些程序，用户在网站中寻找内容进行观看。浏览器可以呈现由 HTML 命令描述下的静态内容，比如文本和图像等。HTML 的主要特色之一就是可以在文本中插入热链接——通过它，浏览器可以打开一个新的网址，以便在用户的设备上下载或播放相关内容。

通过多媒体插件，浏览器可以实现诸如视频和音频播放等功能。这些插件由一系列存储和运行在用户个人计算机或其他设备上的软件组成，它们可以解析视频、音频及其他特殊文件(如 Flash)。当一个网站上存在超出常规 HTML 的内容时，如果用户选择了这一内容，则特殊指令将被下达，相关的插件将被使用。我们将在第十一章中用更多的时间来讨论浏览器和插件。

即使是未联网的个人计算机也需要有一系列的插件以支持不同类型的多媒体文件。不同的插件被用于不同类型的媒体，这就好比有一个插件是用来播放 Flash 动画的，那么压缩音频的播放就要用另一个插件。因为一个插件能否使用是与特定的操作系统相关联的，为早期苹果电脑(Macintosh)准备的 QuickTime 插件就无法在 Windows 上播放 Adobe 文件。

5. 媒体播放器

媒体播放器是用户设备上另一常用软件。常见的媒体播放器有微软的 Windows Media Player，苹果的 QuickTime，以及 Real 网络的 Real Player。媒体播放器有着与浏览器上多媒体插件类似的功能，即获取内容流，并将其转换为图像和声音以供用户阅览。当然这两者之间也有不同，我们会在下文和第十一章进行讨论。

媒体播放器一般会被看作是一个独立的软件。它可以自行运作，而不需要启动浏览器。大多数播放器都有一个媒体库的功能，可以通过这个功能向用户展示所有可被播放的内容列表。这一列表可以包含内容在本地设备上的位置(比如个人计算机的硬盘)和互联网上的有效内容。几乎所有的播放器都能够将互联网接入本地并播放来自不同源的文件。相反，一个浏览器插件只能在网页传送多媒体内容时才能工作。我们很难轻易通过插件播放一部分不属于网页的视频内容。

播放器一般都会提供给用户一系列基于内容播放的操作功能。视频播放窗口通常都可以放大或缩小。当只有音频文件被播放时，一些播放器还会提供根据所播放的声音而改变形状的数字图形。大量的皮肤被提供给用户用以更换控制界面和播放窗口。而在浏览器上则只给用户提供了极其有限的控制能力——往往只有暂停、回放和快进。

数字版权管理是众多媒体播放器的重要组成部分，可以被用来确保所有的内容所有者所指定的规则和限制都被接受。其另一个重要的作用是复制保护,即用以限制非授权的媒体文件拷贝。这两项技术通常都被设置在媒体播放器中,否则内容所有者很难同意让自己的内容在媒体播放器中播出。浏览器插件则没有这么复杂:它们依靠浏览器对网页和媒体流进行有效的管理。

有趣的是,很多商业媒体播放器公司会为自己公司的软件制作不同的版本,有些版本提供免费下载,而另一些则需要购买。其付费版本往往提供了更强大的功能,比如全屏播放或更高级的视频压缩技术。一些媒体播放器也会为特色内容库里的内容提供字幕,同样的功能有时也提供给用户自定义节目。

第三节　现实检验

在本节第一部分的现实检验,我们将观察两种成功的用于提供 IPTV 服务的架构。在第二部分的现实检验,我们将讨论 IPTV 商业的有关方面,这是所有未来的供应商在发布项目前需要考虑的。在第三部分的现实检验,我们将讨论一个提供低等级功能的简单互联网视频传送系统。

一、替代架构

本章中所描述的与 IPTV 网络相似的系统架构已经在世界范围内被很多大型电话公司所使用。无论如何,IPTV 的重要优势之一就是它不需要捆绑任何的特殊架构。以下是一些被 IPTV 供应商成功使用的替代架构:

1. 共享式超级前端

现实中存在着很多电话服务商,它们的数量和广泛的地理分布都让人吃惊。如果它们能够接入节目制作中,它们就可以提供 IPTV 服务。如果它们每一个都需要建立一个拥有多卫星接收器、内容管理器、加密单元以及用户管理系统的 SHE,并且如果它们还需要与大量的内容提供商进行协调,那么,其成本将非常庞大。因此,存在一些新的服务,它们通过从中心位置向外发布提供预先包装好的节目来满足这些电话服务商的需求。

Avail Media 公司就是一个例子。作为内容聚合管理服务的批发商,Avail Media 通过综合的前端基础架构提供 IPTV 节目资源来满足市场需求。现在,这家公司已经可以向贯穿美国、哥伦比亚和关岛的 118 个服务提供商提供端对端的视频解决方案,处理从传送权到用户使用追踪再到市场支持等方方面面的问题。Avail Media 的商业模式就是提供启钥方式(turnkey approach)来简化视频调度,从而使服务提供商能够专注于直面订阅用户的行为以及商业服务的发布。

公司拥有一个获得了相关制作商传送权的内容库，这些制作商包括 ABC-Disney、Turner、NBC Universal、MTV Networks 以及 Fox Cable Networks。公司还拥有好莱坞电影制作公司的视频点播权，同样还包括来自不同生态环境、不同种族以及具有国际性的内容提供商。其服务内容包含 300 多个标清、高清线性电视节目频道，这些频道全部经由 MPEG-4 编码，IP 封装并加密，经由 3 个卫星传送以便通过 IPTV 网关在各局端直接接收。

其 IPTV 网关由卫星盘和接收器、IP 开关、管理与控制系统（MCS）以及一个冗余的射频开关（RF switch）组成。其中 MCS 用以支持诸如对地方性体育赛事的交替馈给控制（如信号中断管理），射频开关则是用以馈给卫星接收器。在经过卫星接收器解调之后，内容被传送到馈给控制管理器（FCM），在这里内容流被监控、复用、加杂，并为其提供有条件接入系统的界面。加密中间设备和一个 MPEG-4 机顶盒是接收 Avail Media 加密内容的必要设备。

当这一设备到位，当地电信商需要做的就是协调构建并安装硬件以接收当地电视台的任意内容，并将这些信号加入到他们的 IPTV 频道阵容中。对一个小型电话公司而言，这种分享式的 SHE 不但非常便捷，而且减少了安装 IPTV 系统的成本。

2. 替代线路技术

并非所有的 IPTV 服务都必须通过 DSL 线路进行传送，虽然它无疑是目前最卓越的技术。对新建设施而言，即对那些单一的大的房屋集群而言，即便是以 DSL 为导向的公司（如 AT&T）也是用光纤到户（FTTH）技术在 IP 基础设施上传送声音、视频和数据服务。类似地，通过有线电视带宽系统或无线 IP 系统传输 IPTV 服务也越来越常见。需要明确的是，适当的回路需要被建立起来。

二、商业挑战

只有在克服若干关键挑战之后，IPTV 系统才可能被用户所接受，也才能够为经营者创收。

1. 投资回报率

挑战之一就是如何设计一个 IPTV 系统，使其能够在足够数量的用户家庭里被安装并产生充裕的投资回报。只有在软、硬件设备上进行投入才能建立起内容连接和处理点。无论是对于一个服务于 100 个用户的系统还是服务于 100000 个用户的系统而言，这笔开支并不会太高且需要被分摊到庞大的订阅用户群体中以使这一商业模式能够起作用。此外，由于每户都必须安装相应的设备，这对每个使用者而言也是一笔重要的费用，而且这笔用于传送设备上的费用需要被分布到每个信号上去。虽然后续的费用与订阅用户数有关联，但系统的整体费用已然较高。

2. 到达现有家庭

另一个重要挑战是如何在现有的邻里之间建立IPTV系统。我们必须找到经济的方式以再利用已有的基础设施(如用户循环)。此外,建设费用需要被小心地使用,我们必须清楚不是所有的接入IPTV网络的家庭都会愿意通过付费获得服务。相对地,相同的情况发生在新开发起来的社区里,与建立标准的金属用户环线相比,通过光纤直接连接到每家每户反而不需过多的投入。

3. 本地许可

一个无法回避的挑战是如何从当地政府手中获得必要的许可(通常是可更新的经销权)去监理和运行一个系统。很多的社区在现有的视频传送服务中存在客观的既得利益,如有线电视或无线广播等。虽然很多时候政府喜欢有竞争性的网络提供商,但更多的实例告诉我们,地方政府在鼓励新的供应商建立或升级他们的网络与对现有供应商保持同等对待之间是很难平衡的。

三、中低端互联网视频

我们必须时刻谨记,互联网视频系统有不同规模。事实上,观察一个最小化的系统是如何被简单建立的本身就很有启发性。当然,在此类系统中,一些仅有的用户行为所带来的系统表现也是最小化的。

一个基本的系统应当由以下部分组成:①具有合理运行能力的独立的个人计算机或服务器,以及高性能网卡;②一个基础网络服务器包用来提供用户页面;③内容准备软件,它可以像视频编辑功能一样简单地被置于计算机操作系统中;④一个视频流服务器包,它能够通过不同的源来降低成本;⑤一个宽带网络连接。

上述所有内容所涉及的开支中,最昂贵的——基于长期来看——当是网络连接。所有其他的软、硬件开支的总和少于1000美元。

第四节　总结

本章我们讨论了有关IPTV和互联网视频系统的基本架构。在本章的第一部分我们关注IPTV和基础系统硬件要素,包括SHE、VSO以及CO/RT。我们还在这一部分讨论了有关建立一个IPTV系统的相关软件的性能。

在本章第二部分我们尝试对互联网视频系统的关键因素进行描述。这涵盖了基础硬件,如内容准备系统、网络服务器、视频服务器、实时流媒体服务器以及个人计算机客户端。我们还就软件要素进行了讨论,如门户网站、流引擎、内容传送网络、浏览器以及媒体播放器。

在很多现实配置中，上述的一些系统会被融合在其他系统中，但每个系统的功能都必须存在。虽然其任务会由不同的设备或数据包来完成，但它们中的每一个对于向用户进行端对端视频流传送而言都是必要的。

第五章

IP——互联网协议

互联网并不是一种东西，而是很多东西的集合——许多的传播网络使用了同一种数字语言。

——Jim Clark

自诞生时起，互联网协议（IP）就是一项极为成功的计算机网络技术。最近的一项统计显示，超过5.7亿的主机直接接入了互联网。① 今天，每一台新的台式计算机或笔记本在生产之初就安装了支持IP的网络连接设备。

通过阅读本章有关IP网络的基础知识，我们再讨论IP视频的相关内容时就会变得更加清晰明了。因此，本章将首先对IP传送的基本知识加以介绍，解释数据包的相关概念以及IP是如何符合数据传输的，然后我们将着重讨论视频网络中的两个关键概念，即单点广播（unicasting）和多点广播（multicasting）。

专家解读

互联网取得巨大社会影响和经济成功很大程度上要归功于其设计中的结构特性。在设计之初，互联网就确定了在新内容或服务上不存在把关人。它是基于一种分层的、端对端的模式，进而允许网络中不同层次的人们都可以建立起免费的中央控制。通过边缘智能化而非中央网络控制，互联网为创新提供了创造性平台。这为供给面带来了新的机遇——从网络电话到802.11x Wi-Fi，再到博客——这些都不曾在中央网络控制中被设计使用。

——Vinton Cerf，谷歌公司互联网传播专家，TCP/IP共同发明人②

① 来自Internet Systems Consortium，Inc.，www.isc.org.请注意这一数字平台没有包含那些通过专有网络和通过互联网分享接入网络的数以百计的计算机。

② Vinton Cerf，写给美国能源与商业代表委员会，2005年11月8日，googleblog.blogspot.com/2005/11/vint-cerf-speaks-out-on-net-neutrality.html.

第一节 简单类比

我们将用一个简单的类比来更好地了解互联网协议的概念。在某些方面，IP地址近似于电话号码。如果你知道了某人的电话号码，你自然可以很轻松地拿起电话和他或她进行通话。只要你没有拨错号，他在哪个国家都不是问题(需要时加拨国家代码或区号)，对方使用的是何种技术也不是问题——移动电话、无绳电话、固定电话或语音拨号电话。各种不同的网络语音技术可以被用来完成这个通话链，如铜线电缆技术、光纤技术、微波连线技术、卫星连线技术，以及其他无绳技术等。不管线路如何复杂，电话总能接通。

对数据网络而言，一个IP地址所提供的功能就相当于一个电话号码所提供的：它通过一一定义每台计算机来将它们相互连接，进而在各种大型网络技术环境下进行数据交换。

我们可以使这个类比再具体一些，比如知道了对方的电话号码并不代表你就一定能够联系上对方。无人接听的情况可能会发生，也会出现拨打的电话正在通话中而无法接听的情况。即便线路一切正常，但电话两端的通话者使用着不同的语言，通话(交流)依旧无法进行。IP网络同样存在类似的问题——知道另一台计算机的IP地址并不意味着就可以通过两台设备上的应用程序进行交流。

当然，IP网络技术和电话技术是两种截然不同的技术。电话是定向连接的，即实现拨出者和接听者的通话必然是先建立起信息间的通话链，然后才能进行交流。在一通电话中，所有的信息在相同的路径中进行传送。然而，IP采用无连接传输模式，即信息(诸如数据、语音、视频等)在被传输之前是被打散成为特定的IP亚单位(数据包)的。每个数据包都可以自由地通过各种有效路径从发送者传递到接收者。

第二节 什么是数据包

IP数据包是指一个用来转载数据的特定容器。它由一串已定义格式的数据字节构成，包括一个数据头和一个信息字节块。数据包可以有不同的长度(在一定范围内)，但数据包一旦确定，则其长度固定。

每个数据包的数据头包含着这个包的相关信息。其中最重要的信息是终点地址，即数据包将要传送至的终端IP地址。同时，一个数据头中还包含着数据源的IP地址，这样可以较容易地在两个设备之间建立起双向交流。这同样能够让来自不同的源且去往不同终端的数据包共用一条单一的通信链接。在这一链接上的任一终端设备(被称为路由器)都可以对包进行挑选并通过每个包的数据头将有关包传送到不同的终端去。

IP网络最大的优势就在于从不同应用上所汇集起来的数据所形成的不同的数据包能够共享单一包传送链接。这给了IP网络极大的自由——当一个设备处于转换特定数据流入包的繁忙状态时,其他包仍能够轻松传送,因为IP网络依旧有能力将它们传送到指定终端。当它们被送达后,相应的应用程序将会从包中读取数据并展开工作。这并不是一个琐碎的过程——相关的接收应用必须能够处理IP网络传送所带来的各种错位。

第三节　IP是如何被使用得当的

IP提供了计算机间进行沟通的十分有效的途径。通过提供制式化的地址结构让处于某个网络中的计算机可以与其他远程网络中的计算机进行通信。同时,IP还提供了在单一计算机上的不同类型的应用(如电子邮件、浏览器或流视频)同时进行工作的可能性。此外,IP还可以让不同类型的计算机(大型计算机、个人计算机、苹果机、Linux机等)相互通信。

IP之所以可以如此灵活源自其并非与某一个特定实体通信模式捆绑。IP链接可以成功地在不同的实体链接上建立。其中,以太网是IP传输最常使用到的,特别是在本地的居民网络中。很多其他的技术能够支持IP,这包括了拨号调制解调器技术、无线连接技术(比如Wi-Fi)、DSL、SONET以及ATM电信连接等。IP还可以在多种网络技术混用的环境下进行工作,如接入了有线电视系统的无线家庭网络在接入优先调制解调器服务或DSL后,就可以通过主光纤电缆向互联网回传用户数据。这一适用性是IP被广泛使用的原因之一。

IP不可能完成每一件事。IP工作有赖于与其他软硬件之间的配合。它需要实体网络所提供的信息传送功能,并由相关的应用软件通过使用IP与在其他设备上运行的应用软件进行通信。

图5-1所示的就是基于顶层的网络应用和底层的实体通信间的IP配适。

IP并不是一个特定的应用程序或应用协议。然而,很多的应用程序需要通过IP来完成任务,比如发送邮件、浏览网页或播放视频。这些应用程序通过超文本传输协议(HTTP)或简单邮件传输协议等在IP框架下进行必要的服务,比如,HTTP所提供的在互联网上的资源位置供给方法(缩写为URL)。

就互联网协议本身来说,它并不能简单地被定义为通信;它并不能提供再发数据的机制,这些数据有可能在传送过程中被丢失或讹误。对此负责的是其他采

层	说明
用户应用	功能：执行用户命令，提供用户接口 实例：Mozilla firefox、Outlook、Windows Media Player、QuickTime
应用协议	功能：为用户应用提供服务 实例：超文本传输协议(HTTP)、简单邮件传输协议(SMTP)
传输协议	功能：将数据格式转换成数据报格式，控制传送错误 实例：传送控制协议(TCP)、用户数据报协议(UDP)
IP：互联网协议	功能：提供网络地址，发送/接收数据报
数据链服务	功能：在物理网络中传送数据包 实例：以太网、令牌环(Token Ring)、基于ATM/SONET的数据包传送
物理网络	功能：连接数据发送器和接收器、有线网络、光纤网络 实例：10BaseT UTP、Wi-Fi、SONET、DSL

图 5-1　IP 适配不同网络协议层

用 IP 的协议。再一次用电话打比方，即使 IP 能够使电话接通，但它也无法阻止如被致电者不在家或另一个通话还没结束等情况的发生。这些就是使用 IP 进行通信的其他协议所要关心的。

第四节　IP 网络的种类

多种类型的实体网络可以被用来传送 IP 视频。在这一部分我们将一起回顾几种流行的 IP 网络及其共同的使用场所。

一、以太网

以太网是一种在世界范围内被广泛使用的数据传输网络。在地方局域网中，以太网被用来连接计算机、打印机、服务器、IP 路由器和其他类型的设备等。常见的三种以太网连接速率是 10 Mb/s、100 Mb/s 和 1 Gb/s。前两种技术通常又分别被称为 10 BaseT 和 100 BaseT，最快的第三种被称为 GigE。10 GigE 即以 10 Gb/s 的运作速率被用于供应商内部网络以及互联网主干和企业通信网络中，它们并不常被用来连接终端用户工作站。

以太网是一种当地局域网络(LAN)技术。这意味着它并不适用于广域网

(WAN)或城域网(MAN)。其原因在于以太网有着因同步原因导致的短距离限制(很多时候为2000米)。

基本的以太网布线通常由被称为CAT5或CAT6的基于一定速率下(数字越大,速度越快)的传导装置的双绞线组成。同样,以太网也可以由光纤组成,这在GigE连接中不会时常出现,但在10 GigE连接中时常出现。

以太网在现代化办公环境中被充分地使用,并常常被用于家庭网络中。比如,小到连接若干台计算机的网络,大到连接整栋大厦的数百台设备的网络,多种网络可以通过这一技术连接到打印机上。这些网络中通常拥有为数众多的服务器和网络界面,包括互联网连接。很多家庭以太网建设的初衷就是在多台个人计算机间共享一个单一的高速网络连接。

二、无线以太网

无线以太网技术正在越来越多地被很多设备所采用,比如笔记本和其他便携式设备等。这一技术最常见到的一对名称是IEEE 802.11(IEEE标准)和Wi-Fi。

绝大多数Wi-Fi网络都配置有一个固定的中心无线接入点(AP),通过它向所有便携设备提供通用节点。最典型的使用方式就是通过AP提供的高速网络连接进入互联网或公司网络。

无线传输受到本地环境下多个因素的影响,从而导致数据传输的速度有着很大的跳跃性。这导致系统将使用自动数据包传输功能以保证数据被传输成功。不幸的是,这将使数据传输速度出现无预警下的剧烈波动,从而使想要稳定地传输直播视频流变得极其困难。而无线连接在用于文件传输或下载播放上就表现得好很多,虽然其表现依旧前后不一致。

Wi-Fi在很多家庭内部被用于连接计算机、打印机和互联网。其主要的优势在于其连接的便捷性,并且不必因为要使用计算机而在家里铺设各种线路。Wi-Fi热点(位于一个或多个AP所在位置)也被用于很多公共场合,比如咖啡馆、酒店、机场等。Wi-Fi不常用于专业视频网络的原因在于其有限的带宽和较严重的延迟。

另一种无线技术已经被标准化了,它被称为Wi-Max或者IEEE 802.16,但在美国它并未被普及。和Wi-Fi近似,这一技术通过使用被授权的射频频谱从接入点向几英里外的各节点进行数据传输。这尤其受到移动电话制造商的青睐(参考4G移动技术);然而,将Wi-Max用于IPTV传送的成本是一个大问题。

三、电缆调制解调器

很多有线电视公司通过提供大量的服务来达到赚取用户更大比例的每月电

信支出的目的，而部分用户也乐于接受这些高速稳定的服务。

电缆调制解调器通过携带数字化数据信号并将其转换成为高频信号，在有线电视电缆中进行电视内容传送。这些信号的相关标准被称为 DOCSIS(data over cable service interface specification，电缆数据服务接口规范，由 CableLabs 公司主导)。数据服务是双向的，因此其传输必须发生在有线电视系统的两端。

电缆数据机终端系统(CMTS)位于有线电视的头端。它提供了与数以千计的有线电视订阅用户间的高速数据连接。CMTS 系统输出的是一个或多个 RF(射频)信号，这些 RF 信号和普通视频信号一起被发布到区域内的各处。在每一个宽带用户的家中，都会有一个被设置到特定频率并包含这户家庭特殊数据地址的电缆调制解调器。数据包被转换成为标准以太网格式并传输到用户的计算机或其他设备上(比如家庭路由器或 Wi-Fi 接入点)。在回路中，电缆调制解调器从用户终端设备接收数据并将它们通过有线电视回路上的 RF 频道传送回 CMTS。

在美国，电缆调制解调器很流行，拥有着超过 3500 万的本地用户。[①] IPTV 服务可以通过电缆调制解调器进行传送。然而，有线电视系统自身就拥有视频传送系统，所以它不常用于 IPTV，但视频点播服务除外。互联网视频服务常常通过电缆调制解调器进行传送。而在美国之外，电缆调制解调器就没有那么流行了，但依旧有一定的宽带家庭使用数。

四、数字用户线路

数字用户线路(DSL)通过长距双绞电缆线提供宽带数据服务。它通过相关公司经由用户家中已有电话线路向用户提供高速互联网连接，而不需要重新建立新的网络。

通过本被设计为低频语音信号传送的电缆进行高速数字化数据的稳定传送，这涉及一些复杂的技术。速度和远距离间的妥协使更多的订阅用户可以从单一位置获得低速率的服务。一些特殊的技术被发明出来用以调节双绞线上的数据并取消传送间可能出现的回声。这一技术需要高级的数字化信号加工，并需要对高性能芯片组进行持续的改进。美国有 2700 万家庭用户使用 DSL。

虽然 DSL 在那些装有双绞线的网络中是首选，但对于新建成的建筑而言，DSL 技术不再那么具有吸引力，因为在新建筑上直接投资光纤系统的费用并不是十分昂贵。即便是 DSL 的主要支持者(如 AT&T)也开始在新的住宅区铺设光纤。[②]

---

① FCC 出版公布，2009 年 1 月 16 日。

② 来自 2006 年 9 月 9 日 IBC 上的 AT&T 公司 Paul Whitehead 的讲演，题目为“AT&T U-verse TV”。

五、光纤 IP 网络

在高速数据传送中光纤拥有很多的优势,而这些优势多源自 IP 网络。其中包括极高的数据承载量,[①]隔离外部干扰的能力,长传送距离(包括海底光缆),以及以千米为单位的铺设低成本。

IP 数据包可以通过不同的方式经由光纤进行传送。第一种主流的方式是将 GigE 和 10 GigE 信号直接通过光纤传送。第二种方式则是将数据包映射为 SONET/SDH-compliant 信号,再通过光纤进行传送。第三种方式是基于家庭光纤传送格式下的 IP 数据包在光纤中的传送。

IPTV 信号和互联网视频信号都可以通过光纤传送。甚至在某些时刻,在视频源和用户间的所有流都会通过光纤进行传送。光纤常被用来分配国家级或国际级的广播电视内容,并且常被用于长距离互联网传送。它还常被用以分配从 VSO 到 DSLAM 的内容。光纤入户系统常使用 IPTV 技术来传送点播视频和不同订阅用户的其他视频服务。

第五节　互联网协议(IP)地址

通过特有的“点分十进制”(dotted decimal)格式,我们可以轻易地识别出 IP 地址。IP 地址一般由 4 段通过点号分割的数字串组成。一个点分十进制数字代表了一个 32 位数字,这个 32 位数字被分割为 4 段 8 位数字。比如,129.35.76.177 是 http://www.elsevier.com 的 IP 地址。绝大多数居民通过这种形式的信息查看他们自己的家庭网络或笔记本连接配置。

当然,多数时候我们很难记住并正确输入这些数字(即使是记在书本上)。所以,域名服务器(DNS)被发明出来以方便我们的生活。DNS 向浏览器和其他各种应用软件提供了记住数字名的方法(比如 elsevier.com),并将这些名字转换成 IP 地址(比如 129.35.76.177)。

IP 地址是管理 IP 网络的关键。它为每一个能够进行传送和接收数据包的设备提供了独特的身份证明。在任何一个网络中,每一个设备都必须有一个特定的地址,否则该网络将无法正确传递包。包含多台设备的专用网络可以使用网内专用 IP 地址分享一个公共 IP 地址进而接入互联网。

---

① Nippon 电信和电话公司的报告,单一光纤下速度为 14 Tb/s,2006 年 9 月 29 日,发布在 http://www.ntt.co.jp/index_e.html.这是单一光纤下均值为 14000 Gb/s 以太网连接。

第六节 IP网络的关键部分

很多类型的设备可以被用来构建一个IP网络。购买、安装和操作这些设备的费用占据了IPTV或互联网视频系统的大部分成本，因此对这些设备中的关键要素有所理解就变得有必要了。

一、以太网集线器和交换机

以太网集线器和交换机是进行数据包移动的关键。集线器并没有能力进行包的处理——它们只是简单地将一个端口上的所有包接收并将它们传送到集线器上的其他端口。交换机则智能很多——能够决定包的去处并将包传送至适当的端口。在每个中等规模的公司里连接着上百个IP设备的交换机都是弥足珍贵的。然而，交换机也有力所不及之处——它只能针对直接连接的设备产生作用。交换机并没有办法找到包并按照设备Z的要求将包优先传送给设备X和Y。这一功能的实现有赖于IP路由器。

二、IP路由器

IP路由器是IP网络的“办公地”。它可以高效地在大型网络中传送包，因为它有能力找到每个包所对应的通道。这些线路能够在多种实体网络(如无线、光纤、双绞线以及DSL连接等)中通过多种设备进行超远距离的传输。一般来说，一个IP路由器不会去管理数千个不同的数据包线路，即使它连接了数十个设备。正是由于IP路由器兼具灵活性和智能化，IP路由器的价格也颇高，特别是在视频网络中进行大型宽带负荷操作的路由器。

三、网络与数据服务器

网络与数据服务器为广泛的使用提供了大量的数据资源。这些服务器需要支持IP协议来进行互联网和万维网的管理。特别要指出的是，网络与数据服务器是被用来完成对用户设备所发出交易的回应，如用户的个人计算机。

四、用户设备

用户设备涵盖了各种不同的技术、规格和用途。它们可以是各种不同型号、不同性能的个人台式计算机，也可以是一系列便携或手持式设备，甚至可以是一个机顶盒。这些设备通常都是用来运行那些用户为了达成目的而调用的应用程序的。

在一个典型的IP网络交换中,个人计算机端的用户可以通过一个命令完成相应动作,比如阅读邮件或新闻等。这一过程通过用户设备上的相应应用程序运行完成,如邮件应用程序(邮箱)或浏览器应用。这些应用程序在用户设备上提供了用户界面,包括设备上所展示的图片和点击或输入命令的途径等。

当用户的指令完成,应用软件将会创建一条输出命令,通过如HTTP等协议来进行数据的传送。图5-2所示为通过不同协议层级的下行运动。由HTTP创建的命令会先通过传送协议(如TCP),在这里IP将会对数据包赋予地址信息和对应格式。而IP层的任务是取得这些数据包并将它们转换成合适的格式以在相关数据网络中进行传送,比如以太网。

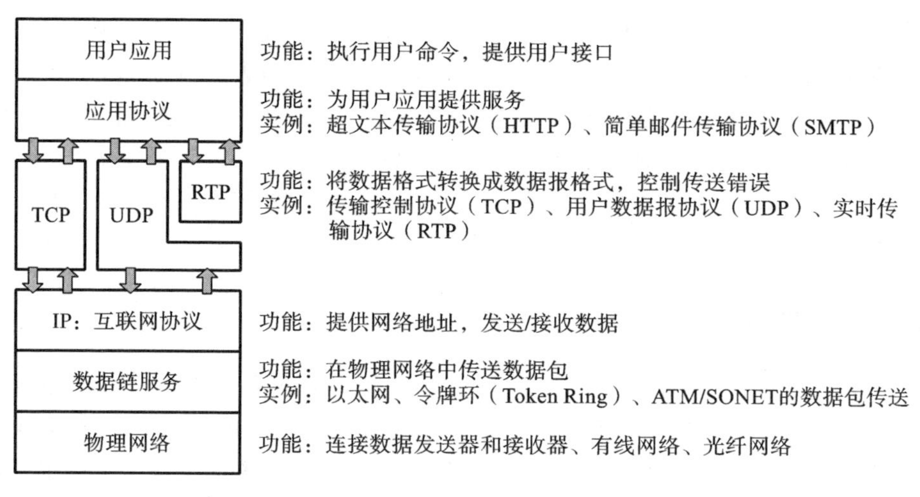

图5-2 传输协议层

之后,以太网会将数据包通过实体线路传送到另一台设备上。在另一台设备上,上述过程会被反转,即数据通过协议栈被上行回传至接收设备上。在此,用户的要求得到回应,这种回应可能是自动的(比如服务器回复),也可能是人工的(比如人工邮件回复)。

当回应完成,进程就会被反转。在应答机中,数据通过多重协议层下行传送进入实体连接从而传递回用户设备。最后回应会进入用户所使用的应用软件,至此整个传送完成。

一次完美的信息处理的背后是每一层协议的明确定义和对应职责的确定。这样做的另一个好处是可以单一地更改其中一个协议而不用重做所有工作。想一想过去十年里关于无线网络的改变:各种操作系统(如微软Windows或苹果Mac OS)被重新设计以匹配这些改变,多数软件(如微软Outlook或Adobe

Acrobat)却没有。相似地，即使新版软件出现也不需要去改变基本底层协议。

第七节　传输协议

结合 IP，传输协议常被用来控制数据包的传送。接下来，我们将讨论三种主要的实时视频传送协议。

一、用户数据报协议

用户数据报协议(UDP)是最简单也是最早的 IP 协议。UDP 常被用在视频或其他时效性数据上。通过 UDP，发端装置能够决定流中的急速数据如何通过网络。而在其他协议(如 TCP)中，网络能够彻底地影响数据传送。对视频和其他实时流而言，UDP 是理性选择后的协议，它不会在流里增加不必要的开销，因为那些流已然具备嵌入式纠错连接功能。而且 UDP 不要求双向交流，所以它可以在单向网络中应用(如卫星广播)。此外，UDP 可以被用于多路传播应用上，在这里一个馈源被进行多种分配，如 IPTV 网络等。

二、传输控制协议

传输控制协议(TCP)是一种广泛被用于数据传送的优质互联网协议。大量连接互联网的设备都能够支持 IP 下的 TCP 或简易 TCP/IP。TCP 要求在进行任何的数据传送前完成数据传送方和接收方的连接。TCP 的主要特点之一是它可以控制传送错误，特别是丢失包。TCP 对通过网络的每个字节的数据进行跟踪、计算和保存。而当传送错误发生时，自动流量控制机制将通过降速进行数据传送。一旦这一速率低于视频信号所需速率，视频信号接收器将适时停止操作。就视频传送而言，TCP 的优势之一在于它可以通过绝大多数防火墙，而 UDP 则被很多防火墙封锁。

三、实时传输协议

实时传输协议(RTP，或称实时协议)被用于实时多媒体应用上，如互联网语音、视频等。RTP 被特别设计用来携带对时间要求严格的数据。很多实时信号，如视频，如果其包的传送速率低于临界阈值，默认包丢失要好于延迟传送。同时，RTP 也被设计用于多种信号——用以提供互联网上一系列的实时视频功能及语音传送。总的来说，RTP 在 UDP 之上添加了很多功能，并舍弃了 TCP 上很多不需要的东西。同样,RTP也支持多路传送,这将更有效率地在网络中传送视频,相关内容我们将在下一部分讨论。

在网络层级里,这三个协议都被考虑用于IP协议管理,因为它们依赖于通过IP数据传送服务将数据移动至另一台计算机。图5-2就注明了UDP、TCP和RTP是如何在网络层级中运作的。请注意,实际上RTP使用了UDP的部分功能,它是基于UDP的操作。

第八节　多点广播

多点广播是IP网络中的核心概念之一。在IPTV领域中,关于这一名词有着两个截然不同的解释:第一,在无线数字电视广播中,多点广播意味着在单一DTV广播频道中同步传送多个视频节目;第二,在IP网络中,多点传送意味着同步向不同的观众传送单一流。

伴随着地面数字电视的发展,广播多点传送成为可能。在标准数字频道中(美国速率为19.38 Mb/s),多个视频频道是可行的,它们各自占用了部分的带宽。比如,ION Media Networks在全美拥有50多个数字广播电台——每一个电台通过使用DTV多点广播技术都能够同步传送至少4个不同的标清节目。

在IP多点广播中,单一视频流是被同步传送给多个用户的。通过专门协议的使用,根据每个接收者的不同,视频流会在网络中进行不同的拷贝。所有多点广播用户都能够在同一时间获得相同的信号。

绝大多数IP网络设备都能够支持IP多点广播,但它无助于解决网络的极限挑战。例如,在互联网上伴随着限制IP视频流在专用网络上的多点传送,当下IP多点广播是不可行的。然而,在IPTV系统中,多点广播是关键技术并被广泛使用。

一、互联网协议单点广播

为了更好地理解IP多点广播,我们将把它与IP单点广播进行比较。在单点广播中,每个视频流只传送给一个接收者。如果多个接收者想要相同的视频,则必须创建出多个单点流以提供给每一个个体。这些流将按照IP网络中固有部署进行传送。

这要求想要观看视频的每一个用户向视频源发出要求。视频源必须知道每个用户的目标IP地址并且必须创建出一个数据包流以传递给每个用户。这一过程需要很强的运行能力且必须有一个足够强大的网络连接以完成所有包的输出。

如果一个视频源需要向 20 个不同的用户传送 2.5 Mb/s 的视频流，它至少需要 50 Mb/s 的网络连接速度。

但单点广播的一个重要优势在于每个用户能够得到为其定制的视频流。这使视频源可以提供一些特殊的功能，如暂停、回放和快进。通常这些功能只适用于预录制内容，但是对用户而言这些功能非常实用。

单点广播能够成为互联网视频的主流，其原因有二：第一，因为互联网无法进行多点广播，使用多点传送技术是不可行的。[①] 第二，绝大多数互联网视频用户希望能够自行控制视频流（如暂停、回放、快进），这也使多点广播流很难运用。

二、互联网协议多点广播

在多点广播中，单一视频流被同步传送给了多个用户。通过使用专门的协议，网络能够为每个使用者直接进行视频流的拷贝。拷贝的过程在网络中发生而非在视频源处发生。拷贝件出现在网络中每个发出需求的地方。在图 5-3 中，我们可以看到单点广播和多点广播在数据传输上的不同。

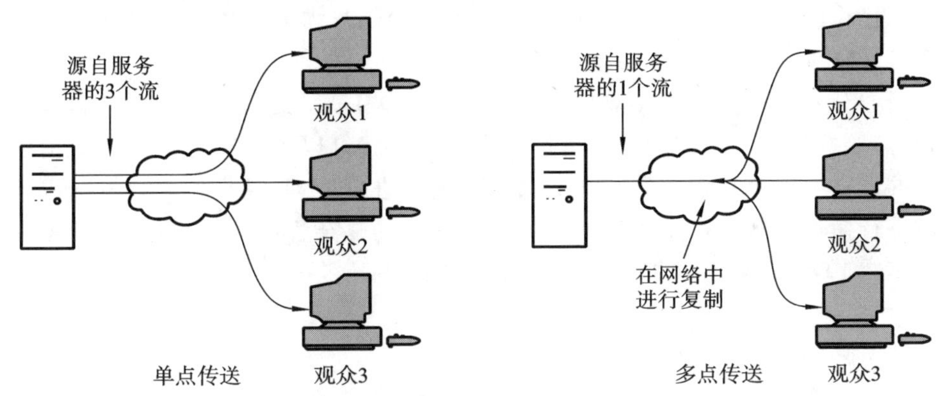

图 5-3 单点传送与多点传送比较

在多点传送中，一束束的视频流从视频源进入网络，在网络中，通过专门的协议能够识别多点传送包并将它们传送到多个目的地。这一过程的完成需要给予多点广播数据包以特殊的地址以便多点传送的接收。

就像无线广播一样，多点广播只能在单一方向上起作用。在多点传送中并没有内嵌的数据回路机制来收集每个终端的数据并将其传回源头。这意味着端点和视频源之间的任何互动都需要通过其他机制完成。

---

① 否则，流服务器或 CDN 能够掌控新创建的多包流的载入。

三、IPTV中的多点广播

多点广播之所以是IPTV的关键技术之一,是因为它能够将单一源信号传送给多个不同目标。这使成百上千的用户可以同步观看同一电视广播。

在一个IPTV网络(第四章已讨论)中,从SHE到用户之间的分布网络中有很多的节点,多点广播在其中发挥着重要作用。

流从SHE中输出之后,多点广播能够被用来携带单一直播流并且能在多个VSO中对其进行分配。这有助于节省在SHE内部构建高带宽流服务器的花费,同时这也能在SHE输出时极大地降低所需网络连接的规格。

在进入向用户分配广播电视流的阶段时,多点广播同样具有重要的作用。这一技术能够将用户的机顶盒轻松地连接到一个节目上。然而,这一过程有赖于DSLAM的能力。当下,多数DSLAM能够支持多点广播。

当DSLAM不能支撑多点广播时,单一视频流必须全部通过VSO传送到每一个用户的机顶盒上。这对从VSO到DSLAM之间的高速带宽连接有着很高的要求,需要其有足够的能力处理所有活跃用户的同步需要。这样的好处是能够降低DSLAM的复杂程度(相应地降低成本)。

当DSLAM能够支撑多点广播时,VSO和DSLAM之间的连接就变得极为简单,只需要对每一个所需传送频道进行一次拷贝就可以了。所有加入或退出多点广播的请求都被机顶盒接受并在DSLAM内部进行处理,拷贝件的数量按机顶盒所需进行拷贝。即使这一过程增加了DSLAM的复杂程度,但它也极大地减少了从VSO到DSLAM直接馈送信号的带宽需求。

四、多点广播的问题

由于一些众所周知的缺陷,多点广播并不适用于所有的IP网络。这包括了网络资源负荷、管理复杂程度以及不可信文件的传送等方面。以下我们逐一来看这三者:

正如前文所提及的,多点广播的缺陷之一就在于其对网络,特别是对路由器所带来的额外负荷。路由器的工作基于两个主要方面——处理含有多路传送接入或退出信息的数据包开销以及处理直播流。在众多IPTV系统中,广播频道(如黄金时段网络电视)通过多点传送技术进行播出。每当更换频道,从一个多点广播流到另一个多点广播流,有众多的信息需要被处理,这包括了在用户的机顶盒上停止传送一个流的指令和开始播放另一个流的指令。此外,针对开销处理,IP路由器必须能够完成对每个终端的单一多路传送包的拷贝。有时候,这些拷贝会通过其他的路由进入下游方向目的地。有时候,这些拷贝将直接进入机顶盒。

如果一个路由器接入成百上千个机顶盒，且每个机顶盒需要一个多点广播流，这就对多点广播网络的处理能力提出了很高的要求。

多点广播网络管理起来也可能会很复杂。在最流行的多点广播协议内嵌有搜集源自所有远端的反馈机制。这一协议经过了仔细的设计以使回传的数量最小化，但这也使在何时让部分远端获得不同的流的决策变得困难。

逐位对应文件(bit-for-bit file)拷贝使用的接收方式并不兼容于多点广播。因为在要求完美的情况下，各远端在每个数据块都能够成功传送时被设计成可以相互连接。每个失误都会要求破损或丢失包重新发送。这对多点广播来说是不切实际的，因为在多点广播中，不会总是出现多个远端同时发生相同错误的情形。因此，要使用一些其他的东西(如 TCP)在错误被完全排除时传送数据。

第九节 现实检验

本章的现实检验中，我们将看到在过去十年中的宽带服务的快速发展。即便由于渗透的加剧，部分国家的成长率有所减缓，但全世界每月依然有百万的宽带线路完成安装。所有的这些线路都服务于 IPTV 和互联网视频的潜在用户。

对 IPTV 和互联网视频而言，它们要注重多层面的用户满意度，其中宽带网络连接尤为重要。对用户而言，通过拨号上网进行视频观看所带来的每一小段影片的下载延时让他们无法接受。所以为了让 IPTV 和互联网视频市场能够有效运作，我们必须将视线落在宽带用户上。

对宽带连接的要求是能够提供至少 256 Kb/s 的处理能力(吞吐量)。因为这一数字能够应付低分辨率、低码率的实时视频，并且能在一个较为合理的时间段内满足用户从网页下载短视频的需要。这一速度很显然是通过基于电话线的拨号方式所无法达到的。

我们可以通过不同的维度来了解宽带网络。一个维度是观察世界范围内的宽带线路使用情况，因为这是构成 IPTV 和互联网视频服务有效市场的指标。图 5-4 中的数据源自 Point Topic，显示了从 2005 年 6 月到 2007 年 12 月全世界安装的由 DSL、有线通和光纤入户技术(图中“其他”)构成的宽带线路的数量。

线路从 2003 年第二季度末的 7970 万条急剧增长到 2008 年第二季度末的 3.598 亿条，累计增长率每年达到 35%。更重要的是，市场在未来还有着巨大的成长空间：参考全世界 10.263 亿电话线的使用量和 20.168 亿移动电话的使用量，我们不难看出，宽带服务的成长潜力巨大。

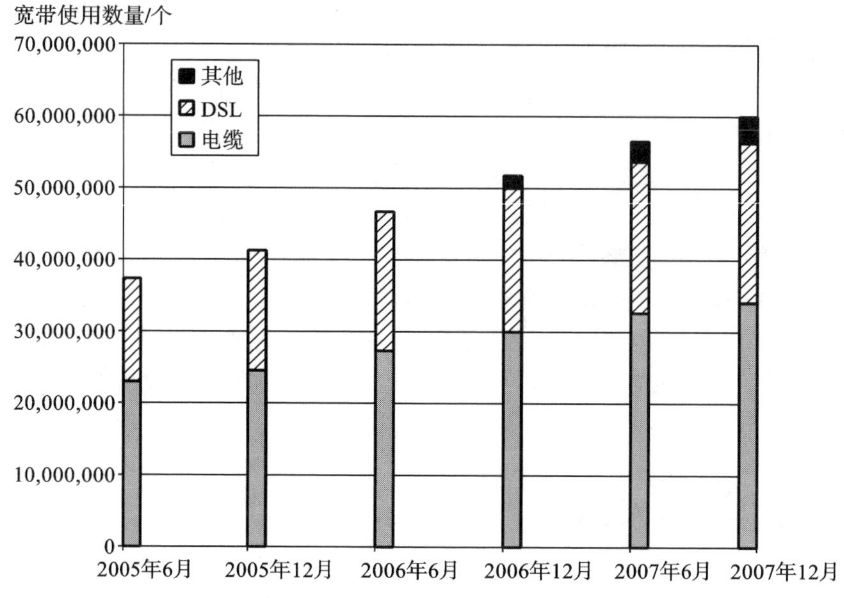

图 5-4　2005—2007 年世界范围内宽带技术发展①

第十节　总结

互联网协议在世界范围内改变了数据的传送并随时随地影响着我们的物理世界。远程办公、视频会议成为可能，社交网络和线上视频应用不断增加，这都减少了我们以交流为目的的出行需要，新的工作安排和生活方式开始出现。伴随着互联网的持续发展，越来越多的人可以在自己舒适的家中学习到任何想要学习的东西。从手机到冰箱，越来越多的设备可以支持 IP，并能通过网络相互连接，网络正逐渐成为 IP 中心化的网络。在 IP 的帮助下，巨大的机遇将出现。

这一章始于对 IP 基本性质的讨论，并就 IP 在数据传播等级制度中所扮演的角色进行了分析。然后我们描述了几种支持 IP 传播的设备，并对诸如 TCP、RTP 等利用 IP 进行网页和视频传送的高层次协议进行了检验。接着我们又讨论了多点广播这一 IPTV 技术的关键，在现实检验中我们又看到了宽带服务的广阔市场和成长空间。想象一下每一个宽带用户都是潜在的 IPTV 或互联网视频的用户，这是多么美好的画面啊！

---

① http://www.msnbc.msn.com/id/25513994.

第六章

视频压缩

一旦达到每秒千比特率，高质量的视频和音频传送就成为可能。

——Vinton Cerf

IPTV和互联网视频上的电视信号一直以来都是压缩过的。压缩指的是通过降低比特率来呈现视频画面。本章节之所以重要，其原因就在于能否选择一个合适的压缩格式有时会直接影响到一个网络视频项目的成败。

在本章中，首先我们将解释为什么需要压缩并学会通过一些要素来判断针对不同的应用应该采用何种压缩方式。然后我们将讨论一种在视频和音频压缩中被广泛使用的压缩格式——MPEG视频压缩。此外，我们还将介绍一些用于音视频信号上的其他压缩系统。最后我们还将简明扼要地提及有关使用不同压缩技术所需的各种许可。

专家解读

[itvt]：你觉得“压缩”技术未来的发展趋势是什么？

Cooney：很显然，这个趋势不难判断。MPEG-2是过去的压缩技术，而未来的压缩技术将有两种，即MPEG-4和微软的VC-1。在某些方面，这两种技术都胜过MPEG-2。所以怎么说呢，一半的比特率，双倍的信道数——无论如何这都会是你乐见的。

[itvt]：那电信业是不是也渴望进一步向先进的编解码发展呢？

Cooney：如果你是一个想进入IPTV领域的电信运营商且没有建设任何的机顶盒基础设施，然后你问自己：“我们要如何实现下一代的压缩技术？”答案其实很简单：“如果你要在当下做出决定，你就应该购买当下最好的成熟技术，那就是MPEG-4和VC-1。事实上，今天的情况就是如此，作为电信运营商你会发现这些新技术不可或缺，因为传统的MPEG-2根本无法在你现有的线路上满足视频传送的需要。所以对电信运营商而言他们别无选择：他们需要选择下一代的压缩技术。但对于另一些经营者而言，电缆或卫星通信，都可作为选择，当然，商业因素会主导决策。”

——Eric Cooney,Tandberg Television 主席兼 CEO,
itvt 记者 Tracy Swedlow 采访完成。①

第一节　为什么要压缩?

将视频压缩作为一个主题或许看起来真的很无趣,但是在现实中采用最新的压缩技术真的能够为 IP 网络带来更广泛的用途。简单来说,更好的压缩技术意味着更强的灵活性——掌握更多的有效数据意味着你可以根据现有的资源做出更多(更好)的决策;同样可以让现有的网络承载更多的拍摄内容或更高的音视频质量,抑或者两者兼得。②

过去十年间,压缩技术让很多的传播系统变得普及。例如,通过使用压缩技术,MP3 播放器将文件从 CD 中取出并将其压缩成适合播放设备的大小。通过压缩,可以将一部 2 个小时的电影存入一张 4 英寸(10.16 厘米)的 DVD 或蓝光碟片上。有线电视业者、本地电视传送业者和卫星电视系统可以通过压缩技术将多个数字频道置入过去只能置入一个单一模拟视频的空间里,从而经济实惠地向观众传送数百个视频频道。

以下所列的是在 IPTV 和互联网视频系统中使用压缩的主要原因:

(1) 相较于未被压缩的流,经过压缩的流可以在更低比特率的网络中传送。这对于互联网视频应用尤为重要,因为这对一个用户是否能够接收到流极为关键。比如,对一个还在使用基于老旧技术的互联网连接用户而言,他可能根本无法接收超过 1.5 Mbps 的数据。只有当数字视频流经过压缩,才能匹配这样的带宽。

(2) 通过压缩,更多的流能够在现有带宽上传送。这一点对在给定距离下存在带宽上限的 IPTV 极为重要。比如 ADLS2+就有着 9000 英尺(2750 米)距离上带宽最高为 10 Mb/s 的局限。常用的一些压缩技术可以使 10 Mb/s 成为足够的带宽以支持 2~4 个标清视频信号,或一个高清视频信号,或若干个标清视频。正是由于存在着压缩技术的优势,更多的信号才能存在于不变的带宽中。

(3) 原始的、未经压缩的高清视频信号要占据 1.5 Gb/s 的带宽,这几乎是标准 ADSL 连接提供带宽的 1000 倍。不经过压缩,就意味着没有任何方法能在常

---

① Interactive TV Today blog,August 31,2005,今日交互电视播客,2005 年 8 月 31 日。blog.itvt.com/my_weblog/2005/08/eric_cooney_pre.html.

② http://www.sourcesecurity.com/news/articles/co-3289-ga.2806.html.

见的IPTV、卫星或有线电视网络中传送高清视频。

(4) 和其他原始未经压缩过的文件相比，经压缩的视频或音频文件在硬盘或其他媒体储存设备中所需空间更小。这使用户可以在既有空间中存储更多的文件，且每个文件所占空间更少。

(5) 现实中，很多视频信号存在着对带宽的冗余使用或未充分使用。通常一部分视频帧和它前后的即时帧是完全相同的。好的压缩技术能够通过利用这种冗余来极大地降低带宽的消耗。

当然，要使压缩的相关优势能够充分发挥，一些妥协需要被建立起来。

无论是在压缩阶段还是在未压缩阶段，压缩被引入一个视频或音频信号的过程都是相对滞后的。之所以会这样，是因为绝大多数视频压缩系统需要先存入若干视频帧用以提取出输入信号中临近帧之间的不同。类似的音频信号的压缩也是通过对较短的连续声音片段的计算完成的。

信号中往往存在着大量由静电干扰或其他干扰造成的噪声，这使对信号的压缩变得很困难。当一个视频信号中存在大量噪声时，压缩系统将无法识别临近帧之间的冗余信息。

总的来说，压缩所带来的好处多于缺陷，特别是当我们认识到对很多IPTV和互联网视频提供商而言压缩是他们唯一的选择之后。

第二节　图像组(GOP)及其重要性

使用任意一种MPEG系统都能够很快得到多种类别帧，这其中包括I帧、P帧、B帧以及图像组(GOP)。这些全部是用来描述在MPEG流或文件中的图片数据的构成的。

在视频序列中一帧代表着一幅单一图像。在NTSC(美国国家电视标准委员会)制式中，一帧有33毫秒；而在PAL(常用于欧洲的彩色电视播放系统)制式中，一帧有40毫秒。

I帧是基于帧中所含的信息而单独压缩的，在它的前后不涉及其他任何视频帧的标识。P帧是基于帧自身所包含的数据及所在位置前面最近的I帧或P帧的数据压缩得到的。B帧是基于所在位置前面最近和后面最近的I帧或P帧数据压缩得到的。

一个图像组(GOP)包含单一的I帧和零个及以上的P帧和B帧。GOP的第一帧是I帧，并在下一个I帧出现前结束该GOP。GOP常常以固定、重复的模式被安置在压缩设备上。不同的内容提供商会使用不同的图像组以提供给不同的频道，但在每个频道内它往往是固定的。

为了理解为什么 MPEG 要使用以上这些不同的帧,我们要先了解数据需要代表的帧的类型。在一个正常的视频图像中,一个 B 帧所携带的数据量要少于一个 P 帧所携带的数据量——进一步减少 20%～50%。图 6-1 所展示的是在一个典型的 MPEG GOP 中每种类型的帧关联的数据量。

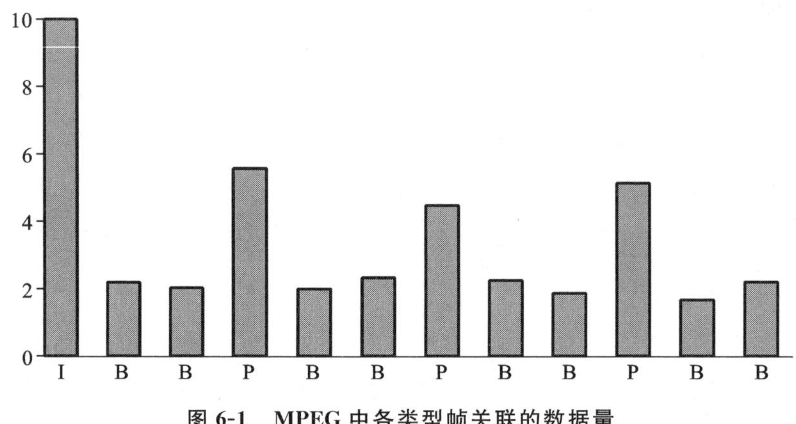

图 6-1 MPEG 中各类型帧关联的数据量

通过 GOP 长度这一参数,系统供应商掌握了很多的控制手段。正确的 GOP 长度选择是存在争议的。

重复一次,一个 GOP 是以 I 帧作为开始的。简单来看,决定 GOP 长度的是两个 I 帧之间的 B 帧和 P 帧的数量以及开头的一个 I 帧。如图 6-1 所示的帧序列中,GOP 的长度为 12,包括了 1 个 I 帧,3 个 P 帧及 8 个 B 帧。

当 GOP 的长度为 3～5 时,我们认为这个 GOP 有点短。而有些系统所使用的 GOP 则很长,在一些应用中这一长度会达到 15、30,甚至是 60。

选择一个合适的 GOP 长度对一个视频网络有着巨大的影响。很多系统的性能受到 GOP 长度的影响,这些性能因素包括比特率和格式流、频道转换时间,以及流的容错能力等。接下来,我们将进一步讨论这些因素。

一、比特率和格式流

正如图 6-1 所清晰展示的,I 帧含有比 P 帧和 B 帧更多的数据。如果是短 GOP,那么在一个流里其 I 帧的数量将会增加,需要被传送给每一帧的平均数据量也会增加。也就是需要更高的带宽,这将影响到 IPTV 和互联网视频服务的表现。而如果是长 GOP,则每一秒中 I 帧的数量就会下降,从而导致平均数据率的下降。

二、频道转换时间

在一个视频流中无论频道转换何时发生,解码器都需要有足够的数据以便精确地生产新的图像序列。解码器的效能取决于每次频道转换后它所接收到的第一个帧的类型。如果解码器首先接收到的是I帧，则之后所有的工作都能很顺利地完成，因为I帧中包含完全重建视频帧的所有数据。但如果解码器首先接收到的是P帧或B帧，则它们只是用大量的数据告诉了解码器其与前一帧的变化。所以，通常情况是当频道转换发生后，解码器会等到新频道视频的第一个I帧接收后才开始生产图像。

对一个短GOP来说，比如说5帧，频道转化并不是个问题。但如果是在一个每秒30帧的系统里(在美国常被使用)，这就意味着解码器需要等待最多166毫秒的时间才能接收到I帧，这种延迟影响到了用户的观看体验。如果GOP是30或60帧长，则解码器有可能需要等待1～2秒才能接收到第一个I帧。这对用户而言是极大的困扰。

两种不同的方法被用来解决这一问题。第一种方法是在IPTV网络中专门用一个服务器来储存视频中的I帧压缩后的拷贝。当一个用户更换了频道，机顶盒立即连接到服务器以获得播放新频道的I帧序列并在新的I帧被传送后获得重新聚合的常规长度GOP流。这一方法能够使转换传送极为迅速，但是如果上千用户同时更换频道(如大型体育赛事直播前后)，这一技术将出现故障。

第二种方法则是向机顶盒提供两个版本的流来解决延迟——一个版本是低分辨率、短GOP的，另一个则是正常分辨率、长GOP的。正常观看时使用的是长GOP、正常分辨率的流。当更换频道时，机顶盒就接入低分辨率流并转换成正常大小的图像播出。当正常的流到位之后(如I帧被接收)，机顶盒再转接到正常的流上。

第二种方法的好处是在机顶盒中不需要任何特殊的服务器或目标流，但它需要保证两个版本的流都有效。低解码率的流在频道转换之外可被用于画中画应用程序。

三、流的错误容忍能力

I帧的主要优势在于它允许机顶盒可以彻底抹去有关之前帧的所有记忆。这和P帧、B帧不同，这两者都需要机顶盒储存前面帧的拷贝以准确生成新的帧。可以思考一下，如果在一个输入的GOP的帧中间出现了一个错误会怎样。这个错误将会在机顶盒中持续一段时间，直到下一个I帧到达。一旦I帧到达，则错误就会被清除。

第三节　活动图像专家组(MPEG)

活动图像专家组在世界范围内为视频开发了很多常被使用的压缩系统,并且将这些标准、通例称为 MPEG。这一组织不仅开发了相关视频压缩标准——MPEG-1、MPEG-2 和 MPEG-4,而且还开发了相关音频标准,我们将在稍后讨论。

MPEG-3 怎么了?

部分读者可能好奇为什么没有 MPEG-3 标准。事实上,世界上存在着一个名为 MPEG-3 的工作组,它专注于发展多分辨率编码标准。因为这个小组的工作比 MPEG-2 的工作先完成,其成果被包含在了 MPEG-2 中。

读者不要因为不存在 MPEG-3,而对 MPEG 音频标准 Layer Ⅲ(通常被称为 MP3)感到困惑。MP3 音频文件在很多的音乐文件交换和编写播放系统中很流行。

MPEG 标准有很多视频服务的优势。举例来说,基于 MPEG 标准的 DVD 和蓝光光碟取代了录影带在家中播放好莱坞电影。包含无线广播数字电视、数字卫星电视和数字有线电视在内的数字电视都基于 MPEG 视频压缩标准在工作。同样,互联网中很多流媒体的内容也都会使用 MPEG 或相近技术来进行视频压缩。

一、MPEG-1

MPEG-1 是活动图像专家组开发出的第一个视频压缩标准。它被试图用于创造视频 CD 上,它在计算机多媒体中有所普及,但作为影片租赁和贩售的格式并不常见,并且现在我们也已经很少用到它了。有趣的是,MPEG-1 也被用作 DVD 的视频压缩格式,且很多的 DVD 播放器能够播放视频 CD。MPEG-1 不支持隔行,所以标准的全分辨率 PAL 信号和 NTSC 信号无法使用 MPEG-1。

二、MPEG-2

MPEG-2 是 MPEG 视频的基础标准之一,被广泛运用于各种应用上,如用于卫星电视和有线电视上以及用于无线 DTV 传送上。每天总计有数千小时长度的 MPEG-2 视频通过全世界的电视台被记录、处理和播放。此外,超过百万小时的 MPEG-2 格式的 DVD 被贩售给大众。

MPEG-2 支持标准的全分辨率 NTSC 信号和 PAL 信号,同样也支持 720p 和 1080p 高清信号。它可以进行多个视频和音频流的多路发送,所以像多频道卫星电视这样的应用也能够使用。MPEG-2 还支持五声道音频(环绕声)和高级音频编码标准。

很多MPEG-2设备，包含很复杂的MPEG-2编码和解码设备都已经有了第三代或第四代产品。不夸张地说，安装在用户家中的数以百万的电视机、机顶盒、数字卫星接收器和DVD播放器都可以解码MPEG-2信号。应用广泛的MPEG-2设备都具有统计复用、比特率转换、电信和IP网络配适等功能。

一台个人计算机在拥有足够运算能力和存储能力的前提下可以实时产生MPEG-2流。然而，对于很多应用设备而言，如程序编辑和生产，实时播送是不必要的，并且即便是中等性能的个人计算机也可以生产MPEG-2压缩视频文件以供以后播放使用。

总体来说，MPEG-2是一种安装在各种设备上界定明确、表现稳定的压缩系统。全球数百万的各类已安装设备能够接收并解码MPEG-2视频。在美国，MPEG-2是DTV传送的主流标准，新的电视机被要求安装MPEG-2解码器。但是，MPEG-2视频和音频质量只在2.5 Mb/s串流率下具有竞争优势，而今天绝大多数的IPTV以及互联网视频设备和系统都发展出了更有效的压缩系统，如H.264，我们很快就会讨论到它。

三、MPEG-4和H.264

MPEG-4是一个较新的标准程序，它的第一个版本是在2000年发布的。正如外界所期待的，MPEG-4包含了所有视频压缩的新技术。最新的MPEG-4版本被称为AVC(advanced video coding)或H.264。它可以用于10 Mb/s下的高清晰度信号的编码，这使更多的技术可被用于高清视频信号的传送。

在介绍H.264之前，我们需要了解，在压制诸如新闻、娱乐以及体育放送的实时视频序列上，相较于MPEG-2，MPEG-4并没有能够完成跨越性的发展。但MPEG-4在合成影像(通过计算机生产)和专业的IP视频流应用(如苹果的Quick Time已全部基于MPEG-4)中有着很大优势。绝大多数的个人计算机可以通过媒体播放软件自由地对互联网上的MPEG-4视频进行解码。

更新版本的H.264在2004年前后被推出并在很多新的应用设备中取代MPEG-2。这是因为H.264只需要MPEG-2一半的比特率就可以达成相同的质量标准。当然，这需要更多的投入以获得更强的信号编解码操作能力。

和MPEG-2相比，H.264的一个潜在缺陷是其解码器更复杂。通过MPEG-4产业论坛可以了解到，在相近功能的设备中H.264解码器的复杂程度是MPEG-2解码器的2.5～4倍。这意味着更强性能的硬件设备将更加依赖处理器资源以供软件解码器所用，虽然绝大多数的新设备都能够轻松地在视频传送系统中操纵H.264。根据这一特性，用它来测试将被大量用于解码视频信号的用户设备(机顶盒、台式个人计算机、笔记本等)将会是一个不错的选择。

H.264 为各种应用设备提供了大量不同的性能点,即属性。15 个明确的属性每一个都有其复杂性并表现出解码器所需的多种特性。同样,16 种不同的图像呈现等级决定了图像的尺寸(通过线条和像素)并使所允许的比特率最大化。当然,并不是所有的属性和等级组合都被允许,但在 H.264 标准下依旧有很多的组合可以使用。其结果是大量的硬件和软件技术能够被视为正确的 H.264 标准,但其中也只有一部分可以在一些特殊的设备上应用。服务提供商根据所选择设备的性能表现,可能需要避免使用 H.264 的一些功能,从而保持其简洁的属性和较低的呈现等级。

MPEG-4 是一种能够在既有网络带宽下极大增加视频信息数量的有力技术。H.264 让更有效的视频译码成为可能,让各类型均能够简单地和计算机生产的图像结合,并极大提升带宽的使用效率。正是因为这些优势,再加之现在机顶盒和个人计算机拥有更好的处理能力,H.264 成为今天 IPTV 和互联网视频发展中最常见的选择。

第四节　音频压缩

和视频压缩一样,MPEG 提供了丰富的音频压缩选项。现有的三种不同 MPEG 音频层次(layer)被习惯地称作 Layer Ⅰ、Layer Ⅱ和 Layer Ⅲ。更先进的音频压缩标准被称为高级音频解码标准(AAC),它有两个不同的高效率分支:HE-AAC 和 HE-AAC+。在本节中,我们将简要地讨论这两者。上述音频压缩形式都可以和其他任意一种 MPEG 视频压缩形式配合,除了 MPEG-1。MPEG-1 流无法使用 AAC 系列的音频模式。

MPEG 音频 Layer I 是最简单的压缩系统。它使用 384 采样输入进行压缩,这相当于 8 毫秒的 48 kHz 的音频材料。在这个系统中,每个波段都被单独处理,并最终输出成一个比特率一致的单一格式组合。Layer I 可以达到的压缩比是 4∶1,也就是说,一个 1.4 Mb/s CD 级品质的立体声音频信号可以被压缩适配到一个 384 Kb/s 的流中,而没有明显的品质下降;但再进一步压缩到 192 Kb/s 或 128 Kb/s,就会造成明显的品质下降。

MPEG 音频 Layer Ⅱ则为压缩运行提供了更多的采样,每帧 1152 个样本使其精确性不断提升。48 KHz 音频取样达到 24 毫秒,这使各种频率都能够更准确地被转换。Layer Ⅱ 消除了 Layer I 中的一些冗余,这使压缩的比例提升到了 8∶1。这意味着 CD 品质的音频可以在 192 Kb/s 码流下被完成。

Layer Ⅲ采用了与 Layer Ⅱ 相同的采样数,但利用率更高。混合立体声是

Layer Ⅲ的一种音频模式，它可以在立体声节目中利用信号中极强的相似点来构建左右声道。它也可以使用各种长度的译码将压缩的音频系数更有效地放入输出流中。这样一来，Layer Ⅲ编码器就可以在小到128 Kb/s的流中置入CD品质的音频，其压缩率高达12：1。这类模式中最被人所熟知的是MP3，它被广泛用于各种便携音乐播放器和进行音乐出售的线上商店中。

MPEG AAC只能支持MPEG-2或MPEG-4视频流。它支持48音频通道，其中包括5.1环绕音频。通过AAC，环绕声应用设备可以在192 Kb/s下达到极高的音频品质。并且在AAC下，CD品质环绕声的比特率可以被压缩到96 Kb/s。而HE-AAC+可以做得更好，比如它可以达到48 Kb/s下的近似CD品质，只是会增加端对端的延时（超过半秒钟），且编码器和解码器的复杂度更高。包括装有合适软件的个人计算机在内，大量的便携式音乐播放器都支持这种格式。

杜比AC-3音频译码以杜比数码这个名称为人们所熟知。在良好的压缩特性下，它提供了高品质的音频体验并在美国被广泛用于DVD和数字电视传送中。很多MPEG-4和H.264的版本中都含有杜比AC-3音频，它也被众多卫星电视系统所使用。

总体来看，MPEG音频不但灵活，而且不要求近似MPEG视频所需量级的处理器。随着技术的升级，其编码器与解码器的复杂度都在增加，但压缩率随之极大提升。纯软件Layer Ⅲ解码器已经可以在众多的个人计算机中流畅运行。AAC解码器也能够被当下主流处理器所接受，并且支持AAC的便携设备和移动电话的数量也在激增。当选择一种音频编码方式时，需要注意的是，传送带宽必须足够高，从而可以保证视频信号、音频信号和一些使流正确操作的开销。

第五节 微软Windows Media播放器和VC-1

微软Windows Media播放器是一款用在个人计算机上的多功能应用软件，可使用在微软Windows操作系统上。它适用于多种视频压缩格式并能够处理多种互联网视频流。

微软同样也设计了一个视频压缩系统，最初被称为Windows Media 9并随后被SMPTE的421M标准所使用。部分使用微软技术的IPTV提供商采用了这一标准，这就是我们常听到的VC-1。

可能有读者想知道VC-1与H.264之间的区别。和MPGE-2相比，这两者都各自在译码效率上有所提高（如给定画质的比特率更低）。到目前为止，还没有清晰的证据可以用来说明其中哪一个更好。很多编码器和解码器供应商会通过通用数字信号处理器(DSP)和可下载固件使自己的产品设计能同时支持这两种技术。

第六节　其他压缩技术

MPEG 和微软并不是这场游戏的唯一玩家。在互联网视频市场上,还有其他的压缩技术被服务提供商所考虑。

一、JPEG

按照联合图像专家组(joint photographic experts group)所制定的图片压缩标准所压缩的文件被称为 JPEG 文件。这些标准被用于视频中作为每一个视频帧的单独图像标准并对其进行压缩。这一标准有若干优势,其中最重要的是它减轻了编辑图片所需的操作程序。因为每一个视频帧都被单独压缩,不会出现如同 MPEG 的 GOP 结构,因此对一个帧序列停止另一个帧序列开始的时间不会有限制。很多的视频编辑系统会采用 JPEG 文件的部分原因也正在于此。

二、JPEG 2000

JPEG 2000 是一种先进的图片压缩格式,因其完成于 2000 年,故被称为 JPEG 2000。它采用了与 JPEG 完全不同的图片压缩技术(叫作小波,wavelets)以达成同样的目的。JPEG 2000 也是逐帧压缩视频,所以这项技术并不能利用毗连帧之间的类似性。这导致传送流所需的带宽比 IPTV 和互联网视频应用一般所需的带宽要高。

三、专用编解码器(proprietary codecs)

市面上存在许多专用视频和音频编解码系统,其中有很多也适用于互联网视频网络。其是专用的,所以对其准确操作并未提供给大众。此外,在这一领域有众多编解码器制造商参与市场竞争,所以专用编解码器的生产周期很短且性能与相关规格变动频繁。让我们来关注两家视频流市场上的编解码器供应商:Real Networks 和 Adobe。

Real Networks 是一家专用编解码技术供应商。Real Networks 的绝大多数产品都以视频流市场作为目标对象。如同微软的产品,很多第三方工具(来自 Adobe 等)可以被用以在实时和离线环境下进行视频流的压缩。Real Networks 设计了 Sure Stream 格式用以适应全世界各种不同的网络连接速度,这使内容得以在网络中传送。

Adobe 的视频压缩系统被称为 Flash，被广泛使用在网页设计和互联网视频中，如热门视频站点 YouTube。视频压缩甚至被作为一种网络服务，在这里视频文件能够被上传到服务器并连接到网站进行播放。

此类编解码器供应商共同表现出的显著特点是，它们乐于提供免费的软件播放器以接收它们自己所压缩的视频流。逾百万的台式机和笔记本用户下载并安装了这些播放器。但是绝大多数的供应商所提供的免费编码器的功能是受限的。更多特色功能需要付费才能使用，此类付费版本中往往有便捷生产内容的功能并可以使用更有效的压缩方法。

在何时使用或不使用某种专用编解码器是个很难回答的问题。主流的基于软件的编解码器供应商有着长久且有特色的创造革新与用户服务历史。这同样可以适用于很多基于硬件的编解码器供应商。虽然如此，但很多用户已然要承担其所使用的编解码器由于种种原因而被供应商停止提供的风险。谨慎的用户会评估这种风险并拥有适当的应急方案。总体来说，专用编解码器有着自己的优势和劣势。

1. 专用编解码器的优势

(1) 创新。

作为压缩技术的优势，创新被鲜明地体现在专业编解码上。要使市场上各方能趋于一致，更低比率的行业标准就得被不断推出。

(2) 价格。

很多专业编解码软件供应商提供了免费的基础版播放器，但也提供付费或低价等其他选项。

(3) 反向兼容性。

本类供应商有着极强的动机以保证其所推出的新版本不仅可以兼容其旧版本，而且表现更为出色。除非这一设计被清晰地表述在说明中，不然它或许并不能作为基于行业标准的设计。

2. 专用编解码器的劣势

(1) 可移植性。

由于单一的供应商控制了何时和何种专用编解码器的发布，因此含有平台选择的版本可能很晚才会发布或根本未被生产。当然这有助于限制用户的选择，特别是在操作系统的选择上。

(2) 变更控制。

绝大多数供应商自行决定含有新特色的版本何时被释出，并鼓励终端用户频繁地更新他们的计算机应用至最新版本。但这也让大型公司很难确定是否所有的用户都拥有了最新的应用版本，且该编解码软件并没有与其他应用冲突。

(3) 平台要求。

随着编解码器愈发出色,对其他系统组件(如操作系统、处理器速度等)的最低要求也在提高。这将迫使用户更新系统以便能够使用最新版本的编解码软件。

(4) 档案存储。

由于有着不断演进的技术,编码视频文件储存时长往往取决于解码器能够持续正常解码的时间。在专用编解码领域,供应商主导了软件的有效时长。

第七节 数字格式转换

数字格式转换是指获取以某种格式编码的视频和音频信号并将其转换为另一种格式的过程。它通常在服务提供商主导下进行,以帮助多通路系统进行标准化操作,并在 IPTV 系统中被广泛运用。当每一个流都具有相同的压缩技术、GOP 长度以及比特率时,进行频道更换的操作就变得极为简单:通过相兼容的压缩格式,一个经压缩的流可以轻易地替代另一个,而无需考虑用户是在何时进行换台的。通常数字格式转换有两个任务:转码和转换速率。

转码是对一个视频信号进行转换的过程,即将一种技术(如 MPEG-2)编码为另一种技术(如 H.264)。如果信号从未被解压或再解压,则转换后可以得到最佳的品质,以使所输出的信号最大限度地接近原始视频源。

转换速率是改变视频流比特率的过程。多数 IPTV 供应商会把所有输入内容转换为通用的比特率形式,使所有高清内容对应一套比特率,标清内容对应另一套比特率。转换速率经常发生,因为很多内容提供商所使用的是比 IPTV 和互联网视频服务商更高的比特率。

免责声明

本书作者及出版商均未就相关许可法规或 MPEG LA 许可协议发表意见。读者应自行查阅有关 MPEG LA(下文有解释)及其他许可文件,以便在安装基于相关技术之网络前了解所有基于这一技术所需许可之细节。

第八节 现实检验

在本章的现实检验中,我们将讨论上述压缩技术需要获取许可的必要性。每一台 DVD 播放机和 DVD 碟片的售价中都包含以单位产出为标准的强制许可费。服务提供商在分析安装一套视频传送系统的花费时都必须考虑到许可的有效期限。

正如我们所见到的,大量优良的技术被用于艺术与科学视频的压缩中。虽然其中有很多技术都是按照国际标准制定的，但并不是所有的技术都存在于公共领域。事实上，用于 MPEG 中的很多关键技术和其他掌握在个人或财团手中的压缩系统是以授权或其他法律保障形式存在的。比如，用于 MPEG-2 技术的授权文件包里就包含来自世界各地的 630 项授权文件。

幸运的是，这些技术的所有者在一起发起了一个组织——MPEG LA。MPEG LA 的职责是确立并收取相关技术的许可费用，并将其分配给专利所有者。和复杂到令人头痛的和各个掌握了部分 MPEG-2 技术的 201 家公司分别协调相比，通过简单地向 MPEG LA 支付能满足相应专利的费用，相关技术的使用者可以在此获得极大的便利。

该许可费用按项目进行收取，官方解释见于 www. mpegla. com。例如，该网站上关于一款 2002 年后生产的 MPEG-2 解码设备的许可费（如 DVD 播放器、机顶盒，以及带有 DVD 光驱的个人计算机等软、硬件）为 2.5 美元。此外，部分费用来自 MPEG-2 编码器、MPEG 多路转接器和其他设备。另一部分费用则源自记录介质（大众媒体），如 DVD 等，但是这一部分费用相对较低（如一张单面 DVD 需要支付 0.03 美元，即便这个费用的计算有多种不同的方法）。

H.264 设备也有近似的收费形式。除上述形式外，还有基于创建流的数量和基于有线电视系统和卫星电视系统中的订阅用户数进行的收费，以及对一张 DVD 被观看的人次进行的收费或在视频点播系统通过单次点播进行的收费。行业里对这笔费用存在争议，因为他们既通过购买设备进行了支付，又在使用该设备进行内容观看时再次被收费。类似的收费体系还存在于 VC-1 和其他常见的编解码器上。

对视频网络系统所有者而言，这笔费用存在于哪儿呢？第一，要意识到针对设备的收费往往由设备制造商收取，而设备的终端使用者一般不需要担心这类费用。第二，媒介发行商，如 DVD，同样需要为他们的产品支付此类费用。第三，绝大多数 H.264 许可费来自每一个单个流或每一个订阅用户，通过向观看视频的每个用户收费实现。由于有关许可的条款很复杂，在开展重要服务之前需谨慎地对每项许可费用进行彻底的法律审查。

第九节　总结

从本质上说，视频压缩是所有 IPTV 和互联网视频系统的要求。本章开篇就对视频压缩的重要性进行了讨论，并对 GOP 长度这一对服务提供商而言的重要指标进行了深入的讲解。然后我们又对视频和音频应用下的各类 MPEG 系统进行了相关的描述，同时被涉及的还有其他一些压缩系统——微软的 VC-1、JPEG，以及 Real Networks 与 Adobe 分别提供的应用。最后我们还简要介绍了数字格式转换和许可问题。

在选择某项压缩技术前,每一个服务提供商都必须进行谨慎的评估。每一项技术在性能、价值、发展规划和用户体验上都有其优势和劣势。服务提供商的决策不可以草率,因为这项决策会影响其未来若干年的经营状况。

第七章

视频品质与安全的维护

电视就像室内水管。它并没有改变人们的习惯,它只是让人们待在家中。

——Alfred Hitchcock

对任何视频传送系统而言,品质与安全都是非常重要的。品质是维持用户满意的先决条件(他们因此才会支付每月的订阅账单),能提供给广告商和内容所有者有质感的图像以补充他们渴望塑造的公共形象。安全则是用来保证未经授权的用户无法观看到相关的内容,并禁止只被授权观看内容的用户进行非授权拷贝。

本章首先就影响视频品质的主要因素及其控管进行讨论。我们还将对数字版权管理及其关联的视频信号类型展开讨论,这些视频信号类型常被用于基于 IP 的传送系统中。

专家解读

服务提供商们了解作为他们底线的视频品质的重要性。只是他们似乎还没能将视频品质进行监控和管理,无论是来自头端的内容摄取点还是来自家庭的用户端设备。

——Gary Schultz,MRG 主席兼精算分析师①

第一节　影响视频品质的因素

对一个已传送的视频信号而言,众多的因素会影响到其品质,这些因素同样对用户的体验有重要影响。对视频传送信号加强管理,从而优化相关的影响因素,将能获得更多用户的满意。

---

① http://telephonyline.com/iptv/news/iptv-video-quality-2019/.

一、音频/视频同步

在现实生活中,当人们用不同的口型开始说话时,声音会相应地发生改变。同样的情况发生在物理对象上——当一个人的鞋踏在坚硬路面的瞬间,尖锐的声音就会被听到。同样,用户讨厌看到所播放的视频音画不同步。音画不同步一般被称为对口型缺失或音频/视频同步缺失。

一个有着音画不同步问题的资源其实质是视频链接的传送端和接收端的时钟不同步。因此,需要对链路中的编码器和解码器进行仔细的管理以保证它们都参考了同样的时钟信号——这些时钟信号会与压缩后的视频流一起进行传送,从而保证同步不会出现问题。

确实,在 IP 网络中对上“口型”是有难度的,从本质上讲这两者本身就是异步的。解决这一问题有赖于精密的网络配置(确保充足的带宽以保证所有传送的进行),并确保不存在处理瓶颈(比如路由超负荷运作),因为这可能导致延迟和命令包被抢占。部分 IP 接收设备(包含机顶盒和个人计算机)被设置用于大型输入包的缓冲,从而用来消除延时偏差或对错误指令下的包进行调整。但这会对流经设备的信号产生延迟副作用,并增加频道转换时间以进行足够的新内容缓冲,而这些影响需要被尽可能地限制。

二、源图像质量

和许多复杂的处理系统一样,“垃圾输入,垃圾输出”(garbage in,garbage out,无用信息的输入/输出)也被用在 IP 视频传送中。比如,带有很多噪声的源信号会极大地影响到 MPEG 编码器的表现。当这种情况发生时,编码器会将噪声同样视为图像的改变,进而将其纳入压缩数据流中,这实际上不仅同时增加了编码器和解码器的工作量,还会占用部分本应用于其他图像处理的能力,进而降低其他图像的品质。

我们可以通过几个方面提升源图像质量:第一,服务提供商可以和拥有高品质源图像的内容提供商合作,从他们那里直接获取内容而非通过中间源。第二,稍许压缩或未经过压缩的高品质视频链接可以从源到网络携带内容。第三,使用降噪设备来对含有噪声的视频信号进行处理,使它们更容易被压缩。

三、宏分块

当图像通过 MPEG 或其他基于块压缩技术进行压缩时,图像在压缩处理开始前会被分割成若干组像素。在 MPEG-2 中,像素被按照边长 16 像素的标准组成宏分块。如果毗邻的宏分块出现较大的颜色或亮度改变,则显示在屏幕中的色块的边界就会十分显眼。这可能发生在过于压缩的情况下，即 MPEG 流没有足够的比特用以准确地在每个块中重建源图像。当这些边界线出现时，被用户观看到的图像品质就会急剧下降，因此必须采取措施阻止其发生。

当大量运动的、显眼的颜色渐变或屏幕上的每个像素同时改变其强度从而引起总体亮度的调高或调低（比如变暗至黑色）时，场景中的大型色块更容易被人们所感知。当宏分块发展到极限状态时，由 4 个 8×8 图形块组成的色块将有可能被一种颜色取代（也被称为像素化），用户对此类现象是极其反感的。

为了阻止宏分块的出现，视频提供商必须确保视频流的比特率足以支撑原始图像的运动和细节呈现。很多 MPEG 流使用错误的矫正方法来限制导致大型色块产生的轻微误码。

如果在编码器和解码器间出现了长时间的错误，则部分数据将被用以重建丢失或毁坏的画面。当这种情况发生时，解码器将没有能力正确地进行源图像的再建，并且其所输出的数据块也可能受损。对用户而言，因为一个或多个低分辨率的宏分块导致的数据丢失的情况经常出现。这一问题能够通过在数据路径上消除错误或通过尽可能地减少错误出现频率而得到解决，即纠错才是有效的。

四、声音品质

音频信号的传送品质会对电视观众产生重要影响。用户更喜欢高品质的声音而非低品质的声音，这本是很自然的事情。需要注意的是，传送的声音品质和被用户感受到的声音品质两者间的关系——研究表明，在只对声音品质进行改进而不对播放画面做任何调整的情况下，观众就会提高对视频信号所带来的画面质量的评价。有些时候，音频传送会比视频更复杂。这是因为耳朵比眼睛更难“欺骗”——音频信号中任何一点点的中断（低于 10 毫秒）都将被耳朵捕捉到。相反，一个单一的 33 毫秒视频帧的完整丢失能够轻易地通过复制前一帧进行隐瞒，绝大多数观众对此都不会有所察觉。

幸运的是，压缩后的音频信号所需的带宽普遍小于压缩后的视频信号，这让在音频信号中添加更多的错误纠正而不影响信号的整体带宽成为可能。

五、分辨率

视频图像的分辨率涉及像素的数量。高像素的图像有着更高的分辨率（除非图像通过其他方式降解）。在 IPTV 中，图像分辨率通常匹配显示分辨率，所以在 NTSC 系统下的标清信号在每行（480 行）上都有 720 像素。在互联网视频中，多种不同的视频分辨率被使用，从四分之一通用图像格式（QCIF）的 176×144 像素到全高清的 1920×1080 像素，以及这两者中间的任意分辨率。

传送分辨率需要悉心的管理。虽然观众更喜欢高分辨率信号,但高分辨率意味着高系统成本。如果在每个维度(垂直和水平)上的像素数量翻倍,则图像上的总像素将翻四倍。这不仅需要增加带宽,还需要更强的处理能力去对信号进行编解码。自始至终,高分辨率都会增加整体系统的负担。

很多互联网视频系统以低于全标清的分辨率进行信号传送,这既节省了宽带又易于个人计算机显示图像。几乎所有的IPTV系统都提供标清分辨率视频(和广播、有线电视以及卫星系统对比),并且绝大部分还提供高清视频。

六、互联网协议失真

失真是指可被用户发现的图片或声音损伤。它可能由噪声、编码错误、传送错误、解码错误、缺乏电缆、显示错误,以及其他种种因素导致。我们将讨论三种在IP视频传送系统中较常见的失真(误码、数据包丢失、数据包抖动)及避免方法。

1. 误码

当传递到用户设备上的数字信息与最初发出的数据不一致的时候误码发生。在各种网络中(无线广播、光纤传送、卫星系统等),误码会因为各种物理现象而出现。一旦误码发生,它将影响到生成图像的所有数据。有些误码的危害很小,只影响到单一的像素,但有些则会造成严重后果并影响到视频的多个帧。不幸的是,误码一般都是随机发生的,所以并没有好的方法可以用来预测一个误码是否将会变得严重。

一系列的方法被人们用于矫正误码。其中一种方法是重新传送发生错误的包,这种方法常被用在TCP协议中。如同在第五章中所讨论的,一般来说这并不是最好的解决方法,因为重新传送会带来潜在的延迟。

另一种方法是控制误码,这被称为前向纠错编码(FEC)。通过FEC,额外的数据被加入到每个数据包中,从而保证接收器能够对每个包中一定量的误码进行纠正。一种常用的计算FEC数据的方法称为瑞德-所罗门(Reed-Solomon)码,它是MPEG标准的一部分,源自1960年I. S. Reed和G. Solomon具有开创性的论文。[①] 少许的FEC就能够对系统误码率产生显著影响。然而,这层防卫也是需要付出代价的——额外的FEC数据消耗了视频和音频数据所需的宽带。所以并不是所有的服务提供商都使用FEC,使用与否源自其自身系统错误率容忍程度以及对网络品质的期待程度等。

---

① "Polynomial Codes over Certain Finite Fields",(基于特定有限领域上的多项式代码)J. Soc. Indust. Appl. Math. Volume 8,Issue 2,pp. 300-304 (June 1960).

2. 数据包丢失

数据包丢失是IP视频传送系统中较为常见的错误之一。导致丢失的原因很多,比如损坏了报头(被强迫丢弃)的误码,超负荷下导致的路由器丢包,以及不充分或失灵的网络设备等。包丢失是互联网日常事故,互联网视频传送系统必须有能力控制它。控制互联网包丢失的方法之一就是在接收器上使用大量的缓冲,并让设备有能力重新发送丢失包,这可以通过下载和播放传送技术达成。第二种方法则是在解码器上使用错误掩盖。第三种方法是使用分组级 FEC 技术。

一种流行的分组级 FEC 技术是 SMPTE 2022 标准(也被称为 COP3)。使用这一技术,包按行或列进行排列,而 FEC 包被添加到每一行(或列)数据中。如果一行(或一列)数据中有一个包丢失,那么该行(或列)的 FEC 包将被用于重建丢失包。当然,这一过程会导致明显的网络延迟(因为要对每一行数据添加 FEC 并从错误中复原),并增加明显的处理负担(假设行为 10,则 FEC 包将被添加到每一行,那么 FEC 就造成了 10%的超载)。在 IP 网络中,COP3 被广泛用作专业级品质的视频传送,并能在任何视频传送连接中使用。

在 IPTV 系统中,通过对系统的精心设计(如建立过剩的宽带)和对允许进入系统的通信量进行控制从而避免过载发生,这可以将包丢失最小化。然而偶然的包丢失仍不可避免,这需要解码设备通过适宜的方式进行控制。

3. 数据包抖动

当数据包构成的流不平顺、不连续时就会发生数据包抖动。举例来说,假如一个应用尝试通过一个平顺的流进行每秒 100 个包的传送,那就意味着每 10 毫秒需要传送一个数据包。当这些数据包通过的是无颤动的网络时,它们到达的时间也是每 10 毫秒一个包。但如果这个模式被破坏——包的到达时间不一致(或长或短)——数据包抖动就会产生。差距来自包与包之间时间的过短或过长——如 9 毫秒或 11 毫秒。

对常规数据如 e-mail 或网页而言,抖动并不是什么问题,因为它们的数据信息对时间的要求不强。一个网页早几十毫秒或晚几十毫秒被打开并没有什么不同,因为人们感受不到这种区别。然而对包含有音频或视频信息的数据流而言,任何传送速度的变化都可能会产生大问题。

为了能够理解抖动是如何影响到视频流的,我们需要先回忆一下视频流的构成。实际上,一个视频流是一系列图片的依序播放,这一过程中 30 幅图像在 1 秒钟内播放(在美国和日本以外的国家为每秒 25 幅),从而在人的眼睛和头脑中形成动态画面。当这一系列图片是平顺且连续地播放时,这一过程可以很好地实现。但是如果这些图片被过度播放,则动态画面将被破坏,人们也会觉得观看这样的视频是很不舒服的。抖动同样会造成视频数据和音频数据的同步困难,这是因为解码器中出现了计时误差。

在实际应用中,抖动会对未压缩和已压缩的视频产生影响。问题出在携带压缩信号的时钟信息里。这些信息是 MPEG 解码器或其他类型解码器得以工作的基础。当这些信息被干扰时,视频信号会产生很多的问题。比如,过度的抖动会导致接收器缓冲过载或数据耗尽,视频画面会由于数据耗尽导致突然卡住,由于缓冲过载导致图像信息丢失,这些都使视频画面受到干扰。

两种主要的手段被用于在 IP 网络中以对抗抖动——预防抖动或使用缓冲器对接收器进行时间选择矫正。很多成熟的系统同时使用这两种手段来保证抖动维持在可控范围内。

简单来说,预防抖动就是在包经由网络进行传送的过程中,确保每个包所包含的视频数据都不发生延迟。这意味着每个连接都必须有充足可用的宽带,从而将由其他通信造成的视频包堵塞或延迟的偶然性降到最低。此外,作为很多网络核心的数据路由器必须有能力将一部分类型的包(如包含有视频文件的包)作为优先等级的包进行发送,从而减少它们被延迟的可能。

对进入的包进行缓冲也常被用于减少抖动。缓冲器的大小有限,因此建立在 FIFO(先进先出,first in,first out)基础上的缓冲是可被接受的。各种积累的抖动所带来的不同速率的包会在它们到达的当下就进入缓冲器。经由均衡的间隔时钟信号,所有积累的抖动都将被移除,然后包会从缓冲器中移出。这要求时钟频率必须小心调整以确保缓冲器不会因为过多的包而造成超负荷,或因为过少的包而造成缓冲器没有全效工作,同时时钟也要能够适应潜在分封速率的改变。

缓冲的缺陷之一是它会增加整个传送系统的既有延时,系统既有延时来自对系统中的错误进行修复或由于频道更换所引起的不同流的切换等。这些都要求既要对缓冲延迟进行最小化控管,也要保证其有足够能力解决除输入外的大量抖动。

七、信号有效性

有效性是指在一定时间内一个信号是活动的且符合最基本的性能水平。有效性是通过信号的中断持续时间和被传送节目信号的总时长计算出来的。比如一个 100 分钟的节目,每 1/10 min(6s)出现一次信号中断,则其有效性是 99.9%。

总的来看,在 IPTV 网络中,有效性要达到一个很高的值才能满足消费者的期待,一个提供全年 99.9%有效性的系统会导致平均无法观看时长为 8.7 小时,这对一般用户而言是可以接受的。对绝大多数订阅用户而言,不能接受的是所有的无效性都发生在一天之内。因此,很多系统都建立了面向用户的 99.99%的有效性和面向网络核心设备(路由器、馈线网等)的 99.999%的有效性。

第二节　有条件接入

有条件接入(CA)是一组用以确保满足一定条件的用户可以接入到对应内容的技术。其基础是对内容进行加密或加扰,从而使非授权用户即使接收到相关信号也无法收看。授权用户被授予了数字密钥以使他们能够操作机顶盒或个人计算机上的特殊软、硬件对信号进行解密和解扰。很多供应商都支持CA系统,特别是那些融合了中间件的供应商,他们既提供内容加扰/加密设备又控制了观看内容所需的解扰密钥。

加密可以通过多种方式实现,但绝大多数系统都有一些相同的核心特质:第一,当已有密钥时,加密和解密在计算上必须简单。第二,在不知道密钥时,解密必须困难。第三,密钥必须能够被管理,以便向授权用户进行配置。

很多加密管理系统都体现了这些特质,我们会在后面对这些系统进行描述。

一、智能卡

智能卡是一种用于机顶盒密钥分配的传统方式。这类卡称为"智能"卡,是因为它们被置入了可被各种应用设备使用的处理器和存储器。每年有数以十亿计的智能卡在全世界被售出。它可以用于各种用途,如身份识别卡、公共交通卡等。智能卡的处理器能够进行简单的运算,执行简单的程序。它的存储器能够存储临时数据和永久数据。

智能卡必须连接读卡器才能操作。有些连接是通过使用镀金节点等物理方式进行的,有些则是通过短程无线电信号无线接入读卡器完成的,从而不需要将卡插入设备。

智能卡的一个突出特点是其能安全地存储数据。通过一定的编程,它可以存储私密信息,如公共/私人密钥中的私人密钥部分。任何未经授权尝试读取数据的行为都将导致卡的损坏以及数据的丢失。智能卡内部的处理器可以通过存入卡中的私人密钥对数据进行解密并将后续数据传出智能卡,而无须将密钥信息外传至任何设备。

对视频应用设备来说,智能卡是一种传送内容解扰/解密密钥的用户设备。每个内容流(或电视频道)都有一个独特的解扰密钥,这个密钥在内容被用作加扰广播时就会被创建。密钥必须在有能力正确解扰内容后才能传送到用户设备上。一种简单传送密钥的方法是直接将密钥发送到用户设备上,但这会导致接入相同线路的其他设备也接收到密钥;另一种方法则是在传送前,对解扰密钥进行加密。

当智能卡被用于传送解扰密钥时,每台用户设备都必须装有对应的读卡器,无论是装在设备里(如机顶盒)或通过外接设备(如 USB 接口)。当一个授权用户想要收看加扰内容时,用户设备就会向中央服务器发出请求。服务器将核查用户是否有权收看。如果核查结果是有权收看,服务器将找出对应的解扰密钥并用符合用户智能卡的公共密钥对其加密,然后将密钥传送到用户设备中。当密钥到达用户设备,加密的密钥被输入到智能卡中,智能卡会对其进行解密处理来得到解扰密钥。之后用户设备就可以使用已解密的解扰密钥对信号进行处理并进行对应内容的播放。

智能卡为服务提供商带来了众多好处。它既便于携带又能被分配给每一个用户。比如,在家庭中可以实现一张智能卡的全家共用,另一张智能卡仅供成人使用(如这张卡可以接收成人内容)。智能卡还能通过机顶盒进行相互隔离的传送,从而增加单一机顶盒接入两个设备的难度。

智能卡管理上的一个缺陷是它们需要被放置在安全的地方(慎重保管)。如果智能卡被盗,虽然可以申请停用,但申请的过程很麻烦。同样,智能卡确保了一个服务商对应单一的加密供应商,这对于广大想要进行智能卡转手交换的用户而言不但增加难度而且花费不菲。最恶劣的情况是加密系统遭到了用户的恶意破坏。一旦发生这种情况,对系统管理者而言,重新调试所有的机顶盒并分发新的智能卡是一笔昂贵的支出。

许多现代加密技术提供商设计了基于软件而非硬件的智能卡系统替换技术。在这些系统中,安全软件模块被加载在每个用户设备上(如机顶盒或个人计算机)。这一模块提供了与智能卡相似的功能。这类基于软件的系统的优势之一就是,相比较于基于硬件的系统,它们更容易进行升级和替换。因为所有关于软件更新的要求都可以通过数据网络进行传送。而且按照这项技术的供应商的说法,基于软件的系统提供了与基于硬件的系统相等甚至更强的安全保证。

二、水印

水印是将数据插入视频或音频流中,以跟踪流的使用或保证流的所有权的过程。在概念上近似于货币通过防伪技术来打击伪造和假冒。其基本逻辑是在内容中插入鉴定,而不用配合观众的喜好。数码相片可以通过添加水印表明版权所有,这些水印可以被主流图片编辑软件所读取。视频和音频内容同样可以添加版权水印并被视频播放设备读取,通过这种方式阻止非授权拷贝或分发。

在数字内容文件中,在不那么重要的位元上插入一个图案是一种有效达到水印目的的方法。比如,在一个由多个 16 位音频样本组成的文件中,每个样本的最低有效位占所有输出信号的 1/65536。当水印添加后,并不会对最后输出音频的音质带来影响。

基于水印创造者的不同，水印的使用方法也不同。它可以被设计成易碎的，这样任何对文件的改变都会破坏水印。它也可以是耐用的，这样即使文件发生很大改变，水印依旧能被识别。即使当其通过摄像机镜头在视频显示器上被记录时，有些水印依旧耐用到可以嵌入到所记录的内容中。字母在用于追踪未经授权的内容复制时很有用；利用水印，有些网络爬虫甚至可以对数以百万计的网页进行监看以了解这些网页是否使用了未经授权的内容。

当特定的水印被创造给每个单独用户时，水印有助于权利的使用。独立的水印可以用来震慑非授权的内容使用，因为任何的盗用都能够被追溯到泄露源。部分中间软件提供商已经开始提供能够在每个机顶盒内生成唯一水印以追踪到单一用户的系统。如果用户知道任何的盗用都可能被追溯到人，那么这将有效地震慑非法行为。

三、个人计算机保障

在个人计算机上对有价值的内容提供保障是一项艰巨的任务。主要的原因是，用户可以看到硬盘上所有的内容，这造成了信息保密的困难。其解决方法是在计算机上设置一个针对特定内容的强大加密系统，用于保证解除接入内容的密钥的安全性。两类密钥保护被用于个人计算机上：基于硬件的和基于软件的。

在基于硬件的密钥保护系统中，一个物理设备必须被连入到个人计算机中以用来授权解密或解扰内容。这个设备可以是通过读卡器接入计算机的智能卡等。另一个途径是将一个小处理器（如同智能卡中的处理器）压缩到可接入串行端口或 USB 接口的设备里。无论是何种设备，都必须物理接入到用户观看设备中进行内容解锁。解扰密钥在这一设备中通过匹配处理以阻止秘密数据从设备上以任何形式泄露。

在基于软件的密钥保护系统中，软件中的特殊模块被装载到用户的设备上以控制对密钥的接入。这些模块并不独立存在——它们必须与中央服务器进行通信以保证其自身未被侵占或遭到安全威胁。基于软件的密钥控制有着超越基于硬件的优势，它能够在常规环境下完成系统升级，而不需要进行大规模的硬件设备更换。

第三节　数字版权管理

数字版权管理（DRM）是一套被用于保护内容提供商所有权的软、硬件技术。

DRM 的目标是直接控制用户使用特殊内容的方式。它可以控制的使用行为包括反复观看,内容能被观看的时间窗口(时间段),在其他设备中拷贝或记录内容,以及在移动媒介(如 DVD、CD 等)上存储内容等。

在概念上,DRM 非常接近 CA。实际上也是如此,很多时候这两种系统同时紧密地用于各种数字视频传送系统中。两者最大的不同在于,CA 系统所控制的是用户是否被允许观看内容,而 DRM 系统控制的则是在观看中和观看后,用户可以对内容做什么。换句话说,CA 管理着用户能够接入的内容,而 DRM 管理着用户可对其拥有的内容做什么。因此,内容被下载并用于播放(如播客)通常通过 DRM 系统进行保护。

第四节　现实检验

本章的第一个现实检验将着眼于被最广泛使用(也是讨论最广)的保护视频和音频内容免于非授权使用的系统。这个可靠的 DRM 系统是苹果公司能在与大型唱片公司就通过 iTunes 进行内容提供的协商中取得成功的重要保证。在第二个现实检验中,我们将讨论为什么有时也需要向免费内容提供 DRM。

一、苹果 iTunes 的 Fairplay DRM 系统

苹果计算机的 iTunes 音乐商店是非常成功的,它向数百万的 iPod 用户出售了数十亿的数字压缩音乐文件。FairPlay 是苹果公司为自己的 DRM 系统所取的名字,是 iTunes 软件客户端以及 iPod 操作软件的一部分。

这套系统非常全面并能够控制各种不同的内容使用。基于付费内容的控制包括有限制的可共享内容的计算机数量,限制包含付费内容的播放列表被制成 CD 的数量,以及其他约束。因为文件分享系统对利润的影响,围绕着 iTunes 的发布,部分限制作为与唱片公司协商后的产物被强制执行。

2007 年 2 月,苹果公司发布了由 Steve Job 所写的关于他对数字音乐 DRM 的思考。他就以下四点做了阐述:

(1) DRM 过去、现在和将来都不会完美,黑客总会找到方法对 DRM 进行破坏。

(2) DRM 的限制只会伤害到合法使用音乐的人,而非法使用的人不会受到 DRM 的影响。

(3) DRM 所包含的限制将会鼓励用户去使用不受限的音乐,而这类音乐往往是经由非法手段获取的。

(4) 大量的音乐并没有经过 DRM 就通过 CD 贩售，而这已经被证明是成功的。

在苹果得到唱片公司批准之后，自 2009 年 1 月以来，苹果移除了在 iTunes 上出售的绝大多数音乐的 DRM。然而 FairPlay 依然存在于 iPhone 和 iPod touch 上的视频内容、游戏和应用中。同样的情况发生在众多游戏平台(PS、Xbox 等)的产品中。

2008 年，好莱坞主要电影公司、电子产品零售商以及消费者电子产品制造商共同制定了数字娱乐内容生态系统(DECE)。这一系统的初衷是通过建立一个能够兼容多个内容提供商和消费者平台的系统，让消费者可以灵活方便地完成内容的购买和消费。

那么问题来了：用于视频内容的 DRM 就比用于音乐内容的要坚固吗？视频行业与音乐行业一个巨大的不同之处在于，没有经过(一定形式)拷贝保护的视频是不会直接贩售给消费者的。无论是 DVD、蓝光碟片还是 VHS 录影带，都有着各自的拷贝保护计划。另一个不同在于视频行业存在着一个活跃的租赁市场(如 Netflix、Blockbuster)，这标志着存在一定基数的消费者，他们愿意通过付费的方式取得观看内容的权利。这些因素都让 DRM 可以在视频市场存在。至于以后会怎样，只有时间能够证明。

任何 IPTV 或互联网视频服务提供商都必须了解一个重要的现实：他们只有同意内容所有者关于 DRM 的设定才能够接入相关内容。没有了内容，任何服务提供商都无法在市场中生存。

二、针对免费内容的 DRM

初看之下，使用 DRM 技术对互联网上提供的免费内容进行保护是一件荒谬的事。毕竟，一旦内容所有者决定免费向所有用户提供内容，他们又怎么会对有人进行非授权拷贝而在意呢？但有些观念需要被记住。

如果第三方对部分内容拥有所有权(如电影中的插曲)，那么内容所有者可能无权允许其他人对内容进行拷贝。相同地，内容所有者或许希望建立一个内容可被观看的特定时间窗口，叫作院线电影预览。如果 DRM 系统可以有效控制下载，那么相应的时间窗口则容易被实现。没有了 DRM，一旦有用户进行了非保障下载，则时间窗口将形同虚设。

如果服务提供商的目的是让用户在他们的网站上观看到广告，那么轻易地允许用户间进行内容的传递交换将会对其目的产生严重影响。既在网站上对内容进行保护又允许用户自由地分享内容页面的链接，将会帮助服务提供商引导更多的用户登录网站，这会产生更多的页面浏览和更多的广告曝光。

第五节　总结

本章我们聚焦在保护视频品质和安全的技术上。首先,我们对潜在的视频受损及如何避免进行了讨论。然后,我们讨论了由视频信号处理自身所带来的网络损伤,并对多种发生在IP网络的错误进行了描述,而且讨论了系统设计者是如何最小化或补偿这些错误的。在本章的第二部分,我们就多种用于提供CA功能的技术进行了讨论,既讨论了它们的优势也讨论了它们的不足。最后,我们还介绍了DRM,并将其与CA进行了比较,并对DRM的两个有趣的方面展开了论述。

第八章

选择合适的服务器

当你正在电视上看那些毫无价值的内容来拉低自己智商时，我们正在互联网上自由且开放、无拘无束且亲密地和"CONFIG. SYS"进行交流，并震惊于其设置的细节。

——Dave Barry

虽然媒介储存与传送技术看上去有点干巴巴的，但对于视频而言，它在将数字内容传递给大众的过程中扮演了重要的角色。这其中最常用于数字视频生产和传送的设备是视频服务器。无论是生产、传送、归档或是播放，所有内容在其产品生命周期的大部分时间都存在于服务器上。每种服务器应用设备都有着它既定的设定和一组专业的产品制造商。正是因为在 IP 视频传送服务中服务器的花费很高，所以掌握每种应用类型的需求至关重要。

本章我们将以视频应用中的主流服务器作为开篇，然后我们会对它们在 IPTV 和互联网视频中的各种类型展开讨论。本章还会提供一个有关不同类型服务关键性能参数的对比表格。

专家解读

在很多年前，一个里程碑式的磁记录密度通过一家媒体发布：

希捷公司①打破了磁记录密度世界纪录——每平方英尺上录制 421 GB 的内容，这相当于在计算机上存储 4000 小时的数字视频。

这个公告在硬盘驱动器诞生 50 周年的纪念日被发布，并经过讨论作为磁记录研究的成果对外宣布为世界纪录。

这一公告不仅是磁盘驱动器持续发展的证据，而且再次证明了在兼顾性能和性价比之间，磁盘驱动是无可取代的王者。在密度标准上，希捷公司希望以容量

① 希捷(Seagate Technology Cor)成立于 1979 年，目前是全球最大的硬盘、磁盘和读/写磁头制造商，总部位于美国加州司各特谷市。

范围作为最终的解决方案,用户电子驱动器为1英寸和1.8英寸,其范围在40~275 GB,2.5英寸笔记本硬盘为500 GB,3.5英寸台式机和企业级硬盘则有着接近2.5 TB存储量。2.5 TB容量意味着一个硬盘可以存储4万1650小时的音乐、80万张图片、4000小时视频,或1250个电子游戏。希捷希望该标准可以在2009年开始实施。

"我们今天的宣示以及来自同行的近期公告,都清楚地揭示了硬盘驱动器的未来发展将更加广阔,"希捷公司CEO如是说,"在磁记录密度上的突破,有力地促进了数字革命的发展并清楚地指出,通过市场区隔,硬盘驱动器能够在世界永不满足的储存需求面前保持自身的优势。"①

第一节　视频服务器

视频服务器拥有两个主要功能:储存和传送。储存是指通过实际行动保存数字视频内容(通常在硬盘上)以供处理或播放。传送是指通过网络向用户或其他有相关需要的设备传输视频内容的行为。基于应用设备的需要,服务器可能优化其中某一个任务,或在两者间取得平衡。

视频服务器通常由一定数量的物理硬盘和处理器组成。这使其具有更高的可靠性和更佳的性能表现。可靠性通过独立磁盘冗余阵列(RAID)技术得到提升,这一技术可以就每个文件储存额外的数据。通过简单的算法,额外的数据能够取代任何因失败而丢失的数据或替代其中一个硬盘。多个磁盘驱动所提升整体系统的存储容量超过单一磁盘并且还能提升文件在磁盘阵列中的读/写速度。相同地,多个处理器被用于支持系统的操作,即使其中一个处理器不工作,系统依旧可以持续工作,并且多个处理器还能提供远超过单一处理器的运算能力。

下面简单描述的是不同应用中视频处理器被使用的地方。

一、采集服务器

被用以从各种源中收集内容并使其能够在各种设备中使用。视频内容可能直接源自演播室摄像机或卫星馈送,可能来自从摄像机或档案存储器中移出的录像带,可能来自其他诸如摄像机内置硬盘或远程服务器上的其他存储设备,还可能来自其他任何能够生产视频信号的源。一旦视频开始被采集,它就可以被移交给其他各种设备以进行进一步的处理和存储。

① http://www.techspot.com/news/31867-tdk-claims-hdd-areal-density-record.html.

二、元数据标记

采集服务器的一个重要的角色是扮演适当的标记并对每个采集的视频文件进行描述。所描述的信息就被称为元数据。虽然它可以被自动生成，但一般需要人工干预。元数据对后续视频内容的处理与操作至关重要。举例来说，就好像一个错误发生在视频文件的日期上，之后编辑在寻找最新版本时也可能发现不了它。通过采集服务器内的软件，我们可以添加高质量的采集数据以支持加入这些数据的规则，并在其进入之后对第二个人的校对数据要求进行处理。

三、文件服务器

被用在视频生产过程中以处理已被转换成最终形式的内容。比如，文件服务器可以在视频文件被移动至下一个工作站进行覆盖图层前，将来自色彩校正站的视频片段做暂时的储存。同时，它还能用来储存在生产过程中被反复使用的内容或数据，如带状节目的主题音乐和常用图形元素等。

四、生产服务器或播放服务器

被用于获取播放的已完成视频内容并通过连续、稳定的流进行播放。其中可靠性是关键，因为任何错误的出现都可能导致传送中断。多种技术被用于提供冗余和故障安全检测，此类特征在生产服务器中很常见。

五、归档服务器

被设计用于存储大规模内容。它可以接收所有类型的源，无论是直播反馈、新闻片段还是付费节目等。归档服务器的突出特点是低成本的大规模储存，而对接入速度的要求是第二位的。它还可以用于保存节目视频记录，以备按政府规范进行播放并接受广告主的调查询问。

六、视频点播服务器

被设计用于储存可供用户点播的内容。通常这类服务器都可以生产尽可能多的同步流，并对同一个内容进行多个拷贝。无论是专用 IPTV 网络还是互联网，高速宽带连接都是必备的。

七、广告服务器

获得广告单元并在视频内容中进行播放。虽然它不需要很大的存储空间，但它必须可以连接多个同步视频通道,并仔细地在被分配的广告窗中同步播放内容。这类服务器可以接收来自不同源发出的各种不同的视频内容。此外,它还必须能提供灵活的调度工具以便可以轻松地进行重新设定,以配合不断变换的广告活动并保持好的广告效果。

八、直播服务器

可以取得直播视频流并创建出多个拷贝用以在网络中传送。虽然它基本对存储没有要求,但它必须有足够的处理能力以创建 IP 流量包,从而保证每个地址都能得到其想要的对应流。同时,视频服务器还必须有高速宽带网络连接以传送它们为 IP 网络生产的所有流。

上述所列服务器中的最后三种一般常被用于 IPTV 和互联网视频应用,所以我们会在下文就它们进行更多的讨论。

第二节　视频点播服务器

视频点播(VOD)是一种在 IPTV 和互联网视频网络中常用的传送方式。不论何时,当授权用户需要从库中选择内容播放时,VOD 是一种将用户吸引至服务提供商的强大技术。在与基于广播分发的服务竞争时,VOD 也是一个强有力的竞争武器。绝大多数 IPTV 和互联网视频服务提供商和部分有线电视网都提供 VOD。

VOD 服务器必须具备以下四个功能:

(1) 视频内容储存,这一点几乎和其他视频服务器一样。然而,VOD 服务器必须有能力进行多路的、非共时的单一内容的多个拷贝的传送。

(2) 网络接口,这在其他视频服务器中也存在,不同点是 VOD 服务器的网络接口必须能支持庞大数量的同步流。

(3) 用户交互支持,通过它授权用户可以暂停、回放和快进播放视频。这需要一些复杂的软件以对所有用户进行管理并通过中间系统对用户的指令进行处理。

(4) 目录和命令支持,通过它系统可以向用户展示有效内容的清单并对用户收费。

VOD 服务器上的内容都是经过压缩后的内容,并可以随时提供给用户。其便捷之处在于传送的过程不再需要对视频进行处理。很多的 IPTV 系统只支持有限的视频信号速率和压缩格式,所以存储在 VOD 服务器上的内容务必是兼容的格式。

因此，所有接收的内容在VOD服务器上进行存储之前都需要经过视频压缩设备的压缩。有时候，内容提供商会完成视频的压缩并将压缩后的文件直接拷贝到服务器。但有时候，内容可能是未经压缩的，这就必须先完成对内容的压缩。压缩过程可以在线完成，也可离线完成。

还可能出现的是，内容到达时是经过压缩了的，但却使用了不同的比特率或压缩类型。当不被兼容的格式被传送来时，转码器就会开始将其转换成可兼容格式。如果需要更改的是比特率，则码率转换器将开始工作。一般来说，码率转换器只能降低视频的比特率。

选购VOD服务器时，一定要确定服务器的功能与所需完成任务能够匹配。存储空间和所支持流的数量都可多可少。它们之间并没有关联，一个用着很多存储空间却只支持不多的流的服务器也是可以的，如果它只是用来保存视频而很少用于播放的话。相反，如果一个服务器只是用来向很多的用户同步播放头轮的好莱坞电影，那么它可能储存空间有限(大概50小时到100小时视频存储空间)，但支持很多流。

IPTV服务提供商有两种主要的网络服务器搭建方式，如图8-1所示。第一种是集中式的。大型高性能服务器组被集中安置于中心位置，流通过高速传送链接经由当地服务提供商站点对用户进行传送。第二种是去中心化分布式的。在这种方式中，小型服务器被安置于每个站点中并只对所在地用户提供服务。在需要的时候，中央资源库服务器会对各小型服务器配置内容。一方面，去中心化方式可以很有效，因为它减少了各地所需宽带的数量；另一方面，集中式也被接受，因为它降低了所需服务器的数量，而且还能减少传送、储存和内容冗余管理的成本。现实中，选择哪种方式取决于系统结构体系、性能以及用户观看习惯，这些影响了VOD业务模式。

服务提供商要求视频服务器能够同步向众多的用户传送视频流。为了达到这一目的，对服务器进行特殊的设计是必要的。这些服务器通常会有很多的硬盘并平行使用多个服务器去对流进行格式处理和内容传送。这些系统的容量是惊人的；为了能同步向1000个用户分别提供每秒2.5 Mb的流，服务器需要每秒释放出2.5 Gb的数据。没有任何一个单一的硬盘或处理器能够负担如此多的数据，所以服务器需要在各设备间进行负载共享。也就是说，每条内容都从多个硬盘中发出，而且不同的硬盘和不同的处理器通过高速底板进行相互连接。

为了能够准确地计算出一个VOD服务器的存储空间，两个内容需要被掌握：被存储的内容时长，视频信号的名义比特率。通过这些信息，就能相当简单地计算出存储容量了。

以2.5 Mb/s速率传送一小时视频信号(包含音频)为例，在列入常量即一个字节是8位，一小时是3600秒后，这个文件的容量就能被轻易地算出，即为11亿

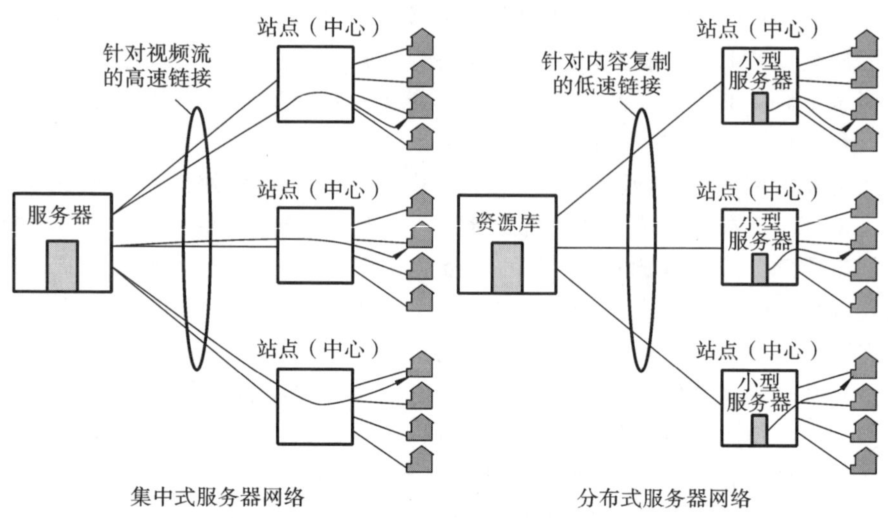

图 8-1　集中式服务器与分布式服务器

2500 万字节，1.05 GB。但这个值是一个估值，因为在硬盘上不同文件的确切格式不同。此外，一些元数据会被加入文件以提供对视频的描述，并保证其在多种拷贝中传送。以下列举了更多的例子：

(1) 2.5 Mb/s 速率下 200 小时的标清内容=210 GB。

(2) 4 Mb/s 速率下 500 小时的标清内容=840 GB。

(3) 2 Mb/s 速率下 10000 小时的标清内容=8.2 TB。

(4) 14 Mb/s 速率下 300 小时 MPEG-2 格式高清内容≈1.72 TB。

(5) 6 Mb/s 速率下 500 小时 H.264 格式高清内容=1.22 TB。

部分内容所有者限制了其所提供视频可压缩的比率。有时甚至通过合同条款规定了何种压缩算法可以被使用。这些限制有助于保证用户终端所接收的图形品质。这对于大型制作公司很重要，因为它们在意自身的公众形象，如果它们的产品被过度压缩，则可能面临信誉受损和用户流失的困境。以一个掌握大量体育赛事播放权的广播公司为例，如果 IPTV 提供商对其内容进行了过度的压缩，不仅会让当地用户看到质量差的视频，更会对该广播公司的品牌形象造成冲击，影响其商业发展。

第三节　广告服务器

在 IPTV 系统中，广告服务器扮演了关键的利润生产者的角色，并且对直播互联网视频应用产生影响。该服务器的工作是在视频流中的特殊时机点(被称为时间表)插入广告。这样用户接收到的视频是包含了特定的广告内容的视频。

让我们通过一个例子了解这一技术是如何工作的。一个如CNN这样的国家级广播公司会为其全天的节目进行安排以配合广告插入。一些时间点会被卖给全国广告主并通过CNN向全国用户进行广播;另一些时间点会被提供给本地供应商,由它们向本地广告主出售。在这些时间点中,CNN会通过语音提示或特殊数字代码标示出哪些是提供给本地广告的。广告服务器可以理解这些指示,并用当地服务器中存储的广告视频文件对这些时间点内容进行替换。这样,凡是通过本地供应商来收看CNN的每个用户将会看到经由CNN传送的本地广告。正是因为时间表掌握在CNN手中,所以它才能确保本地广告不会出现在高利润的全国广告出现的位置,而是出现在不能为CNN带来直接收益的位置上,如两个节目间的广告时段。

在互联网视频中,广告一般通过两种方式传送。一种通过在引导用户选择视频播放或下载的网站上的横幅广告或视频短片进行传播;另一种是通过视频点广告(video spot advertisement),在所需视频播放前或播放中进行传播。

从商业的角度看,对视频传送系统经营者而言,本地广告是一块巨大的利润蛋糕。无线电视、有线电视和卫星广播业者都在使用这一技术,并且IPTV和互联网视频经营者也能从中盈利。这部分利润可以用作节目规划和传送系统(如IPTV网络或互联网视频服务商)支出的补偿。无论是全国广告主还是地方广告主都通过本地广告达成各自目的。比如,对一个本地汽车交易商而言,去做全国广告是毫无意义的。全国广告主也会有向特定区域受众投放广告的需求,比如一家饮料公司可以将他们的广告和本地运动队相结合。

第四节　直播服务器

直播服务器被用于支撑整个互联网中的广播。它的重要性在于每个被传送的视频流都必须是含有特殊包地址的流,进而完成向用户设备的传送——互联网本身并没有拷贝视频流并向多个用户传送的机制(比如多点传送)。另一种对直播服务器的描述是,它是一种单点广播复制服务器,因为它的基本工作是取得一个单点传送流并进行多次拷贝,再将拷贝传送给多个用户。

单点广播是互联网上包传送的标准模式。在这种模式中,每个包都有单一的源地址。如果一个源想要对多个终端进行数据包传送,它必须为每个终端创建一个独一无二的包。这对处理能力提出了考验,因为每个包都必须有一个格式正确的数据头、一个终端IP地址、一个正确的标志集,以及一个经过准确计算的报头检验。一旦包被创建,它就要完整地经由互联网直接从源传送到终端。

直播服务器只需要很小的储存空间,因为直播服务器上的内容都是实时流动的。但是它需要很强的处理能力,因为它需要接收进入的流,为每个用户制作拷贝,对连续的流创建针对每个用户的正确 IP 数据包并保证没有延时或只有轻微延时。此外,当用户开始收看视频或退出观看(关掉或切换)时,直播服务器必须有能力处理用户数量增加或减少带来的数据更新。有时候,视频服务器还需要按要求捕获数据以生成付费内容清单,虽然这一工作一般是管理用户观看视频的入口网站的职能。

和其他类型的服务器不同,直播服务器并不需要每个使用其功能的公司单独进行购买,而是在一家公司希望获得一个直播事件时,服务机构会有偿提供给其处理功率和互联网带宽。这些服务机构通常被称为内容分发网络(CDNs),它们也拥有一般网站的内容并向网民传送。

第五节　加密和版权管理

购买并构建一个大型服务器系统是一件极具挑战的事。然而,获得足以填满服务器的内容的授权更是一件艰巨的任务。通常,在有令人满意的保障安排之前,内容所有者是拒绝让他们的节目进入一个服务器中的。获得这些授权常需要直接与内容所有者商洽,并可能还需要获得 DRM 系统的证明。

很多 DRM 系统供应商通过在其系统中采取必要的步骤来满足大型内容拥有者(如好莱坞电影工厂)的安全需求。最低要求是,一个 DRM 系统必须能够确保在用户提供正确密钥前其所提供的内容是无法使用(观看或拷贝)的,这一部分的内容在第七章已做过讨论。

DRM 不仅对于 VOD 传送网络重要,对 VOD 服务器上的内容存储自身也很重要。它能够阻止未获授权的内容被使用,这种未获授权的内容被使用可能出现于外部侵入者接入服务器中或内部用户对内容的侵占上。内容所有者坚定地在存储和传送这两个方面保护他们的财产。

VOD 供应商对他们的系统采取了若干的步骤以进行内容保护。此外,DRM 中标准加密技术的使用让部分提供商发展出了所有权文件系统,并将其与其他常态服务器操作系统分离。这有助于防止来自储存内容的黑客或病毒。另一种安全技术是将内容分割成不同的小文件,再将这些小文件分别存储到不同的硬盘中。这样即便有一个硬盘被黑,其中存储的内容也是无法使用的,因为它只是一个完整内容的一部分。这一系统还可以提供额外的稳定性,因为在这一系统中错误校正数据可以随着文件被储存,这样所有文件都能够在发生传送错误时重新续传。

第六节　现实检验

在本章的现实检验中，我们将讨论三种不同的服务器的执行。前两个例子讨论了如何通过服务器的使用盈利，第三个例子讨论了改变视频内容的物理存储位置的方法。

一、向广告主出售VOD服务器上的空间

多数的VOD服务器都有一定的拓展空间。当扩展空间被使用后，除了系统生命周期，服务器空间基本空了出来。一些聪明的系统管理者想出了利用这些资产的办法：把空间卖给广告主。

在这种情况下，广告不再是常规的30秒或60秒，而是专门制作给小部分用户的长广告，这些用户或许想得到更多的有关特定商品或服务的信息。比如，一家地板生产商可能赞助一部介绍性的视频，这样可以向它的消费者展示其产品是多么容易安装和维护；一家汽车制造商则可能主导一档节目来显示产品的特色；一家高尔夫设备制造商则可以赞助一个高尔夫教学视频；而某个岛的旅游观光局则可以在一档旅行视频中介绍当地的自然风光。太多的可能被提供给广告主。

要通过这种方式实现系统管理者和广告主之间的双赢，有一些条件需要被考虑到。第一，要让观众搜索相关内容并可以被指引到内容上。这不仅涉及在互动节目指南中的列表使用，还涉及在更多的热门网页插入相关内容信息或初始画面。第二，系统管理者需要提高编辑管理的能力以保证赞助商的内容不会与对用户没有价值的大量硬性推销广告夹杂在一起。系统管理者还需要搜集观看数据以了解何种类型的内容更受欢迎，从而能够向广告主提供反馈，帮助广告主提升业绩。

二、VOD内容附属广告

正如早前讨论的，并不是所有的VOD内容都需要用户在每次交易时付费。在第三章中我们就讨论到不同的付费模式可以被用于点播内容。决定一个由广告支持的VOD系统是件很有趣的事。

需要做出的基本决策之一是广告在何时出现。很多观众已经习惯于前置式广告，即一些短广告会在点播内容开始前播放。当然，这种方式最常见的是在电影院里（预告新片、提醒禁止吸烟、大厅小吃吧介绍等都是常见的内容）。前置式广告也常见于网站，并出现在部分出售的DVD和VHS录像带中。降低观众反感

的方式是保证这些广告简洁且总耗时短。

一个比较有争议的广告形式是在播放内容中插播广告。这样的广告自然无法吸引部分观众。但是,如果服务提供商能够清楚地告诉观众这些插播的广告是用于支付内容的购买,则观众可能会更容易接受一些。

而在广告和 VOD 内容之间,更大的争议是,是否允许跳过广告。跳过广告是指观众决定通过快进跳过广告。绝大多数直播视频记录设备(如 DVRs)都允许观众通过快进跳过广告。

而关于 VOD 服务中广告盈利化的争论的两造可以做如下的归类:①如果不允许跳过广告,那么不想看广告的观众将会减少观看视频。反过来说就是,观众变少意味着依靠观众而获取的利润(如订阅费用)在下降。②如果允许跳过广告,那么广告主就会相应地减少广告费支出,因为它们的广告被看到的概率在降低。而服务提供商会发现提供 VOD 内容服务费是必要的选择。

当然,我们不需要做出极端选择——服务提供商可以自行决定不同类型节目所对应的广告数量。它们也可以尝试所有的内容都带有广告,但都允许跳过广告或都不允许跳过广告,其风险是用户可能被弄得一头雾水。

三、推播(Push VOD),集中式服务器的另一选择

推播通过使用位于用户机顶盒内的硬盘对内容进行本地存储,从而实现按需播放。它已经被用于在不具备互动功能的网络中进行视频点播,就像卫星网络没有宽带去为每一个用户创建单独的视频信号一样。

SonicBlue 公司的法律之殇

今天,观众已经习惯于通过使用 DVR 设备略过或跳过广告。但早先这项技术被包含在 SonicBlue 公司所出售的回放电视中,其结果是以大量主要媒体公司对 SonicBlue 的诉讼告终。而 SonicBlue 在诉讼判决前的 2003 年就宣告破产,这使美国并没有明确的法规对这一技术进行管理。然而,TiVo 以及其他 DVR 设备和广告跳过技术依然继续在发展,而内容供应商则通过不断地提供更具有创意的广告、特色交互以及产品置入等方式来努力地留住观众的眼睛。服务器和存储器在新兴的广播视频传送世界中已然扮演着重要角色,因为新的内容供应商发现网络是最行之有效地渗透并进入具有竞争性的美国及全球节目市场的方法。“广播时代已经结束,内容也不再为王……分配为王,”MMAX 公司体育频道行政官 Chuck Vaughn 说道,“或许这只是暂时的情况,但是碎片化已经改变了一切,这是整个好莱坞焦躁之所在。”

在一个 IPTV 系统中会基于以下几个原因而使用到推播:第一,通过将视频文件在用户本地机顶盒进行存储,用户在观看 VOD 节目时所需的网络负担将会

减轻，在集中式 VOD 服务器上的缓冲也会减轻。第二，当用户的连接失败时，本地的存储内容能够被用于播放或对故障进行排除。第三，本地存储可以提供高质量的互动节目和娱乐（如游戏），这是集中式服务器自身很难或无法提供的。

当然，若干因素应该在使用推播之前被考虑：第一，推播内容是存在于用户家中的硬件设备中的，这需要 DRM 技术的强大支持。第二，需要有复杂精密的控制系统对传送到每个机顶盒的内容进行管理并对享受服务的用户进行收费。制造商需要向服务提供商提供这两种功能。伴随着硬盘存储空间越来越大，可存储的内容也越来越多。

在机顶盒中安装已分区的硬盘对用户和服务提供商都有好处。因为服务提供商可以在其中一个分区推送 12～24 部热门影片用于视频点播。而其他的分区则提供给用户使用，用户可以通过这些分区对自己感兴趣的节目进行数字视频记录（DVR）。这种对硬盘的混合使用让系统管理者可以有两种方式来支付机顶盒中的硬盘购买以及维护的费用——通过出售推送视频点播内容和增加含 DVR 功能的用户机顶盒的租赁费。机顶盒制造商也因市场需要开发出有较大存储空间的机顶盒，并在机顶盒操作软件中支持分区。

第七节　总结

本章我们对服务器的种类进行了广泛的讨论，并对三种常用于 IPTV 和互联网视频的服务器进行了检验。VOD 服务器可大可小，可以是集中式的也可以是分布式的，但无论如何对它们的评估来自其所能支持的同步流的数量。广告服务器一般不会很大，也不需要很强的处理能力，但是它们必须有能力监视多个直播网络信号以准确插入广告，并保存好记录。直播服务器一般不需要存储空间，但对同时处理和同步流数量有要求。表 8-1 归纳了不同类型服务器的相似点和不同点。

表 8-1 不同类型服务器的关键属性

服务器类型	容量	速度	价格	关键属性
视频点播服务器（VOD）	多种	快	中等偏下	宽带——同步流的数量
归档服务器（archive）	尽可能大	不重要	最低（以每个字节为单位）	高容量低价格
播出服务器（playout）	小	慢	高	可靠性/冗余要素

续表

服务器类型	容量	速度	价格	关键属性
广告服务器(advertising)	小	能够同步控制多个信道	适中	软件易操作,能出色地记录保存
直播服务器(live streaming)	非常小	快	适中	宽带——同步流的数量
采集服务器(ingest)	小	慢	适中	视频输入灵活,能很好地应对元数据工作流程

第九章

带宽的重要性

从最开始的音乐,到之后的电视秀,再到现在的电影,我们不断在前进!

——史蒂夫·乔布斯

随着越来越多的媒体内容从无线传输向在线网络传输转移,无论是 IPTV 还是互联网视频服务都越来越依赖于充足的带宽。没有带宽的保障,互联网视频文件只能以极低的速度下载,而视频流将无法观看。如果没有充足的带宽携带信号,IPTV 将无法运作。所以,确保足够的网络流量对相关运营和服务品质都至关重要。

就在几年前,怀疑论者还坚持认为,现代化的宽带无法满足进入带宽饥渴期(bandwidth-hungry)的电视频道。其一直以来的论述之一是,在与有线电视的竞争中,电信经营者面临着如何在其提供的 DSL 基础设备上保证足够的带宽的问题。但现在一切都不同了,IPTV 比有线电视更酷炫。现在 AT&T 可以传送他们自己的热门 U-verse 服务。

在第四章中我们就提到,U-verse 在 2008 年经历了高速增长并获得了超过 100 万的订阅用户,而这一成绩的取得是在 AT&T 这家公司宣布进入电视领域的四年之后。2006 年,公司向全美发布了 U-verse,现在更是通过全球最大的零售商沃尔玛向用户提供 IPTV 服务。

对 AT&T 而言,它的目标是向用户提供比有线电视更好的收视体验。公司发言人 Destiny Varghese 讲道,计算机或移动电话所提供的 U-verse DVR 节目不仅可以媲美有线电视所提供的标清和高清内容,而且将在互动性上超越有线电视。通过在用户登录网站上的喜好设置,U-verse 可以提供定制的天气预报、体育赛事和股票信息。“无线设备、个人计算机和移动电话融为一体只不过是我们所触及的 IP 所带来的种种改变中的表层。”Varghese 说道。①

① Interview with Howard Greenfield, October 2008.

专家解读

Greenfield:分析公司福雷斯特(Forrester)的一项研究表明,未来电信提供商、有线电视及卫星服务提供商都将面临严峻的带宽困境。你怎么看?

Mark Cuban:是的。对所有的电视网来说,带宽的确严重不足;未来,有些电视网将破产,有些将在标清领域坚持,还有一些将进入高清领域。

每一种IP视频解决方案都依赖于从头端到家庭用户间的充足带宽。就像要点燃火堆需要一定的燃料、热度和氧气一样,体验IPTV需要设备、网络服务以及内容。其中带宽就是支持整个燃烧过程的元素。如果你不懂如何通过提供足够的数据包吞吐量以支持平顺的播放,那么你的服务质量就会下降,用户也将不再买单。传统电视服务已经制定了服务的标准。虽然观众可以接受偶尔的像素丢失或短暂音频失调,但实际上图片阈值缺陷、视频出现块状以及帧停顿,这些错误真的很低级。

通过提供足够的带宽以传送互动IPTV个人指定内容,一个全新的市场被打开,服务品质也不断延伸。宽带密度、高清电视和三网合一服务的提供将快速地涉入这一领域。迄今为止,这些挑战以及基础设施投资费用都还很突出,但很多行业分析报告均指出,这些都只是发展中的插曲。所有决定改进带宽的初步方案都涉及更高比特率的DSL技术、更先进的媒体压缩技术以及新的发展策略,如在用户家附近建立终端机等。我们将在本章后续内容中做更多讨论。

更快速地发展宽带,这不仅有赖于被传送内容的种类,还有赖于预期的服务品质。在20世纪80年代,一个2400 b/s的路由器就可以支撑基础的文本通信。随后网络迅速进入ISDN网时代,它提供了128 Kb/s的速度。但这对于携带特殊的多媒体内容依旧局限很大。今天(原著作者写作的当年)全球DSL的平均速度达到了1.5 Mb/s,还有的速度甚至更快,比如电缆路由就到了6 Mb/s及以上。预计到2012年,全美将有超过3200万家庭拥有10 Mb/s及以上的带宽。[①] 我们即将进入大众高速商业IPTV流量时代。

先进的压缩技术不断在发展基于宽带的视频传送服务。一旦MPEG-2视频广播标准被用于数字电视和DVD,标清信号就需要提高至4~6 Mb/s。然而,新的更有效的编码方式只需要1.5~2.5 Mb/s,并且能以2 Mb/s的速度传送DVD级品质的视频,这些方式有MPEG-4、H.264和VC-1等。此外,现在很多的DSL也可以提供更高的带宽,如ADSL2+和VDSL2都可以提供24~50 Mb/s的带宽。

尽管如此,带宽依旧在不断增加,因为越来越多的网络服务被提供给了订阅用户。下一部分我们将对DSL的形式及性能进行检验。

---

① "U.S. Broadband Update",Parks Associates,2008.

第一节 数字用户线路(DSL)技术

伴随着全球范围内超过10亿电话线的使用,基于双绞线的DSL设备被广泛使用。2008年,全球订阅宽带的用户数约3.5亿,其中66%是基于DSL的——预计到2011年,年复合增长率将达到13%。[①] 作为一种现有的技术,对电信商和其他服务提供商而言,DSL是一种进入新市场进行宽带传送和视频服务的高性价比技术,因为它不需要铺设新的电缆及进行设备重设。同样,因为高速数据DSL电话线具有普及性和盛行度,很多消费者也意识到自己可以负担通过DSL服务接入互联网的费用。且很多服务提供商现在也基本通过DSL服务提供视频内容。

要想理解DSL的结构,对通过DSL进行数据和视频传递的主要部分进行了解是一种有效的途径。所有的DSL系统都是速度与距离妥协的产物:距离越长意味着比特率越低,因为伴随着电缆长度的增加,电缆上的丢失也会越严重。虽然随着技术的进步,这一限制正逐步得到缓解,但是网络设计者仍然需要相应的规划并基于这些约束形成共识。

以下是DSL网络的关键部件(见图9-1):

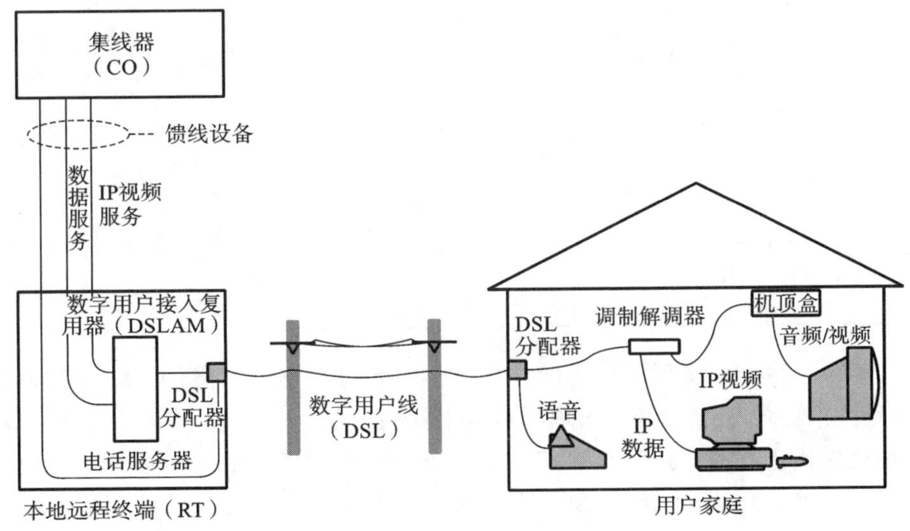

图9-1 DSL系统示意图

① http://www.researchandmarkets.com/reports/598386/2008_global_broadband_market_demand_for_faster.

(1) 集线器或中心机构(中心局,CO),这是信号源。

(2) 远程终端(RT)被安置在供应商中心局和消费者之间的位置。

(3) 馈线设备被用于基于线缆的声音、视频和数据信号穿过不同的传送设备。

(4) DSLAM 用于连接家庭服务,它可以提供 DSL 信号,并通过线路(或本地环路)传送到每个家庭。

其中至关重要的是 DSLAM,我们会在稍后对它进行更多的讨论。每个 DSL 用户都必须安装一个 DSL 调制解调器以从 DSLAM 中接收 DSL 信号,并将其转换成适合用户设备,如计算机、数据路由器和电视机等的信号。这个调制解调器还可以从用户端获得数据信号并将信号回传给服务提供商。每一种 DSL 服务类型都有各自的优点和缺点,如表 9-1 所示。

表 9-1　服务于宽带和 IPTV 的 DSL 服务类型选项

	带　宽	优　点	缺　点
G. lite	下行 1.5 Mb/s 以上,上行 512 Kb/s 以上	提供更广的延展,分流器不需要要求 ADSL 回路分离语音和数字信号	对视频而言不够快
ADSL	下行 8 Mb/s 以上,上行 1 Mb/s 以上	技术成熟	只能控制一些标清频道和差不多一个高清频道,分离器要求语音和数字信号分离
VDSL	下行 50 Mb/s 以上,上行 12 Mb/s 以上	短距中能提供较好的带宽	最大传输距离过短(约 1000 英尺)
ADSL2+	下行 24 Mb/s 以上;上行 1 Mb/s 以上	能更平滑地传输,当传输距离变远时其性能逐渐降低	并不能在所有已存铜缆中使用

在 DSL 回路中,实际能达到的比特率会多少有些不同,并受到多个因素的影响,如用户回路的长度和线上出现噪声或干扰的数量。

加之使用现有线路进入很多家庭和商业机构以用于电话服务,DSL 回路具备了另一个好处,即 DSL 线路出现故障时整个回路不会全部停止工作;如果一个用户家庭断电或 DSL 设备不工作了,常规的电话服务依然可以被使用。在视频使用中,DSL 的一个缺陷在于,只有少数广播级的信号可以被下送到 DSL 线上。同时分离的流被用于每台电视或其他视频接收设备(VCR、数字录像机等),且每个设备都必须安装机顶盒。

我们已经对 DSL 技术是如何工作有了基本了解。接下来,我们将对 IPTV 系统是如何在先进的 ADSL 和 VDSL 回路中工作进行讲解，从而对家庭传输和地区性渗透的动态有所了解。

一、VDSL 和 ADSL 的更多信息

说到带宽，我们就会联想到各种不同距离、不同标准并采用不同速率的宽带。现在很多公司在部署 IPTV 时都采用了 VDSL 和 ADSL2＋，并在全球推广。在德国，Deutsche Telekom 公司自 1999 年以来对自己所拥有的 DSL 技术投资了 100 亿欧元，开放了 VDSL 批发服务以响应德国政府提出的到 2014 年全德 75％的家庭使用 50 Mb/s 宽带的目标。[①] 同样，尽管要达到爱立信公司声称的基于铜缆的 500 Mb/s VDSL2 还需要持续的进步，但在俄罗斯，CenterTelecom 公司已经在莫斯科大都市(区)提供基于 ADSL 的 IPTV 服务[②]。

和这些先进的技术相比，前代的 DSL 技术，如 ADSL(asymmetric digital subscriber line，非对称数字用户线路)提供的带宽就很有限了，而且对从用户回传给提供商的链接也有限制(因其非对称性)。在 H.264 压缩技术下，ADSL 只够支持一个标清音视频流进行有延迟的互联网接入。

为了保证合理的速度并能够接入其他服务(如互联网接入)，在一个 ADSL 回路中往往只有一个视频信号，最多两个视频信号。而 ADSL2＋在 IPTV 更流行的原因之一就在于，ADSL2＋的下行速度是 ADSL 的两倍。而且，ADSL2＋理论上支持 24 Mb/s 的流量，并支持端连接，这又在 DSLAM 可支持环境下提供了两倍的带宽。当然，其性能有赖于与家庭进行交换的距离。随着距离变长，ADSL2＋可以比 ADSL 提供更顺滑的性能，但缺陷是在通过所有已存铜线和路由器设备时可能会出现不协调。

VDSL(甚高速数字用户线路)技术支持每个用户线路上更高的带宽。因此更多的视频通信可以被传送到 VDSL 用户处，一般情况下，VDSL 可以保证同时完成 3～4 个视频。VDSL 的速度也允许高清视频信号进行传送。但 VDSL 的缺陷之一是可使用距离比 ADSL 短，所以 VDSL 用户需要更接近于服务提供商的设备(这也是 VDSL 在欧洲和亚洲被更多地使用到的原因，因为这两个地方人口密度更高)。正因为 DSL 所提供服务的速度受到不同距离的影响，所以对多种数据速率进行规划是极为重要的(见图 9-2)。

通过 DSL 接收 IPTV 信号的每台电视机都需要一个机顶盒以对输入的视频进行解码。部分机顶盒可以在家庭中充当家庭网关并提供与其他声音和数字设

---

① http://wwwfiercetelecom.com/story/dt-opens-vdsl-network/2009-03-02.

② http://www.iptv-news.com/iptv_news/march_09/russias_entertelecom_to-launch_iptv_in_q2.

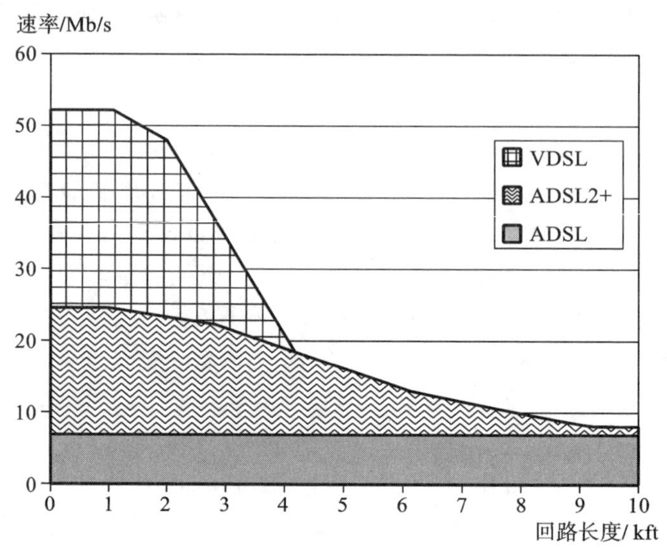

图 9-2　ADSL、ADSL2+和 VDSL 速率与距离对比

备的连接。

用户在 DSL IPTV 系统中进行频道更换时,命令必须回传给服务提供商以指示其向用户传送新的视频流。在本章后面我们将看到有关家庭网关和频道更换延时的相关信息。

二、DSL 的部署:已服务家庭数(homes served,HB),可服务家庭数(homes passed,HP)

计算 IPTV 和 DSL 的投资回报率是一项越来越复杂的事。其中涉及很多的成本,包括网络基础建设费用、管理费用和维护费用、版权和版税费用以及对消费者市场的投入。可服务家庭数(HP)是指潜在订阅用户的数量,即硬件环境都已具备,只要他们选择订阅服务就可以享受该服务。搭建拥有更多可服务家庭数的网络是向社区提供完整服务的首要投资。

在传统的空中传送(OTA)和卫星广播中,可服务家庭数与已服务家庭数比例并不是个大问题,因为它们对某地的广播是通过广播台和卫星传送设备完成的:将一个信号向所有人传送。然而,在 IPTV 里对本地区的全覆盖需要更多的规划和措施,以便使线路通过每个家庭,并以最佳的服务速率连入每个家庭。HS 到 HP 的渗透率就据此来进行计算。取得足够投资回报率的第一原则是在早期部署中渗透率要达到 20%。

多数有关 IPTV 系统的商业数据都是机密,所以我们并没有足够的公共资讯以判断哪种策略是可行的,哪种策略是需要调整的。我们坚信的是并不存在所谓的灵丹妙药，去创建一个测量系统是必需的。在你拥有用户之前，系统不需要进行额外的支出。然而在IPTV中，供应商必须持续地进行网络建设并准备提供基于风险和奖励的全覆盖服务。

第二节　数字用户线路接入复用器(DSLAM)

DSLAM是提供IP视频传送服务的主要部件之一，支持IP电话或个人计算机设备与互联网的连接。DSLAM提供了多个DSL和网络主干宽带间的高速数据中转。

在DSLAM中数据布线和传送发挥了至关重要的作用。如果我们回顾全球通信的传承就会发现，老式普通电话服务(POTS)带来了电话通信和电信服务的用户。POTS系统从未被设计用于运行数据业务，并且也基本提供不了有保障的数据传送率。

POTS在现代的对应物是IP交换服务，它提供了可靠的数据流并支持音视频信号的转换。在IP交换机中，每个数字视频或音频信号都被转换成IP包流并被传送到当地网络中，在这些网络中通过标准IP网络设备完成实际的转换。这一方法的好处在于，多种不同类型的信号都可以通过IP进行传送，如视频、音频、声音和其他类型的信号。同样，当接入一个网络且其支持IP流时，IP交换是其统一的网络管理方式，这增加了简易性和灵活性。

位置、位置、位置……正如你之前听到的，位置很重要。要促使传输速度更快并进行有效的数据传输——如提供给电话、视频或网络内容——DSLAM必须存在于正确的物理位置上并与网络保持正确的距离。然而，对DSLAM布置策略以及与服务器和网络无缝操作的程度导致新建成IP基础设施将要面临另一个挑战，那就是频道转换的表现，我们稍后会讨论到。

第三节　家庭网关

一个DSL家庭网关向家庭中多个设备提供了数据连接服务。它通过高速DSL路由和通信端口使网络设备连接到互联网中。这给用户带来了很多的好处，比如在IPTV内容上、计算机下载、媒体的连接度上，以及虚拟专用网络和安全特性上。

一、点播,网络冲击下的特征

在《连线》杂志中,电视被描述为"快进,点播,网络冲击下的未来",你或许会说这一应许之地是一个单一的、无缝连接的内容世界。但它所意味的是过去各自为政的视频、音乐、网页、电影、互联网搜索、电话通信以及游戏如今成为一个整体。这还意味着不管是网络、电视还是移动电话,不管是电视黄金时段还是业余用户生产内容的频道,你的家庭成了这一切发生的交汇点。

家庭网关支持 DSL 并提供延展功能,它是一个聚合设备。它所引发的客厅战争,形成了一个成长中的市场,这个市场通过分享宽带内容和结合 IP 广播,向服务提供商提供了新的商业机遇:大量新的娱乐节目和信息服务带来了可能的业绩成长。

二、电缆:同轴电缆(Coax)和六类线(CAT6)

它可以被称为中央管道系统,用以连接室内媒体娱乐中心的各种内部电缆和无线技术,比如同轴电缆和六类线。

通常家庭网关会被长久地安装在每个家庭的中心位置。经过这个网关的 IP 数据被按照各种线路发送到家庭中的机顶盒。在很多系统中,网关还被用于连接用户的电话和个人计算机。

由于可以被用于支持以太网等计算机网络,同轴电缆被有线电视行业用于家庭服务。它可以携带更多的数据和一个更清楚的信号,因此,在床柜电话线之外加设一根同轴电缆被认为是值得的。

由铜线对组成的 CAT6(Category6)是有着更高性能——同样价格更高的——电缆,可用于支持比特率在 1000 Mb/s 以上、最大距离为 90 米的千兆以太网(GigE)。考虑到家庭中过量的现行数据流,很多专家坚持认为 CAT6 是未来长途运输的正确选择。

三、家庭电话线网络联盟(HPNA)

家庭电话线网络联盟是一个行业组织,由 AT&T、HP、IBM、Intel 等技术商构成,其目的是探索建立家庭网络标准的方法,以引领电信和 IT 数据之间、设备提供商和服务提供商之间的创新和交流。HPNA 的目标是,"发展三网融合家庭网络解决方案以在现有同轴电缆和电话线中进行娱乐数据的分配"。

它们的 3.0 技术规格规定,可用设备的使命是在网络"本地速率基础上实现同步沟通",而不会降低品质。它们的目标是"在不影响标准电话服务的基础上",对"宽带娱乐、声音、数据文件、周边设备以及互联网分享设备在家庭的吞吐率"进行优化”。[①] 这一目标在各种促进倡议中有经典阐述，比如国际电信联盟(ITU)的all-wire G. hn 1 Gb/s 家庭网络标准。[②] 其他促进跨装置兼容和连接的重要组织包括非政府组织宽带论坛、数字娱乐内容生态联盟，以及开放性网络电视标准论坛。

四、家庭网络成长

伴随着全球家庭数从 2008 年的 1.72 亿增长到 2013 年的近 2.8 亿，家庭网络也被预计会高速增长。[③] 其动量指标由家庭网络的优势所构成，如互联网分享、打印机接入和家庭娱乐的空间分布，以及家庭设备控制、安全性和远程办公等。而且，这还仅仅只是开始，我们所连接的不只是客厅、工作室和卧室，我们还要连接杂物室、厨房和其他地方。

第四节　多台电视机

Entone Technologies 公司 CEO Steve McKay 说：“这被我称为 IPTV 不可告人的秘密。今天我们面临的巨大问题在于一个信号只被接入一台电视，但是如果你家有四五台电视呢？”[④]在如地面电视、有线电视和卫星电视等普通电视广播方案中，为家庭购置额外的电视时并没有其他的开销或影响(除了有可能在部分机顶盒内容中存在影响)。

而在 IPTV 中不是如此。每个 IPTV 的终端设备都有各自的带宽分配，为每一个 IP 包的传送付出附加的代价。因此，在卧室、书房或厨房接入新的电视机意味着需要更高的带宽，这对 IPTV 系统进行优质的多点广播产生影响。但是用户希望得到的是方便，所以现在诸如 AT&T 的 U-verse IPTV 等系统，已从过去只允许用户通过单一 DVR 设备记录节目到现在开始允许用户通过家庭中各种已连接的电视播放设备记录节目。

---

① From Home Networking MR-002. http://www. broadband-forum. org/marketing/download/mktgdocs/ABCs_home_networking_final. pdf.

② http://www. homepna. org/imwp/idms/popups/pop _ dowload. asp? contentID = 15414.

③ Home Networks for Consumer Electronics, Parks Associates, 2008.

④ From Light Reading. www. lightreading. com/document. asp? doc _ id573558& site5lightreading.

第五节　如何计算带宽

今天,很多计算带宽的方法必须考虑到当前对 IPTV 部署产生影响的技术,如 MPEG-4、H.264 等。当 IPTV 服务提供商决定使用新的 DSL 网络带宽时会受到两个不同诱因的影响。

第一个因素是,尽可能多地提供不同类型的服务,借此给订阅用户更多的选择。当然每当在 DSL 环路中多增加一种服务都会占用环路一定的空间,带宽的使用也将随之增加。

第二个因素是,使每个 DSLAM 服务的订阅用户人数最大化。因为存在着速度和距离的妥协,更高的数据比特率意味着只能在更小的范围内进行传送,可涵盖的家庭数也就随之减少。这将导致使用宽带数的降低。

视频信号是 IPTV 系统中对宽带使用最大的信号,因此,对带宽的计算一定要考虑到 IPTV 系统中的音视频流。以下是一个视频压缩设备提供商做的关于一个带有两个音频通道和一些关联数据的标准电视馈送的带宽计算。

带宽计算案例

计算一个 MPEG 流消耗的带宽是非常重要的,在某种程度上也是困难的。让我们来看一下一个 H.264 产品(hai200 TASMAN 视频编码器)制造商(haivision systems of montreal)是如何做的。

和绝大多数设备一样,hai200 给予用户控制原始 MPEG 流率的权力。在这款设备中,视频比特率可以被设定在 150 Kb/s 到 2 Mb/s。用户还可以在 64 Kb/s 到 256 Kb/s 设置音频流率。为了举例方便,我们假定其使用的视频带宽为 2 Mb/s,音频带宽为 128 Kb/s。

因为我们要将这些原始流传送到网络中去,所以我们要做的第一件事是将原始的 MPEG 流转换成为传送流(TS)。分级的 TS 包不被允许,所以每个视频帧都将占据 46 个 TS 包,每个音频帧则需要 2 个 TS 包。对音频而言,这将增加 9.3% 的原始带宽开销,对视频则增加了 3.8%。因此我们的原始音频流现在是 140 Kb/s TS,但视频 TS 现在需要 2.076 Mb/s。我们还要增加 46.5 Kb/s 的流用以提供给节目映射表以及节目时钟基准,这两者用于对 MPEG 流的管理,如图 9-3 所示。

接下来,我们需要计算 IP 和以太网开销。由于 hai200 TASMAN 使用基于 UDP 下的 RTP,我们必须允许一个 12-byte 的 RTP 标头和一个 8-byte 的 UDP 标头。然后我们还需增加一个 20-byte 的 IP 标头和一个 26-byte 的以太网标头。(以太网的帧构造由一个 7-byte 的前导位、一个 1-byte 的定界符、一个 6-byte 目标

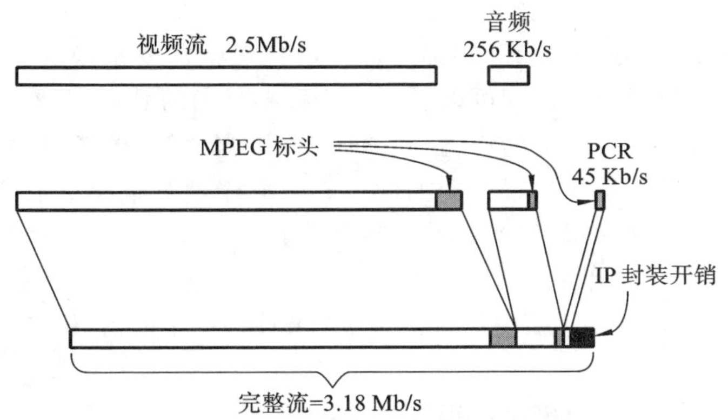

图 9-3　MPEG 流带宽计算示意图

地址、一个 6-byte 的源地址、一个 2-byte 的类型识别符以及一个 4-byte 的帧校对序列构成。)

这使所有的标头总计为 66 字节。在每个以太网帧中,我们随时能够容纳 2～7 个 TS 包。为了举例方便,我们假定每个以太网帧为 7 个 TS 包(或 1316 个字节),这让我们得到了标头的最高速率。1316 个字节内容需要 66 个字节的标头,这需要使用近 5%的开销,所以我们的总带宽有 2.376 Mb/s。计算可知,11.6%的开销加在了原始流(2 Mb/s＋128 Kb/s)上。换算成包,即每秒大约传送 215 个包。

这个例子清楚地表明了将一个 IPTV 系统看待成一个由各部分密切协调的总体的重要性。视频带宽的决定将影响到网络带宽的决定,进而影响到网络的物理覆盖以及 DSLAM 的分布位置。所有这些因素都将影响到 IPTV 系统的商业模式,所有这些因素也都应该在决定使用何种技术时被考虑到。

第六节　频道更换

在 IPTV 网络中,频道更换是很重要的。对这一技术的获得并将其沿用到 IPTV 布置过程上的思考是必要的。正如一个行业网站中所写的:

频道的同步传送是 IPTV 可以保持与有线电视竞争的关键。很显然,多个流需要支持画中画,同时也需要支持 DVR 设备,这样才能保证在用户收看一档节目时,DVR 设备可以记录另一档节目。为了保证 IPTV 可以成为整个家庭的解决方案,它还需要支持足够多的同步频道以保证来自不同房间的电视可以接收到不同的内容。而抖动所导致的带宽问题是影响 IPTV 能否吸引消费者(最难办)的问题之一。[①]

在传统电视中,频道更换是很简单的。电视机只需要更换到另一个频率上,然后通过硬件和显示器播放就可以了。一般只有很少的延迟,且在用户和遥控器之间也不会出现一些技术上的难题——即便用户是频道漫游者(频繁更换频道)。

但在一个IPTV系统中就并非如此了。不同于通过卫星或有线进行传送的流切换,在IPTV系统中,IPTV的编程控制器必须首先遍历一系列的数据流或数字传输点及进程,才可以完成从一个频道到另一个频道的接入。这些节点贯穿了IPTV频道的更换始末,其中包括了机顶盒、DSLAM、路由器、服务器以及源广播馈送等。

下面是对IPTV频道更换过程的基本步骤分解:①用户使用遥控器;②机顶盒理解了用户更换频道的要求;③机顶盒向服务提供商发出IP多点广播连接命令上行流;④当DSLAM接收到这一命令后将判定所需的流是否有效(可使用);⑤如果这个流是有效的,DSLAM将对其进行拷贝并依次对用户进行传送。

IPTV频道更换面对的第二个挑战是,系统必须能够查明用户命令所需要的流是否正处于一个长的且不可接入的播放中。如果是的,则系统将对此做出补偿。

另一种分析IPTV频道更换障碍的方法是,对从机顶盒到播放间的步骤顺序及占用的切换时间进行考虑。在频道更换过程中,主机和本地路由器通过使用群组管理协议(IGMP)进行相互间的通信。机顶盒必须首先传送IGMP命令来指示DSLAM进行流更换(更换频道)并回传给机顶盒。其中每个步骤都要额外消耗10~200 ms的DSL延迟,此外还要加上额外的去抖动和解码缓冲步骤的时间。频道更换所要挑战的是,在这个进程中在每个步骤上争分夺秒,因为用户不希望在进行频道更换时出现延时。

所有这些因素都影响到了频道的接入和播放表现,而电视机自身以及电视节目指南(EPG)通常不是问题的关键。因为实际的障碍更多地发生在服务器、加密和中继处理中。[②] 编码、加密、机顶盒、网络设计都必须协调。其他技术确定性还包括确保一致的声音品质,网络问题的解决(如抖动缓冲)以及和其他数据传送的互融,如三网合一内容等。这些都影响着网络的性能。

在IPTV频道更换中存在很多延迟的问题。本书的定位是一份高层简报,所以书中不会过多涉及这方面的细节。尽管如此,我们还是应该对MPEG流进行一定的解析,这将有助于我们对这一问题进行更深层次的了解。MPEG流上的内容或文件组合成图片组(GOP),长的GOP会对频道更换产生影响。就像在第六章

---

① 源自《IPTV介绍》,2006年3月12日。http://arstechnica.com/guides/other/iptv.ars.

② 《IP视频网络中的延迟管理》,思科系统。

中我们谈到的，在频道更换过程中，GOP的结构会导致IPTV MPEG解码的延时。

在尝试切换到一个新视频流时，系统必须先确定视频正在播的流的位置。在正确的信息（来自一个I帧）被传入系统之前，解码器将无法进行任何工作，因为它不知道应该解析什么图像。

在此之上的一个问题会被延伸出来：如果上千的用户同时观看一项大型体育赛事或流行电视剧，会不会出现瓶颈？换句话说，当每个区的上千台设备都在进行同步通信时，系统是如何能够保持低延迟同时让用户满意的？

IPTV在相当程度上还是新鲜事物。它基于包服务的模式一直处于改善之中。尽管如此，它的性能表现也必须能够配得上或超越黄金时段的标准，因为全世界在那会儿都在观看。在IPTV的创新不断深入的过程中，故障排除是其中的一个亮点。显示性能的检测将持续对制造商追求的TV放送品质造成压力。来自QoS检测制造商的技术，如Ineo Quest的Cricket①、Mirifice的MiriMON、Mariner Partners的xVu等将不断对品质作出报告，直到有一天消费者进行频道更换或与IPTV程序进行互动时不再遇到QoS故障。

第七节　带宽之于三网融合的高清未来

未来IP环境的关键在于带宽。一些产业观察者认为，只有视频带宽变得更商业化——低费用下的普及，IPTV才可能在未来发掘出全部潜力并繁荣发展。正如我们之前讨论的，如果DSL上提供的广播级品质视频的带宽不够的话，其他基于更高标准的深入发展将导致如很多分析者所说的带宽困境。

在其他的发展中，一方面通用三网融合服务的增长对现有的线路提出了更多数据要求。另一方面则是不断增加的用户对HDTV未来的期待和普及。“消费者渴望新的、大的电视机……高清电视已经进入了5000万户家庭，”Forrester Research中写道，“当电信业者在推广基于IP下的电视服务时，高清电视的带宽选择将是一个重要卖点。”②

没有充足的带宽，丢失、抖动和卡帧都意味着在高品质传送中丢失市场，而这个市场的客户在不断增加。要么你的网络可以在视频传送市场中存在，要么消亡，不存在所谓的中间地带。

---

① http://www.ineoquest.com/cricket-family.

② “HDTV与未来贷款紧缩”，Forrester研究报告，2005年2月17日。http://www.forrester.com/pesearch/Document/excerpt/0,7211,35146.html.

尽管从传送端到用户,基于IP的电视节目需要经过一条很长的技术路径,但高速网络来到了。更换频道的回应时间在缩短,且更先进的技术将持续引导更佳的网络性能表现。伴随平滑、有效的EPG界面设计和不断增长的高品质内容的将是用户的热烈反应。

第八节 现实检验

本章的现实检验中,我们将关注基于带宽的两个问题:供给与改变。首先我们要了解什么是无源全光网络(PONs)。PONs是一种新出现的高性能光纤网络技术,可用来正面处理带宽问题。第二则是PONs造成的问题,这牵涉对系统性能的要求,有时还需要通过用户协助完成。传统电视服务并不需要其用户去更换电池组。当这作为新的光纤设备设置的一部分时,又能否被接受?

一、基于光纤的未来

技术更新不会停歇,有竞争力的光纤技术已经跟上了DSL的步伐。光纤通信技术速度更快,带宽更高,功率消耗更低,维护费用更少。最新的PONs已经创造出新的用于对用户的视频传送服务的模式。PONs终端收入在2008年已经达到了5.68亿美元,而PONs制造商收入被预估从2008年到2013年将保持在23%的年复合增长率上。①

本质上说,PONs是一个全光网络,这个网络中没有服务提供商和用户间的构件。之所以它是全光的,是因为从服务提供商到用户间的路径都是由光纤和光学元件构成的。网络之所以是无源的,是因为在服务提供商和用户之间不存在源原件(如电子元件、激光器、光学探测器或光学放大器)。

PONs网络的主要特点之一是,在用户住宅附近使用了分光器,它有助于系统更有效地运作。其常见标准之一是,32个用户可以通过服务提供商提供的一条光纤享受服务;其另一个特点是光纤和分光器被配置用以处理大范围的激光波长。

PONs为商业应用提供了GigE性能保证,且"支持高清晰度预录IPTV的多点同步流——这是未来用户布置的关键"②。

在物理层面,PONs有着几乎无限的带宽潜能——它的速度基本取决于各端设备的速度。因此,基于PONs的网络可以在新兴技术被用于市场后迅速进行速

① http://www.infonetics.com/pr/2009/4q08-PON-FTTH-market-research-highlights.asp.

② Shane Eleniak,PONs提供商Alloptic市场及商业发展副主席。

度升级。这和 DSL 技术有着极大的不同,DSL 技术是报酬递减的。

二、安装和电源问题

无源光纤网络有着超越前代铜质线路的多种功能及优势,但是仍需解决价格问题。PONs 技术的一大劣势在于,它需要服务提供商为每个 PONs 用户建造一条光纤连接。用光纤去替换庞大数量的铜线并向每个用户提供一个光网络终端(ONT),对现有用户的这部分投入对服务商而言是巨大的。同样,每个用户都必须有一个 ONT,而 ONT 所需动力一般通过用户商业用电提供,那么如果要求 ONT 可用于紧急通信,则需要 ONT 在断电时具备自我供电的能力(如电池)。但这对用户而言是一个重大决定,因为电池所带来的流体泄漏风险、火灾以及若干年限后的能量耗尽都会成为 PON 设置的成本考量。

第九节 总结

在这一章中,我们学习了应对不同服务的带宽需要,包括互联网接入、VOIP、标清视频和可能的高清视频,以及有竞争性的三网融合服务。我们讨论了当前各类 DSL 技术及其在性能和吞吐量上的改进,从而确保了端对端视频传送的质量。同样我们还讨论了 DSLAM 和 IP 交换器通过双绞线架构在 POTS 上工作的重要性。

我们还看到了随着电视的发展所带来的争论和延迟问题,以及自身频道更换问题。我们了解了家庭网关和网络是如何促进 DSL 数据流和家庭内部同轴光缆和 CAT6 的,以及 HPNA 和其他组织是如何推动其使用的。最后我们讨论了吞吐量的需求增长将奠定未来数字 IP 视频供应增长的基础,在此之前我们还通过实例展示了如何计算带宽。

第十章

机 顶 盒

导览是未来电视的症结所在，虽然现在还未能逐一为用户解决，但未来一定都能解决。

——Tim Hanlon，Starcom MediaVest 副主席

在所有 IPTV 网络组件中，最常被用户看到的可能就是机顶盒了，它们总是出现在用户的电视机附近（好比放在电视机上以符合它的名称）。这个盒子提供了许多特殊的功能，并对用户的观看体验产生重大影响。它还几乎生产了所有出现在用户显示屏上但不属于视频和音频节目本身的信息。

机顶盒可以被理解为服务提供商提供给每个订阅用户的总投入的重要组成部分，因此，对其功能的正确选择就变得极为重要了。事实上，IPTV 系统的资金成本有 60%被机顶盒吸纳，用于其维护行为和解决机顶盒故障。而机顶盒位于用户家中，所以相较于其他设备更容易出错。

本章将讨论机顶盒的核心功能，包括其内部特征和外部连接。我们也将对用户控制进行简单讨论，还将讨论支持机顶盒上大量应用的中间软件，它们是良好的观看体验的关键所在。本章还将总结影响到机顶盒选择过程的商业和经济问题。

专家解读

它不只是一个提供给个人计算机的软件，也不只是提供给电话的软件，同样也不只是提供给视频游戏的软件，它是提供给用户的……当我在设备上进行移送时，我会先算出选定的可接受我分享的人，然后在我的设备上呈现的内容就会呈现在他们的设备上。如果我愿意，朋友就可以看到我在玩什么游戏，我也可以询问他们是否愿意加入……甚至是在看电视时，对相同观看内容或不同观看内容的聊天也是很容易实现的。

所以说跨设备的方法是非常重要的。实际上，这就是我们所说的线上服务(live servers)。当你有很多的文件和信息通过这个功能进行存储的时候，即便你

使用了别人的设备，一旦这个设备被授权，所有的文件和信息就都会出现在你的面前。这使不同计算机间的移动变得很容易。

在这个领域有太多的议题可以讨论，如关于个人化的议题，关于授权的议题，关于互联网上所有事物移动的问题等。电话向互联网迁移了什么？声音。电视向互联网迁移了什么？互联网电视或IPTV。在这些事情上，人们保持着一种信心，自动还原、安全嵌入以及稳定的系统都被用于云存储上，并且无论是与人的连接还是与设备的连接都是易于实现的，也都是解决复杂方案的简单方法。

——比尔·盖茨，微软主席①

第一节 基本功能

机顶盒的主要工作是接收来自IPTV的信号并将它转换成可被用户的电视机播放的视频信号。此外，机顶盒还为用户提供交互从而帮助用户选择想收看的节目。为了完成这些任务，机顶盒必须包含以下功能：①网络接口，接收IPTV信号和传送用户指令；②视频和音频的输出，这一部分连接了用户的视频显示设备和扬声器系统；③用户接口，在机顶盒的前面板上，通过触屏或遥控器操作。

另外，机顶盒通常还提供以下两种功能：①有条件接入硬件/软件，以支持有价值内容的安全播放；②硬盘，以记录视频节目。

接下来，我们将对每一个功能做更多的阐述。

一、网络接口

机顶盒上的网络接口通常是双向以太网接口，它可以使IP通信在机顶盒中流入流出。流经的IP包包含已编码的视频信息、用户指令、设备状态信息和其他有用信息等数据。通常这些流是不对称的，大量的数据会进入机顶盒，而从机顶盒中回流出的包则非常少。

一般来说，机顶盒的接口不直接连接DSL或其他类型的环路，而是通过家庭网关去获取DSL数据并将其转换。虽然这看上去有些浪费，但却提供了很多的好处。这样将不再需要各种版本的机顶盒以支持各种不同的DSL或其他数据线路——按照同一个以太网接口为标准，所有的机顶盒的连接将会相同。同样，基于安全性和可靠性的考量，由家庭网关与DSL或其他线路持久相连，从而避免用户的设备被不断移动。

① 比尔·盖茨在2006年国际消费电子产品展上的演讲内容。

若干种新类型的网络接口被考虑使用在机顶盒上。其中无线连接有着相当的吸引力,因为它可以消除网络连接线路带来的麻烦;然而,基于 Wi-Fi 技术下的无线连接无法达到可靠的 IPTV 操作要求。其他技术,如超宽带(Ultra-Wideband,UWB)技术则在这一点上提供了保障,但仍需在大面积推广前进行改进。在美国和加拿大,有五分之四的大型电话公司正在使用家庭电话线网络联盟(HPNA)技术连接。① HPNA 依旧使用已有的家庭电话线路,只是数据速度更快(100 兆位及以上)。它的好处是不需要在家庭内增设额外的线路,但是需要增设其他相关设备以接入 HPNA。另外一种改变是电力线网络,这一技术可用于家庭周边的视频传送。

二、视频和音频的输出

家庭影院系统越来越流行、越来越繁杂,这导致对机顶盒内的空间需求不断地快速增长。并且为了能够提供各种格式的清晰、无噪声的信号,除非构建恰当,否则这些连接只能是内容安全链上的薄弱环节。一系列流行的接口选择在图10-1中得到展示。

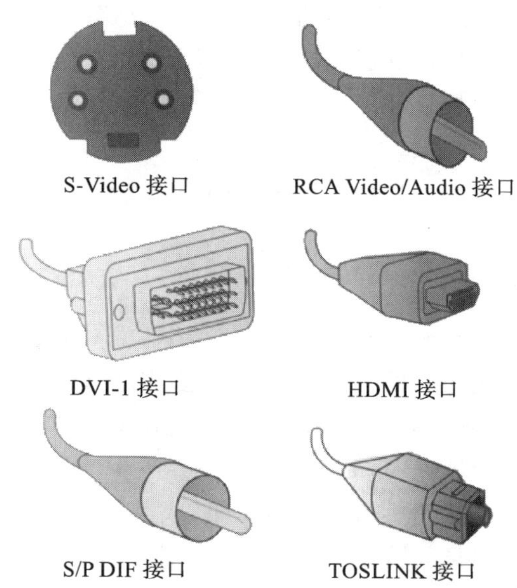

图 10-1　机顶盒音频、视频输出常用接口类型

① http://www.fiercetelecom.com/story/current-state-home-networkin-technology/2009-04-06.

1. 模拟 RCA 插孔

这是一组混合标清电视屏幕中所有动态、全色画面所需信息的视频信号。这组信号一般通过单一同轴电缆在设备间进行传送，如 DVR 与电视机间。标准 RCA 插口是滑配式连接器，通常由三个连接器组成——提供视频信号的黄色连接器，右声道音频的红色连接器以及左声道音频的白色连接器。

2. S-视频(S-Video，超视频)

S-Video 信号是与混合视频信号近似的信号，只是有一点不同。在 S-Video 中，图片的亮度和颜色信息由不同的线缆携带。这是 S-Video 信号有四个针的原因：一对用于色度信号，另一对用于亮度(外加一个外护罩)。S-Video 特别为 IPTV 数字机顶盒提供了传送更高品质标清图像的功能，而不需要在机顶盒输出时进行亮度信息和色度信息的混合，并能在信号播放时对这两种信号进行分离。

3. 分量视频

分量模拟视频有着比混合信号和 S-Video 信号更多的优势。在分量视频中，不同颜色信号被不同的导线携带，因而对信号的处理最小化了。YUV 或 UPbPr (还被称为 Y R-Y B-Y)组成的视频信号使用三个不同的信号路径：一个用于亮度信号(Y)，另外两个分别用于不同的颜色信号(U 和 V 或是 Pb 和 Pr)。分量视频能够同时支持高清和标清设备。

分量视频

YUV 中的 Y 信号中有来自三种颜色通道(红、绿、蓝)的信息并被用来构成其他颜色。另两种不同颜色的信号(比 Y 信号)对带宽的要求更少，这可以有效降低在数字视频信号中的信号带宽需求。RGB 是另一种分量视频标准，使用一根导线来传送三种主要视频分量信号：红、绿、蓝。每个信号都带有全解析额度的图像，并含有每个像素的信息。很多用户的视频设备，如 DVD 机、投影仪、LCD 和等离子显示器等，都是用 YUV 插口。

4. 数字视频接口

数字视频接口(DVI)连接器可以被用来携带数字或模拟信号以及音频信号。DVI 连接器可以在很多的计算机显示屏和视频图像卡上找到，并在某些机顶盒上配有。在家庭视频设备上这一连接器正被 HDMI 连接器大量取代，但总的来说，DVI 在计算机上很容易被找到。

5. 高清多媒体接口

高清多媒体接口(HDMI)连接器格式可被用于携带数字视频和音频信号。其规格被 850 多家用户电子设备制造商和个人计算机制造商所采用。其在 DVI 规格的基础上于同一电缆中多携带一个数字音频信号。然而它保留了与 DVI-Digital 规格的电子兼容性，所以能在现有线路中转换。HDMI 被更新的高清电视厂商所采用并预计将会超过 DVI 的装载。事实上，支持 HDMI 的设备被预估将在2007年到2012年增长23%。①

6. 高带宽数字内容保护——安全性

高带宽数字内容保护(HDCP)可以被用于DVI接口和HDMI接口,通过对每个像素进行数字加密以达到禁止高清数字视频信号的非授权拷贝。这一加密在很多设备中即时发生并用以生产来自机顶盒、蓝光碟片播放器和其他源的高清内容。在播放设备上,每个像素的数据都被解码并被用以生成在数字显示器上显示的图片,这些显示器有等离子显示器、LCD和DLP投影仪等。

高带宽数字内容保护通常同时存在于源和播放中(Intel是这项技术的先行者之一)。这使它很难被移除或绕过,从而对数字高清内容拷贝提供保护。当一个HDCP源被连入到HDCP播放器时,匹配程序开始工作,生成加密密钥,用以对内容进行加密并在抵达终端后进行解码。

广播公司、蓝光碟片生产商和其他内容所有者都有权在任何高清信号被传送前对内容进行HDCP处理。

7. 索尼/飞利浦数字接口(S/FDIF)音频

S/FDIF接口被广泛用于各种不同系统中以携带数字音频信号,包括从机顶盒到家庭影院环绕系统。此种接口被当作家庭影院声音系统的国际标准,所以它适用于很多种不同的设备,包括各种型号的机顶盒。它可以携带未经压缩的音频信号,并可以和模拟RCA插孔或同轴电缆接插头(BNC)进行物理协同。

8. 光纤音频

作为S/FDIF插口的一个变种,其光纤版本同样可以携带数据,如我们熟知的东芝公司的TOSLINK等。这类连接并不像S/FDIF插口那么普及,一般在特定的高性能音频设备上可以找到。

三、用户接口

除机顶盒外,还有一个由软件、硬件组成的用户接口,通过这个接口,人们可以实现人机交流。这一部分如果做得不好则会对用户产生极大的困扰。当它的功能得以发挥,它将在无形中成为用户体验的一部分。从商业层面看,一个有效的机顶盒用户接口可以增加用户的满意度,并且即使是在减少呼叫中心要求或订阅用户出现流失时,也能保证用户平均收益提高。从构建上看,一个机顶盒用户接口由三个主要部分组成。

第一,在机顶盒的正面会有一个显示屏或(以及)状态显示灯以对用户发布基

① http://www.tmcnet.com/ce/articles/50380-in-stat-predicts-increase-hdmi-enabled-product-shipments.htm.

本信息，如频道选择、状态提示或电源开关状态。这些指示器或许只有一个功能，那就是在视频播放不能实现时向用户提示；它同时还是安装和设置过程中的重要构件。

第二，部分遥控器可以帮助用户在距离机顶盒一定距离外舒适地发出指令以实现与屏幕所显示信息的互动。

第三，处于机顶盒内的软件，创建了菜单并将其显示出来以便人机互动的完成。用户体验一般更关注后两个部分，所以我们会对其做更多的讨论。

很多不同的功能需要通过遥控器和显示屏显示才能实现。以下是一些必备的功能：①硬件控制，如电源、音量和输入选择；②频道选择与更换；③电子节目指南的显示和导航；④接入控制，包括家长控制以及用于特定节目的密钥；⑤基础互动，以提供视频点播观看，如暂停、回看、快进；⑥高阶互动，基于屏幕完成的购物或观众参与。

有时候，用户通过机顶盒红外线遥控器对其他设备进行音频/视频的设置，如音频系统、DVD 播放器以及视频播放器等。需要注意的是，在关注越来越多的功能集成到一个遥控器所带来的好处的同时，我们也要考虑到遥控器上的按键数也在相应地增多，操作将变得复杂。

四、有条件接入硬件/软件

如同我们在第七章所述，有条件接入和数字版权管理对 IPTV 系统管理商而言极为重要。失去了有效的 CA/DRM 系统，管理商将很难确定用户是否就其所观看内容进行了付费。而且这一系统也有助于吸引更多的内容（如好莱坞电影），因为内容所有者可能会因为这一系统而相信他们的权益是得到保障的，而非被侵权使用了。而在这整个过程中，机顶盒是维系 CA/DRM 系统和 IPTV 系统管理商的重要连接。

任何一个安全系统都依赖于对单一用户的识别。在识别系统中，密码、个人证件号以及安全问题答案都是常用的手段。在 IPTV 系统中，机顶盒扮演着类似的角色——机顶盒必须有识别能力以用于内容传送系统，并且必须能够对任何经过或储存的内容进行保护。无论是基于硬件的技术还是基于软件的技术，机顶盒都必须能够在此目的下顺利工作。

一种传统的基于硬件的技术是智能卡。这些卡之所以被称为“智能卡”，是因为这些卡中被置了处理器和存储器以供多种类型的应用设备使用。凡使用智能卡的设备都必须装有智能卡读卡器，多数会以一个扁口的形式出现在机顶盒的一侧以便插入卡片。当然，一些系统需要被建立起来以便于进行智能卡的分发，并在服务取消时停用卡片。

而基于软件的CA/DRM技术在新的IPTV服务提供商中越来越普及,它可以解决存在于基于硬件的系统所面对的主要问题。因为在基于硬件的系统中,每一张智能卡都必须被妥善保存,以防止因卡片被盗而造成的非授权方获得非授权服务行为的出现。此外,一旦一张智能卡被黑客破解,服务提供商所面对的将是销毁大量的智能卡(包括未使用的新卡)以保证其网络的整体安全。相反,在基于软件的技术里,面对同样的问题只需要重新从中心服务器上对每个接入网络的机顶盒进行新代码的下载与安装。当然没有哪一种技术是十全十美的,只有看内容所有者是否对其所提供的安全等级满意。所以我们在讨论这两类技术时考虑到这一点很重要。

五、硬盘

和台式计算机与笔记本一样,硬盘同样已被装在机顶盒内部以提供大量的数据存储。毫无疑问,机顶盒中的存储空间是被用于存储数字视频内容的。在现有压缩技术的帮助下,一个机顶盒硬盘一般可以存储1360小时标清视频内容或150小时高清视频内容。① 而伴随着硬盘技术的不断进步,更大的存储空间也会在将来实现。

在考虑到存储容量后,接下来我们要考虑的就是怎样将内容进行存储,这一般有两种方式进行:第一种是对用户所选择的节目进行记录,这种是将硬盘作为DVR(也被称为个人视频录像机,PVR)在使用;第二种则是将硬盘作为服务提供商已下载内容的存储地并提供给用户,此类服务被称为推播(push VOD)。这两种概念我们将在稍后做更多的讨论。

1. 数字硬盘录像机

数字硬盘录像机(DVR)越来越成为消费者的宠儿。在美国最出名的是"TiVo",而现在很多的节目提供商都提供了这类设备。这类设备能够将电视节目以数字压缩格式进行记录,以备后续观看。用户通过操作完成特定节目的储存,DVR的特色之一就是提供了一种好的选择节目、存储节目的方式。其基本服务是提供上线节目清单,并允许用户在其中选择内容进行存储并在之后任意时间观看,而其高阶服务能够帮助用户选择其他已事先储存的同类节目。

当用户想去观看他们所记录下的内容时,DVR给了用户选择的权利。用户有着和在VCR中类似的能力,可以对播放内容进行暂停、回放、快进以及跳过广告等操作。而这些功能让广告主很关心,因为他们不仅担心广告跳过,也担心用

① http://www.thetechherald.com/article.php/200836/1957/Get-a-terabyte-of-TiVo-with-the-new-TiVo-HD-XL-DVR.

户不能在合适的时间点看到他们的广告。从长远来看，这将对广播业者造成何种影响需要我们更多地关注和思考。

2. 推播

推播利用空置网络带宽向机顶盒传送内容，使用户可以在未来进行播放。此类播放的内容可以是免费的，也可以是通过用户订阅后得到的，还可以是通过单一购买的。当服务提供商选好节目并推送到机顶盒后，其推播的内容往往仅限于热门的未被插入广告的内容。

和卫星电视服务商以及路面无线广播商一样，推播在服务提供商的使用中表现出有局限性的双向能力。在 IPTV 应用设备中，网络的限制使它并不普遍，但是推播可以被用来帮助释放网络带宽并优化视频服务，以及提供流行的 VOD 或高互动性的内容，如游戏。

第二节 中间件

尝试对中间件（middleware）进行定义就像是尝试对美（beauty）下定义一样——这完全取决于个人。然而，为了我们的目的，我们将中间件定义为软件的功能或服务，这些功能或服务与特殊的部件（如设备服务器、VOD 服务器、机顶盒等）和应用软件（如有条件接入控制、账单系统、互动服务等）连接。

中间件通常会完成基于 CA 和 DRM 目的的用户与服务器的连接。因为此类技术中的一部分功能被集成在机顶盒中，而另一部分功能则集成在中央服务器中，这是在终端中进行安全通信的一种手段。中间件能很好地完成这个任务，因为它通常就是被设计用于中间部分的操作。

“现在，IPTV 正逐渐成为一个成熟产业，管理者也正在重新检视有关中间件平台的决策。”产业分析师、《IPTV 中间件及其他》的作者 Steve Hawley 说道：“当一些平台在基础电视服务中停止时，另一些却在适应多屏播放和互联网电视（OTT）内容。中间件对其他 IPTV 基础设施（如机顶盒）有着直接的影响，所以有关中间件的决策是非常需要具有策略性的，管理者必须设置妥当。”①

中间件作为操作系统的一种形式被提供给机顶盒和 IPTV 系统。特别是为实现第三方播放而为通用机顶盒设计的标准，使我们并不需要对市场上每种类型的机顶盒都进行编码。其中常见的协议是 MHP 和 true2way（原来的 OCAP），本章会在最后的现实检验部分对这两种协议进行讨论。

---

① http://www.iptv-news.com/iptv_news/march_3/new_iptv_middleware_report_predicts_latest_advances_will_propel_telcos_beyond_me_too_stage.

一、理解中间件

中间件是各种IPTV系统的黏合剂。它提供了一些机制,这些机制完成了很多的关键任务,如必须提供给用户以选择观看节目的能力和支持支付系统,以保证相应的IPTV系统运营商的收益。我们列举了一些常见于中间件上的功能。

1. 用户识别

持续追踪究竟是哪些用户连接了哪些部分是至关重要的。其理由很多,如中间件系统必须能够向发出指令的用户提供视频和音频内容的传送。为了完成这一过程,中间件必须有能力跟踪IP网络连接和对应的每个用户。

2. 屏幕导航功能

实时在屏幕上移动光标并下达指令涉及用户遥控器、机顶盒操作系统以及播放软件的配合。

3. 文本和菜单生成

通常中间件都支持管理大量不同字体和字样的机制,并可将其转用到其他和中间件相连的设备上。

4. 电子节目指南(EPG)的本源和功用

为一个IPTV系统创建一个节目指南是很困难的。从广播源处获得所有的数据,将它们转换成能被用户以滚动的形式接收并能在用户选定后进行下一步操作等都需要大量的投入。中间件能够支撑这一过程中大部分环节或全部环节,并且免除了系统管理者对发展不同版本的机顶盒节目指南的需求。

5. 频道更换

在IPTV中,每当有新的电视频道被用户选择后,新的不同的数据就需要传送到机顶盒。这一过程需要一系列的动作方能完成,如在DSLAM中离开一个多点传送组并加入到另一个组中,或通过DSLAM发出指令向视频服务站上传数据。快速且有效地管理这一过程需要设计好中间件。

6. 后台集成

中间件还可以完成服务提供商所拥有的不同应用设备和后台系统的连接。后台系统包罗了用户账单和管理系统、安装和修复人员安排及追踪、VOD系统等。没有好的中间系统如同翻译器一样连接着这些设备,向用户提供更多高阶服务将会是不切实际的,但这些服务往往是IPTV供应商市场竞争的关键。

7. 交互

中间件可以支持各层次的互动。只要用户按下遥控器按钮对IPTV机顶盒下达指令,中间件就能使命必达。即便是基本的互动,如频道更换,都会涉及中间件,更不用说高阶的互动了,它更会涉及中间件,如播放控制(回放、暂停和快进)。

甚至内容上的互动，如投票等，都需要中间件能够接受用户通过遥控器进行投票，并将相关信息转换成恰当形式的数据提供给节目供应商。

二、视频点播中间件实例

接下来的这个例子关注当一个用户决定下单一部按次付费的电视时必须发生的过程。

第一，用户需要确定观看内容。这一般会通过 EPG 的使用来实现。这一指南(EPG)需要从 VOD 服务器获取相应的节目数据及相关其他数据。这些数据一般包括价格、长度(分钟)、提要、演员表以及来自专业评审或一般订阅用户的相关评论或推荐。所有这些数据来自不同的地方，一般这些来自不同源的数据有着各自的格式，这就需要中间件将它们转换成一种通用格式，以便实现播放。此外，中间件可以提供合适的协议并匹配其他数据源以取得所需信息。

第二，用户需要通过 EPG 导航选择节目进行观看。这需要中间件从多个方面予以支持。首先，中间件要能够向所有服务提供商网络中的机顶盒分配节目指南数据。此外，中间件要能提供一个空白的插口，以便软件生成并展示指南信息的相关元素。

当一个用户开始使用 EPG 时，中间件继续被用到。任何流经中央系统和机顶盒的数据都要经过中间件以保证信息的安全性和可靠性。

当一个用户使用 VOD 内容时，中间件在财务转换中扮演着重要角色。当这个用户发出指令后，一个查询被生成并被用以在用户信息数据库中确定这个用户是否被允许收看相关点播内容。一旦回复是肯定的，则中间系统将会传送许可信息给 VOD 服务器，然后定向播放才能进行。同样，信息也会传送到账单系统中记录传送的细节以便从用户手中收取相关费用。

第三节　机顶盒的选择问题

今天市面上有品种繁多的机顶盒，它们提供各种不同的功能。以下清单所列应该是服务提供商在选择机顶盒时需要考虑到的：

(1) 支持输出视频的类型：模拟还是数字？标清还是高清？组合的还是复合的？是否有 HDMI 及 HDCP 需要？

(2) 音频类型：模拟还是数字？电的还是光的？立体声的还是环绕声的？

(3) 视频压缩标准：MPEG-2、MPEG-4、H.264 还是 VC-1？

(4) DRM 系统：基于硬件的(智能卡)还是基于软件的？

(5) 网络接口:以太网、HPNA、Coax还是Wi-Fi?

(6) 硬盘:是固有的还是外接的? DVR的、推播的,还是兼备的?

(7) 中间平台:MhP、true2way,还是专有的?

第四节 机顶盒的未来

未来机顶盒的性能将受一系列技术和标准、市场竞争程度以及消费者喜好的影响。然而,我们先不讨论这些,应把焦点放在多用途、多功能设备上。

先进的机顶盒性能包括MPEG-4和HD支持,并有更高性能的处理能力和存储能力(见表10-1)。未来的趋势将会是新应用产生,家庭网络连接以及互动观看习惯的形成。

表10-1 当下机顶盒硬件与未来机顶盒硬件的比较①

当下机顶盒	未来机顶盒
H.264 HD	Ultra-HD、3DTV、帧率增加
极少的实时操作系统(RTOS)	功能丰富的操作系统(OS)
单一机顶盒	家庭网络
任何时间可观看	任何地点可观看
VOD、游戏、赌博	个人内容
可升级的中间件	动态应用环境

第五节 现实检验

本章现实检验中,我们将聚焦在两个用于中间件的重要标准上,这两个标准被广泛应用于除IPTV以外的各种应用设备上。由于它们在STB市场上的广泛流行程度和快速接受程度,对它们在中间件发展中的作用加以学习无疑是明智的。

① "The Myth of the Future Proof STB", Paul Kavanagh, General Manager, S3 North America, 2009.

MhP 和 true2way 标准都是由机顶盒中间件行业组织发展起来的。这类标准的好处是，它们能够使应用开发者所编写的程序在任意支持 MhP 标准的机顶盒中运行，从而极大地拓展目标市场。同样地，基于支持 MhP 或 true2way 标准下的机顶盒系统管理者可以有大量有效应用的选择。

无论是 MhP 还是 true2way 都对机顶盒的处理性能提出了一定的要求。特别是 MhP，它要求在机顶盒中装有 JAVA 虚拟机，这需要机顶盒具有可观的处理能力和存储能力，从而使部分老旧机顶盒无法支持这一技术。

请记住，这些功能都不直接以 IPTV 为目标，但有这些功能的机顶盒将有助于 IPTV 的部署。MhP 的发展源自数字视频广播(DVB)项目，这一项目关注陆上广播和一定范围内的卫星广播，是一种在欧洲广播市场中发展起来的标准。true2way 则是基于 MhP 发展而来的，但却在美国的数字有线电视市场中发扬光大。幸运的是，机顶盒上的这些功能多数是一样的，只是用于接收节目的数字数据连接的种类会有所不同。

MhP 研发工作源于 1993 年的欧洲，由 DVB 主持，由来自电视传送领域的制造业、广播业、管理业、服务业公司共同组成。组织的目标是通过生产一系列的标准以实现跨地域跨设备的流畅交互操作。1997 年 12 月，DVB 正式提出了 MhP 使用要求，并成为以后标准的基础。2000 年 5 月，DVB 正式提出 MhP，并在同年正式向全球发布。

true2way 的发展则更快。2001 年 10 月，CableLabs 吸收了 MhP，并在此基础上发展了 true2way。CableLabs 是一个坐落于美国的为有线电视产业制定标准并实践的组织。今天使用 true2way 的公司包括思科、艾科斯达、LG 电子、索尼、德州仪器公司等。true2way 提供了一种开源参考实例，允许开发者“与广泛的社会技术贡献者一起工作”(Cox 互动服务工程负责人 Craig Smithpeters 所说)，这将使他们能够“更迅速地在样品实施之后实现规范化的增加或更新”。①

第六节　总结

本章我们专注于 IPTV 网络的核心之一——机顶盒。机顶盒可用来接收含有视频、音频和相关数字内容的 IP 包，并生成信号以便在电视机上或其他音频扬声器上进行播放。同时，机顶盒还可以用来接收和处理用户指令，并在需求动作(如频道更换命令)下达后向中心系统回传信息。

① http://www.cablelabs.com/news/pr/2009/09_pr_tru2way_RI_040209.html.

中间件同样在IPTV部署中扮演了重要角色。它使IPTV可以实现很多关键功能,极大地简化了各种高阶集成服务的实现过程。在组合一个或多个兼容机顶盒的合适平台选择下,服务提供商能够提供更具有创意的、更好的服务,而消费者也更愿意为此买单。

第十一章

互联网视频接入

在我看来，流媒体就像一块块积木……无论它是向移动电话无线传送内容，还是通过 IPTV 传输到一个机顶盒。

——Dan Rayburn，流媒体企业家

在前面的章节中，我们讨论了 IPTV 的部署和相关技术的发展，并简要讨论了宽带视频的网络影响。在这一章里，我们将回顾视频在网络中传送的方法，包括基础概念以及在此之上的技术。我们将看到用于 IP 视频点播、互联网电视以及互联网视频的各种不同形式的传送，我们还将看到从拍摄到播出的整个流程。

越来越多的美国用户使用互联网来接入内容，这在过去是无法想象的。由于由网站制作的专业内容数量激增，当下有非常多的节目可以通过网络被收看。甚至有些观众选择弃用有线电视或卫星电视网，而更多地通过互联网进行观看。这预示着相关电视网必须将其内容在线上进行提供。

专家解读

2009 年 2 月标志性的信息如下：

(1) 75.5％的美国互联网用户观看过在线视频。

(2) 平均在线观看视频的时间为 312 分钟(超过 5 小时)。

(3) 9880 万观众在 YouTube 上观看了 53 亿个(次)视频(平均每个观众观看约 53.6 个)。

(4) 4120 万观众在 MySpace.com 上观看了 3.84 亿个视频(平均每个观众观看约 9.3 个)。

(5) 线上视频的平均时长为 3.5 分钟。

当用户在浏览 YouTube 和 MySpace 这样的热门网站时，他们看到的是越来越多的视频，其中既包含个人影片也包含主流媒体的推荐。而 CNN.com 这类网站中则提供新闻故事的视频，sonypictures.com 和 warnermusic.yahoo.com 提供的则是音乐视频。此外，还有越来越多的网站通过互联网提供电视节目，比如 research channel. com、Hulu. com，以及 bloomberg television（在 www. bloomberg. com/streams/video/LiveBTV200. asxx 上）和众多的电视网的网站（NBC. com、CBS. com 等）。这些网站都向用户提供全动态视频和同步音频，它们可以通过一般的个人计算机设备在合适速度的互联网连接下配合相关接收、解码、播放软件进行播放。

网络视频正越来越多地被用于市场、娱乐、培训以及交流。它强大的虚拟能力吸引了新的商业群体以进行教育和培训等领域的工作，也能够提供吸引人的多媒体社会网络环境。接下来，我们将看到用于视频发布的一些工具，以及一些在网站上集成视频的操作。

第一节　互联网视频的种类

如表 11-1 中所示，视频流有不同的类型：

第一种是真实流（true streaming），即视频信号将会实时到达并播出。在真实流中，2 分钟的视频将花费 2 分钟传送给用户——不会超过也不会减少。

第二种是下载并播放，它指的是一个包含压缩后视频/音频数据的文件被下载到用户的设备上，然后再播放。在这种类型中，2 分钟的视频可以在高速网络中迅速完成下载，但也有可能在低速网络中下载超过 10 分钟。

第三种是渐进式下载和播放，它综合了前两种技术，以图兼得其优势。使用这一技术，视频首先被分割成若干个小的文件，并在播放过程中逐个被下载到用户的设备上，一个 2 分钟的视频可能被分割成 20 个文件，每个长 6 秒，这使每个文件在被播放之前都能够顺利地完成下载。

在本章后面的内容里，我们将看到各类型流的优势和劣势。

表 11-1　流的优势与劣势总结

	优　　势	劣　　势
真实流	低延迟，能够支持直播内容并不对播放设备提出存储要求，支持与服务器的真实互动	与防护墙兼容有问题，很难完成快进和回放，播放全程需要连接网络
下载并播放	在高速网络下，是获取内容的合适方法；能和绝大多数防火墙及标准设置兼容（因为视频数据以文件形式出现）	不支持与服务器的真实互动，播放前需要等待所有内容被下载完，需要足够空间以存储文件，在播放前可以稍作停顿，内容必须存在于用户设备之上后才能播放——潜在的安全问题

续表

	优　　势	劣　　势
渐进式下载和播放	播放开始速度快，能避免防火墙问题（TCP/IP），视频文件缓存在用户的个人计算机上以实现更好的用户控制与管理（快进、回放等）	内容分块后可能无法被一些媒体播放器支持，在终端设备上占用一定的空间

要对这一工作原理有更好的了解，我们可以就真实流、下载并播放的对比打一个比方：这里有两种可行的方案用以提供燃料进行家庭供暖。一种是使用天然气，这需要进行全网布线，天然气通过管道输送至每个家庭；另一种则是使用燃油，它会周期性地输送到每个用户家中。

真实流系统在某种程度上很像天然气系统——燃料（内容）被按照一定的比率传送到了每个用户家里，用户不需要在家中储存这些内容。而下载并播放系统则更像是输油系统，用户需要自备一个油库（硬盘）以便燃料供应商可以对燃料（内容）进行预先存放。在这种方式中，用户在传送开始后控制所有的"燃油"并可以在任何时候使用。

其中一个技术问题会影响到在互联网上向大众传送流视频，那就是如何确保存在于提供商和用户间的传送中没有任何的阻碍和块状流。前面所述的那些技术的优、劣势需要很好地被权衡。从商业角度看，系统架构师的参与对管理人员与决策者来说很重要，因为这些人更强调对黄金时段或网络时段的内容市场的构建。

比如，真实流常常会使用到用户数据报协议（UDP），它是一种 IP 协议标准，用以传送一连串的数据包。然而，很多的防火墙会封锁 UDP，因为其具有潜在风险（因为这一连串的数据包不是按顺序的，所以可能会出现蓄意插入的包）。很多网络管理者因此在他们的防火墙中封锁了 UDP，这导致接收 UDP 流变得很困难。

视频流和下载

另一位观察家将互联网流与下载的使用进行了对比：

视频流因为提供给了消费者一种即时的体验从而让消费者感到满足，因此它是一种理想的推销材料。但是有些宽带网络无法在不出现周期性缓冲和掉线的情况下满足全屏幕品质的视频流，所以并不是所有的内容都可以通过这种方式进行传送。

下载内容是指管理者需要为用户的个人计算机开发相关软件以管理下载进程。这些下载工具一般还提供其他的使用功能,如预定下载内容或可以线下观看等。

所有的这些平台将和各种类型的混合流一起被用于多种用途,如短片与促销广告以及直播与联播,并在传送前完成相关计划;为新闻节目和剧集提供下载服务;为高品质电影和高价值内容提供下载服务等。

(Fearghal Kelly,IBC Daily,October,2006.)

相反,传输控制协议(TCP)之所以被绝大多数日益更新的网页浏览所采用,是因为它严格限制了蓄意往流中插入数据的可能。然而即便 TCP 有很多利于数据有效传送的设计,它也不能完全适应实时视频传送。

另一个被设计用于实时多媒体应用的重要协议是实时传输协议(RTP),它可以监视包的传送速率、临界指标、所含有的时间戳以及同步特征等。RTP 的操作结合了 UDP,所以它也面临防火墙和系统管理者疑虑的问题。

一、网络播放:直播还是实时

在网络播放中,整体用户在同一时间接入的线性流,有些可能是直播的,有些则可能来自预先制作并存储的文件。其观众群可能只有极少数几个人,也可能会有上千人。网络播放常被用于运动、娱乐和营销中,并在培训或网络研讨中扮演核心角色。

那些在网络中播放或直播的高点击率的网络播放事件,如苹果公司的年会,一直是对视频流品质的严峻考验。用户在特殊事件上的需求有可能会使服务器产生不止一次的崩溃。在互联网视频的最早期,“维多利亚的秘密”的一次网络直播(1999 年,150 万观众)成为传奇般的研究案例,因为观众的需要压垮了用以生产视频流的服务器(处理能力)。网络播放的线上观众和所需视频人数的剧增考验了服务器的流拷贝能力是否强大到足以为每个观众提供服务。2008 年,情况有了可载入史册的进展——NBC 在全美进行的北京奥运会转播服务中传送出了 7550 万个流,其中同步流峰值达到 13 万①,且在其覆盖范围内全部免费提供了无线电视服务。

流服务提供商强调他们在预见和解决障碍上的能力。他们提供了服务器载入平衡,以及事件发生前的安全和直播模拟。② 我们之后会对网络直播的内容发布流程做更深入的讨论。

---

① http://new.softpedia.com/news/Silverlight-to-Stream-the-Next-Olympics-Fully-in-HD-107265.shtml.

② 由衷感谢 Rick Kolow,2006 年 11 月,audiovideoWeb.com.

二、流系统架构

流技术有很多特殊的目标，其中之一是通过用户的浏览器、媒体播放器及互联网视频软件等在互联网上向用户传送视频。生产和部署直接的互联网流需要一定的基础条件，这包括了一个媒体服务器、网络、媒体播放应用，以及内容准备处理器（见图 11-1）。我们将对这些关键位置进行讨论。

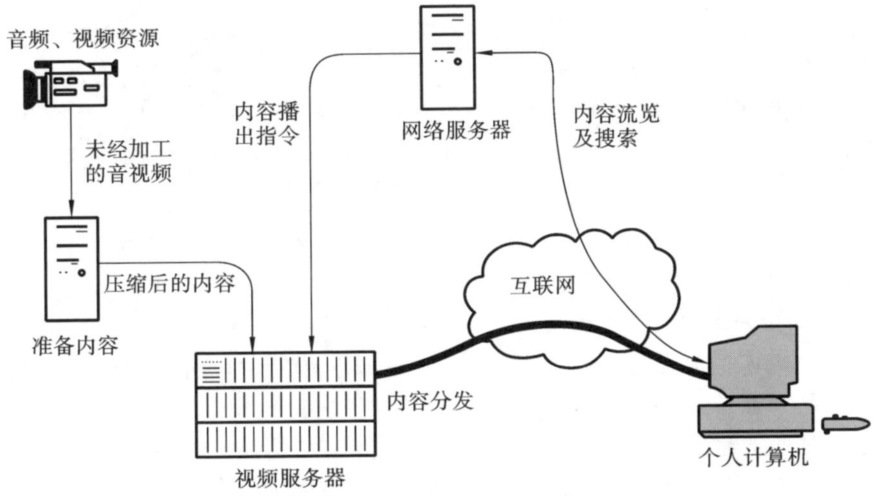

图 11-1 典型流系统架构示意图

1. 流媒体服务器

流媒体服务器用来向用户部署媒体流的设备。它取得已存储的媒体内容并根据每个用户的需求相应地创建一个流。这个流可以是单点的也可以是多点的，并保证其能够被不同的机制使用。内容的存储和取回是流服务器的主要功能。正如前文所提及的，当内容被准备好之后会经过不同压缩率的压制以使不同网络连接速度下的用户可以按需选择观看。

比如，在很多网站中，视频被以多个比特率的形式提供，并根据用户的连接速度自动进行切换。每个不同播放速率都会对应要求一个版本的内容文件，而这些版本都需要在压缩过程中完成。这也意味着每个单一内容都可能在服务器中储存不同的文件——每个文件对应一种播放速率的选择，并需要配合不同播放器的格式，我们也将在接下来的文章中对此做进一步讨论。

如有需要，流服务器还承担着对输出包进行加密的工作，并有能力生产出表现好的流，即包与包的节奏是一致的。最后，流服务器还必须能够接受媒体播放器的指令并准确地切换输出流，以满足来自互联网上不同平衡载入服务器所在的不同位置上的成百上千的用户需求。不用说的是，对服务器网络最终的维持和操作费用以及宽带费用都由内容提供商买单。

2. 传输网络

从流服务器出来就是连接服务器和用户设备的传输网络了。与其广泛地对网络架构进行讨论,我们还不如就一些关键节点做深入了解。流服务器提供了大量的同步用户,他们要求高速的存储空间和网络连接。一个 3.2 GHz 的多核奔腾服务器能够轻松地获得足够的同步视频流以应对 1.5 Mb/s T1 线下多次获得 10 BaseT 的以太网链接。在大型服务器中,千兆位以太网网络插口越来越普及。

当 IP 网络的几个关键性能被有效控制时,流系统的效果就会更好。其中影响流的参数之一是包丢失率,如果太多的包丢失,则会影响到流的性能表现。另一个则是延迟,即包延迟偏差——这是很严重的,如果一个包抵达得太晚,则它将无法用于播放,并造成端到端的延迟。同样,延迟与否对保证双向对话连接的可靠性至关重要。

如上所述,最后一个关键节点是媒体播放器和内容准备处理器或流程器,我们同样会在后文中做专门讨论。

3. 流的应用设备:媒体播放器

什么是媒体播放器,为什么我们总需要下载一些新的软件或更新一些软件版本以在网络中播放视频?它真的很重要吗?欧盟曾经给出答案。2004 年,欧盟决定向微软征收 5 亿欧元的税赋,其理由是微软公司在其操作系统中对媒体播放器形成了近乎垄断的局面。2008 年,欧盟再次宣布向微软征收以 8.99 亿欧元的费用来惩罚后者未完成 2004 年的决议。

为什么要对一个司空见惯的个人计算机应用大动干戈?第一是因为媒体播放应用是事实上的用于视频和音频内容在三个有潜力的商业领域的连接插口,这三个领域是个人计算机、互联网和广播。第二则是金钱的作用:越来越多的人使用信用卡和 PayPal 以支付音乐订阅、视频下载以及其他通过媒体播放器插件或在其影响下进行的电子商业传送。

在某种程度上,通过丰富的插件播放大量的内容指南和订阅选项以抓住消费者的过程,使媒体播放器提供商对未来用户的商业选择取得了一定的控制力(如下载音乐、订阅视频服务等)。媒体播放器是用户体验的重要部分,并通过早期使用者影响下的用户互联网内容选择以获得商业利益。下列应用是网络媒体内容可被接入的首个关卡。

4. 播放软件

播放软件用于接收流并将其转换成个人用户播放的图像。这类软件的性能集中体现在用户对整个流系统的满意度上。

在视频进行播放之前,用户需要选定播放内容。这是一个很复杂的过程,因为保持一个准确的、最新的有效内容列表是费力且容易令人气馁的任务。不同于商业广播网络，对众多的专用流应用来说，内容提供商必须维持这个列表。这个列表往往出现在网页中，这样用户简单地点击应用链接就可以开始播放。

如果流服务器对内容进行了编码，则播放器软件必须首先对进入的包进行解码。过低的缓冲和过高的缓冲都会对流的播放产生影响，所以在应用中缓冲需要被准确地计算。总之，精准的缓冲设计是播放成功的一个关键因素。

又因为 RTP 等流协议将视频和音频信号分割成了不同的信号，所以播放软件需要能够重新同步进入的流。这一过程通过观察包含于每个流中的时间戳数据，并与包含在相关 RTP 报头包中的时间戳进行对比来完成。

播放软件较重要的工作是对进入信号进行解压并创建图像用以播出。这一过程中对播放软件性能的要求取决于图像的尺寸以及压缩的模式。旧的压缩系统（如 MPEG-1）会比新的系统（如 H.264）要容易解码，因此也较少占用到解码设备。更小的图片，意味着需要处理的像素少，这类图片也相对更容易解码。独立设备，如机顶盒，一般有着基于硬件的解码器，这对压缩模式的选择有所限制（主要是在 MPEG 家族中）。当前使用灵活构造元件的技术越来越普遍，在这些设备中新的解码功能通过下载便可以获得。

最近几年生产的个人计算机同样需要拥有运行播放器软件的性能。这其中包括了分别使用 Windows 系统、OS 系统和 Linux 系统的各种台式计算机和笔记本。而购买支持媒体播放的便携式设备的人数也在不断上升。

5. 互联网视频装置

互联网视频装置与机顶盒有着密切关系，因为它提供了用于接收内容的插口以及直接连接电视机进行播放的视频输出插口。部分此类设备可以用于从互联网源到电视机的视频直播流的播放，而另一些设备则能够对从本地已连接计算机或网络资源上下载的视频内容进行存储。

对软件设计师而言，控制互联网视频装置是相当复杂的。一方面，绝大多数的这类设备关联着的是只有有限数控按键的便携遥控器，这迫使装置上的软件界面必须在有限的命令行为下工作；另一方面，对互联网上丰富内容的全部接入又要求使用复杂文本搜索等功能。

解决这一问题的方法之一是将装置与用户线上账户进行匹配。这种方法同时被 Apple TV 和 Netflix 所使用。Apple TV 将用户设备与其 YouTube 账号进行了匹配，Netflix 将用户设备与其 Netflix 账号进行了匹配。通过这一过程，用户可以通过使用个人计算机登录自己的账户，选择想要收看的内容并归入喜好文件夹下或进入等待播放队伍。然后，当用户想要使用互联网视频装置进行观看时，他们只需要使用遥控器转换到他们事先选择好的内容列表上，并选择想要播放的内容即可。这种方法的好处在于可以确保设备和账户的绑定。

另一种解决方法是在设备的用户界面上提供一个软键盘。用户可以通过遥控器来控制光标以选择软键盘上的相应字母进行搜索。

6. 家庭流媒体设备

对“马路勇士”和其他想要随身携带家庭视频服务的旅行者而言,一个有意思的东西被开发出来:家庭流媒体设备(HSD)。机顶盒是这种技术中最广为人知的运用。在其最基本的形式中,家庭流媒体设备从众多源中获取视频内容并对其进行压缩,然后经过转换向互联网传送一个专用网络视频。要想观看这些(单点)视频,一台有着软件解码器的个人计算机需要能够接收相应的流,然后进行播放。

要想使这一系统能够工作,需要解决几个问题。首先,HSD 需要能够连接上软件播放器。如果设备所在的家庭网络存在防火墙,那么这种连接会存在一定的复杂性。其解决办法是在防火墙上开放一些所需的 TCP 端口并安装由 HSD 制造商提供的服务器,用以允许流媒体设备和软件使用相关 IP 地址并建立连接。

另一个问题则是需要允许远程用户控制家庭流媒体设备。比如,一个远程用户可能想观看一个记录在 DVR 上的节目,然后转台去看本地新闻。这一控制功能通过使用远程计算机上的一个软件模式以获取用户的命令,并通过 HSD 上的红外线端口传送相关命令至用户家中的设备来完成。其中的缺陷是,这一过程中只允许一个人可以随时地控制家庭设备,所以当远程用户正在控制有线电视机顶盒时,家中的其他用户将无法控制该设备。

第二节　个人计算机上的商业播放器

很多公司都开发了在个人计算机平台上使用的视频及音频播放器。这些主流的播放器所播放的内容一般都是使用了相应标准进行编码的内容,如 MPEG 视频标准或 MP3 音频标准,此外也还存在大量的专有或非专有格式。

接下来,我们将讨论三种主流的播放器及其技术使用,它们分别由苹果公司、微软公司和 Adobe 公司提供。

一、苹果公司

苹果公司一贯热衷于发展各种流媒体播放行业标准,并在流媒体标准知识产权领域做出了杰出的贡献。苹果很多的此类创新都是围绕 QuickTime 展开的,QuickTime 是苹果对其流媒体系统的称呼。苹果提供了免费的电影编辑软件(iMovie),并出售更专业的电影编辑工具 Final Cut Pro。它还主动接轨很多的国际标准,如 H.264 等。

QuickTime 最初被用来播放那些存储在 CD 上并在个人计算机上进行播放的

视频。随后它成了一种被广泛使用的形式，数以百万计的下载发生在 Windows 系统计算机和苹果计算机上。QuickTime 的最大优势在于，它能够混合视频、音频和动画并依旧可以生成无缝图像以向用户播放。所以大量的电脑游戏和多媒体产品都使用 QuickTime 工具进行生产。

另一个例子已经被我们在前面提及，很多不同的技术都被用来支持 QuickTime 流媒体。这里有用于内容准备的部件、流服务器管理，以及多种版本的播放器软件。和其他系统一样，内容会被准备并传送到同样的物理设备上，只是特别需要对系统性能加以注意，以保证用户能够流畅地接收到他们所需要的流。

对内容所有者和创造者而言，苹果使用的标准给他们带来了巨大的好处。QuickTime 的文件格式是基于 MPEG-4 文件格式的，因此它可以处理 MPEG-4 part 2 和 H.264 压缩格式。最新版的 QuickTime 依旧使用了 H.264 压缩技术。其版本支持苹果计算机和 Windows 系统计算机，甚至可以支持一部分 Linux 系统计算机。

二、微软

微软开发的 Windows Media Player 能够在 Windows 操作系统的计算机上运行视频和音频文件。Movie Maker 是一款免费的应用，允许用户从便携式摄像机及其他设备中获取视频并创建可通过 Windows Media Player 观看的最终影片。此外，微软还开发了一系列的文件格式以特别支持这一流媒体。

多种不同的文件格式常被用于 Windows Media Player，这包括：

(1) Windows 高级系统格式文件(.asf)，为流媒体应用设计的专门用于传送和储存内容的文件格式。

(2) Windows Media Audio 文件(.wma)，包含使用 Windows Media Audio 压缩系统编码的音频信号，并属于 ASF 文件格式。

(3) Windows Media Video 文件(.wmv)，包含使用 Windows Media Video 和 Windows Media Audio 压缩系统编码的视频文件，并属于 ASF 文件格式。

现在我们来进一步观察 ASF 文件格式。微软开发了 ASF 并控制了它的命运，部分原因是其掌握了基础流媒体格式的专利。ASF 文件能够包含视频、音频、文本、网页及其他类型的数据，支持直播和预录流信号。ASF 可以支持图像流，它们在播放时依旧以图片形式出现。ASF 为行业标准的时间戳提供支持并能够在媒体文件中的任意时间点播放。非微软编码器和解码器在 ASF 文件中得以提供。然而，这些数据只能被作为单纯的数据被读取，而不能得到使用功能的支持，如允许快进和后退——这一任务需要通过特殊的用户应用来完成。

三、Adobe

Adobe 在流媒体市场上通过两种不同但有关联的媒体格式发展了大量的追随者:SWF(Shock Wave Flash),多媒体文件集合格式,支持光栅和矢量图、音频,以及嵌入式 FLV 视频文件;FLV(Flash Video),用于网络流媒体和下载应用的特殊视频压缩格式,被广泛用于以视频为主的网站。

Adobe Flash 编码器和解码器使用了复杂的编码技术以提供给网络应用。和 H. 264 及微软 Windows Media 等其他压缩系统不同,它一般不被用于 IPTV 或其他广播格式。很多的规范不断地被用于这些技术,但依旧没有足够的信息将它们纳入开放标准。

事实上,Adobe 的压缩算法是专有的,这既给用户带来好处也有一定的缺陷。好处之一是快节奏的产品创新。虽然作为整体的标准在网络中起着极其重要的作用,但正当的程序规则会使新的压缩方式的批准被延长至几年后。Adobe 公司之所以能够很快地开发并部署新的编/解码技术,正是因为其标准主体没有被涉及。这同样可以带来另一个好处,即当一个公司需要同时对编码(制造者)和解码(播放器)负责时,其两者间的兼容性就得到了保障。

但其缺陷之一是,公司使用的算法并不能直接接入第三方,因此用户需要通过使用 Adobe 提供的软件工具或插件才可以进行操作。同样,当单一公司独自承担所有开发的费用,其可供创新的资源就会比多个公司共同开发时要有限得多。最后,有着大量媒体库需要编码的用户可能会对由单一公司来提供全部支持而产生疑虑。

四、选择一种流媒体格式

本章中所讨论到的三种流媒体解决方案(Adobe、Windows Media Player 以及 QuickTime)都可以传送高品质视频和音频流至桌面。由于市场的竞争,这些不同的格式一直在不断地更新以便在更低的比特率环境下提供更好的视频和音频效果。

选择一种流媒体格式时,普及性和前代兼容性是非常重要的。为目标观众能有效使用的平台准备相关内容是有商业价值的,但这并不一定意味着必须是操作系统自带的播放器;上述三种领先的播放器都提供了 Windows 版本和苹果 OS 版本。这些播放器目前是不可替代的,一个 FLV 视频流必须通过 Adobe 播放器或插件才能播放,一个 WMV 流必须通过 Windows Media Player 才能播放……

另一个考虑的重点是用户使用的播放器版本。如果视频流是通过最新版本的编码器所创建的,但用户的播放器没有升级到对应版本,那么这个视频流可能就无法播放(这在有些升级版本中会出现,但不是所有版本都如此)。当然,这可以通过用户下载并安装新版本的播放器来解决。然而,这种需要先进行回归测试,才能够在大型用户社群中推广的过程,对大规模的公司安装而言,可能是无法接受的。

很多第三方内容处理解决方案会以多种格式和多种流速率来生产输出。这些工具有很多厂商提供,如 Adobe、Discreet、Avid 等,它们可以从单一源流上创建多种输出文件。其中一种可以创建同步内容以用于 QuickTime、WMV,以及 MPEG 等。这一功能能够为网络视频生产作业流程提供很多的好处。

当我们在考虑不同速率的流可能需要多少时,会很容易得出的结论是,一打或更多的输出文件需要被创建,且每一种都有着不同的流速率和播放格式。很多网站提供多种流格式和比特率,用以配合用户选择符合其所安装的软件及用户的网络连接速度。

五、可供选择的播放器及插件

乍看起来播放器和插件的不同点似乎足够清楚,然而媒体播放器是一个独立的且被安装于用户个人计算机上的应用(在第四章中讨论过),而插件则是用户计算机中用以增加浏览器功能的软件。插件确保用户可以和更多类型的内容进行互动,并能够执行浏览器或 HTML 功能自身所无法支持的互动。比如,Adobe Acrobat Reader 插件能够使用户在网页内进行 PDF 文件的阅读。软件开发商为其网页提供各类插件以便用户可以在网上接入多媒体内容。

只是每个媒体播放器都提供了它们自己的插件。比如,WinAmp 和 MediaPlayer 插件能够为媒体播放器添加本地语言菜单支持、音响效果和其他功能等。其他一些重要的媒体播放器功能还包括用以防止盗版的 DRM 和分层授权模式(其基本版包含基础的播放功能,高级版则提供额外的功能,如 QuickTime Pro 提供全屏播放、编辑和输出功能)。

假设到今天为止,绝大多数的播放软件市场上存在着一批稳定的提供商,那么选择性就出现了。比如针对 WinAmp 这款有着广大用户基础的免费软件,很多用户为其开发了新的功能,那么这些新功能反过来也可以被其他 WinAmp 用户使用。

此外,更多其他媒体播放器也被开发出来,比如,由 Pioneers of the Inevitable 公司开发的免费多媒体应用 SongBird。这类开源应用的优势之一是,大量开发者的集体贡献。正如一个开放社区爱好者所言:“这就好像将 iTunes 的音乐商店功能移除,并用互联网上的其他音乐商店取而代之。"①

第三节 内容创作流程

无论是一家人在夏季的海边团聚,还是一场欧洲橄榄球比赛,抑或是一档黄金时段自然类剧集,作为一个制作人,你需要做些什么从而为互联网播放准备好内容?

你需要对它进行压缩,赋予它标签以便人们能找得到它,然后将它放到服务器上。也许你还得为它制作不同格式的版本、相应的播放器以及关心下载/分辨率的品质。然而,更完整的回答是,要想成功完成任务需要经过很多不同的步骤。虽然可被用于 IP 部署的视频服务器间的类别有所不同,但其相同点是大量的内容必须被创作、管理和部署,这样才能取得成功并获得商业效果。

总的来说,由摄影机或视频记录仪拍摄的原始视频不能很好地适用于流媒体应用。通常内容必须再经过处理以便进行流传送。为了可以在网络生产设置中被使用,视频内容必须是数字化的,被压缩为各种不同格式的,有索引的,带标签的,并且符合各种技术标准和性能要求。以下是一些保证上述过程顺利完成的提示:①有价值、有时效的内容更能吸引到内、外部的观众;②内容的生命周期要够长。

获取和准备内容以供观看的方案可能很轻松也可能很紧张,这取决于用户的目标、用户的时间限制以及预算分配。这一过程的第一步是将视频从网络中聚集起来,这种网络一般由卫星系统、录像带、直播资源、VPN 或互联网组成。然后对其进行摄取或数字化,使视频被分割好,有元数据以及情节串联板等,为接下来的编辑和预览做准备。图 11-2 所示的就是内容的发展过程。

在这一过程中,存储、安全和容灾功能需被贯彻其中,然后系统管理者可以指定用户组或公众获得许可以抵达各种内部产品、市场或广告中。在经过适当的编辑和格式转换后,内容被推送到服务器以供下载、传送或播放。

随着时间的推移,整个生产过程越来越多地受到新的线上视频技术和用户体验的影响。同样也受到如同在第九章讨论到的有关带宽的影响。内容必须在从源到市场的每个阶段都被很好地保护,并且要适用于不断发展的频道和传送格式。此外,很多电信公司和互联网服务提供商需要共同建立起网络运营文化。

或许最多有关流媒体需求的实例是直播式网络播放,它要求媒体产品的生产和分送必须可靠且具有容错性。实时网络播放经常会出现基本的视听问题,如同

---

① Ross Kirchner,http://rossnotes.com/archives/2006/10/01/playing-with-songbird-2006.

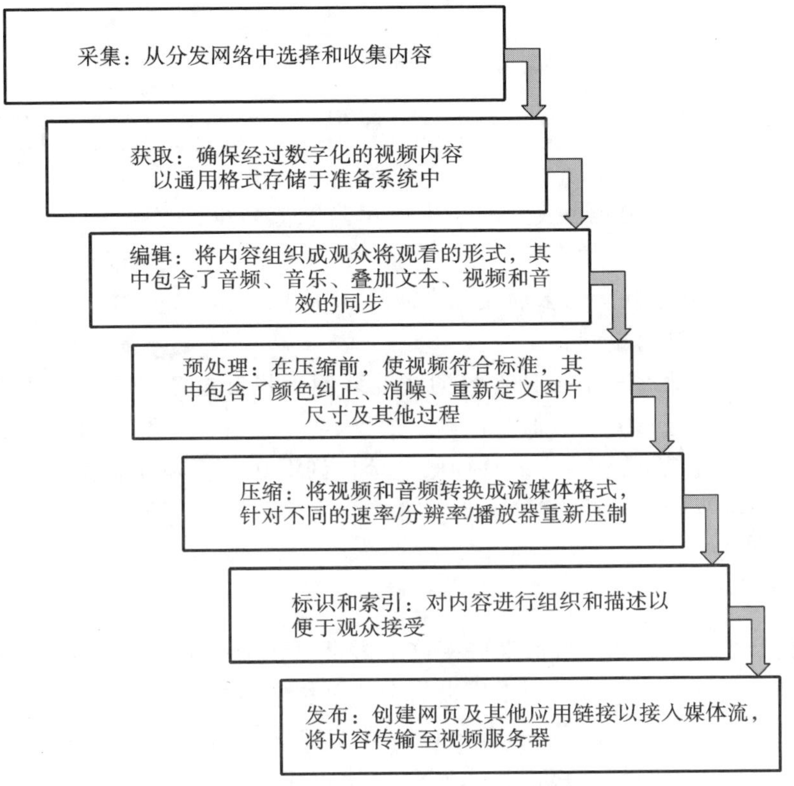

图 11-2 流的内容创作工作流程

Steve Mack 与 Dan Rayburn 在《网络播放》(Focal 出版，2006)中论述的：

生产一个网络直播内容的过程基本上与创建一个点播流媒体文件是一样的。然而，网络直播更苛刻一点，因为在这儿没有任何出错的余地。网络播放内容是实时生产的，这对流媒体生产处理的每个阶段都产生了相关影响。但只要能多一些思考并多一些计划，一个成功的网络直播就会出现在你的面前。

网络直播过程和创建点播流媒体文件相同，都需要经过重要的规划阶段。

(1) 策划：确定费用、地点、工具和工作人员。

(2) 生产：获得原始音频及视频源，这可以是任意格式类型的。

(3) 编码：将原始媒体转换成可进行流传送的格式。

(4) 授权：通过相关网页链接将观众导入网络直播。

(5) 分发：保障用于分发流的基础设施。

在网络直播中每个阶段都有着特殊的要求，但最重要的是记住每个网络直播都只有一次。如果出现问题，在你没有相应准备下网络直播也许就会停止。记住一点，策划阶段是最重要的，其他所有阶段的关注点可以聚焦到一个关键词上：冗余(redundancy)。

第四节 用户方案:将流媒体转变成收益和影响

分析完流程,在现实中成功的技术应用是靠值多少钱来衡量的。尽管 IPTV 如我们讨论的属于专业的广播频道,有相应的预算和基础设施以抗衡商业电视广播,但流媒体的基于观众的多面性和有效性为更小的组织提供了便利。一些应用案例会在下文中被讨论到。

视频流对窄播而言是一种理想的在互联网上提升全球影响力的方式。窄播是指向特定观众进行播送。他们也许是渔民、数字标牌点购买顾客或镇上新酒店的客人。窄播可以更轻松、有效且彻底地延伸到潜在目标观众。我们简单地来看在今天使用流视频的一些方法。

一、娱乐

伴随着 20 世纪 90 年代后期好莱坞电影可以在网站上进行预览,互联网视频开始了跨越式发展。不再受制于昂贵的商业电视频道播放或剧场准入,电影公司开始了线上社区的延伸。首先,部分内容开始被提供用于下载和播放,这是因为那时只有很少的家庭用户可以接入宽带以接收高品质流。一个历史性的事件是《星球大战 1》的预告片的下载。这个只有 10.4 Mb 大小的视频在 1999 年 3 月其新闻发布后的 5 天时间里被下载了 350 万次,即使那时通过拨号上网来进行下载的过程要持续一个多小时。①

根据经济合作与发展组织报告,截至 2007 年底,全美已有 51%的家庭接入了宽带网络。② 这使越来越多的内容可以通过流媒体形式传播。所有视频内容的种类都可用于网络,包括电视节目、好莱坞电影、短纪录片、用户生产的内容以及其他各种内容。其中大部分内容都是免费的,当然也有一部分需要收取订阅费或允许广告出现。

二、企业宣传片

企业宣传片由有利于提升组织效能表现的内容所组成。我们将把企业定义得比较宽泛,因为我们希望这个词可以涵盖各种公共组织和私人组织,包括政府

---

① 电影信息和预告片的优质来源之一是 imdb,它是一个互联网电影数据库。

② http://www.oecd.org/dataoecd/20/59/39574039.xls.

机构、非营利组织和纯粹私人公司等。

企业宣传片一般聚焦在两个领域：员工教育和信息分享。员工教育涵盖了广泛的主题，包括新员工的培训、新工作技能及运用新设备的培训、职场能力提升的培训以及个人技能的发展等。而信息分享则可以让员工因企业和组织而感到骄傲，改进与员工的交流，并处理特殊的挑战和机遇。有时企业宣传片只对内进行传播，有时企业宣传片则进行对外传播。

直播流通常被用于有时效要求的企业宣传片应用中，如公司新闻发布或管理层讲话。在流媒体视频变得可行之前，公司只能通过租用卫星时间来进行并只能为特殊事件提供有限的卫星信号接收。永久的卫星系统越来越受到零售连锁企业的欢迎，因为这些企业有庞大且分散的门店并有对直播视频传送的巨大需要，但这只是特例。高品质流媒体可以在企业 IP 网络中发挥同样的作用。

很多其他内容都适宜存储并被用于随后的点播流播放。比如，培训内容的记录材料就是一种非常有效的让学员看到自己表现的介质，他们可以控制观看的内容并聚焦于自己身上。

相关材料还可以被储存并按照员工不同的工作时间及职责择时播放，或针对错过原始培训的员工进行播放。这一服务还可以用于保存追踪播放的次数，以利于版费的取得。然而在下载及播放环境下，内容可以在网络中被用户自行分发，这会使准确地使用账户变得困难。

三、投资者关系

由于 2000 年后一大波企业丑闻在美国发生，如何对待投资者变成了优先事项。很多公司决定给予大型投资者和小型投资者参与公司重大事件的权力。为了达到这一目的，使用流视频在互联网上直播会议成了一种越来越流行的解决方式。当然，如果有用户没有观看到原始直播或想要进行回看，相关内容还可以被记录并按用户需要进行播放。

直播企业视频报道一般不常见于几百或更多的同步用户的连接。多点广播（见第五章）可以被用于延伸到位于正确网络分区的用户设备处。通常这一服务只适用于专用网络，在这里多点广播能够在 IP 网络设备中使用。对无法连接到适宜网络的用户而言，复制式的单点广播可以为他们所使用。在这一技术中，一些特殊的服务器被用来取得一个单一的进入流并生产出多个输出流。这种技术特别适合有投资者关系的企业使用，因为它能够通过增加必要的新服务器性能来增加更多的用户连接。

四、互联网电台和电视

现在互联网上出现了很多提供音频和视频内容的免费订阅服务。由于低设备成本和低带宽要求，互联网上有至少数千家互联网电台。互联网电视台则相对没那么普遍，但是它们也越来越可行，因为宽带用户的数量在不断提升。

视频和音频流网站被发展用于多个方面，包括企业品牌(免费网站)、广告赞助(同样是免费的)，以及订阅(按月或其他周期性支付系统)。大量的内容被提供，包括新闻节目、音乐节目、成人节目以及娱乐节目。这类服务和传统电台或电视广播网的组织类似，用户观看的内容受到了约束，只能收看其所提供的部分。比如，Pandora 音乐服务允许用户选择一首歌或一个作者作为出发点创建一个播放列表，而这个列表并不在用户的直接掌控之下(并且有趣的是，至少在初始播放列表中并不包含已选择歌曲)。Pandora 不是一个内容点播服务，因为在内容点播服务中，用户可以自由地控制或观看任何他所选择的内容。

因为大量的此类内容都是提前录制的，所以下载与播放技术完全可以支持其工作。然而，这种方式可能引起播放流在某种程度上的破坏，因为在播放开始前需要将每个文件都下载下来。(这种破坏在视频文件中的危害比在音频文件中要大，因为视频文件相对更大，也需要更多时间用以下载。)渐进式下载和播放则能够很好地缓解这一问题，因为其对每一个新文件的播放都很快地在这个文件的第一段被下载之后就能开始。当然，对于直播传送而言，只有流媒体才可行。

第五节 现实检验

播客的使用和影响力以及商业网站开始提供线上电视节目的剧集受到广泛的关注，所以在本章的现实检验中我们将转而讨论这部分。

一、播客

内容提供者和观众正在追逐新的方式。举例来说，在音频点播的变革中，播客在世界范围内有着众多忠实听众——即使到现在也没有一个公式诠释它是如何操作或盈利的。播客是一种线上媒体发行形式，允许制造者上传他们自己的内容，而听众可以下载或订阅常规源以便在内容更新有效后取得新内容。因为播客的突然流行，这一术语被《新牛津美语词典》评选为 2005 年度单词。

播客的联合力量指的是我们可以上传自己的播客内容并通过 XML Web 出版文件使用简易信息聚合(RSS)技术。这一技术使其他网络用户可以订阅他们选择的内容源。而在用户应用(如浏览器)中的 RSS 阅读器会在网上自动发现并下载相关订阅内容以提供给订阅用户(见图 11-3)。

必须感谢播客的低成本，这使每个渴望制作并主持自己电台的人，每个想传

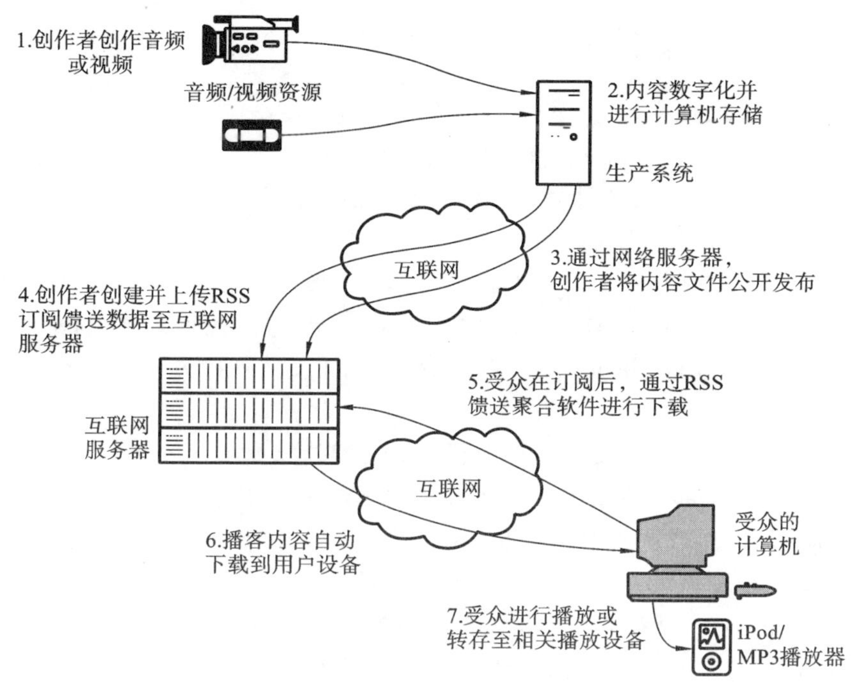

图 11-3　播客广播的出版与订阅

播自己音乐的人，以及想进行企业传播的人都能够上传他们录制的内容并提供给全世界的听众。但是当技术团队向 CEO 讲述相关线上策略并通过 IPTV 向世界发行时，播客是否应当被包括其中？其标准应该是它是否可以产生结果，以及是什么使播客成为一个有效竞争的工具。所以，以下列举了播客的一些特性以帮助我们考虑其在音频和视频中的使用：①订阅用户——或基于下载的选项；②联合供应源的顺从性；③支持用以与其他网站内容或电子商务进行交互的用户界面；④迄今为止还是以音频为中心，但是由于越来越多的便携式音乐播放器和其他移动设备可以提供视频播放功能，视频播客也愈加重要。

每个以播客作为传播工具的人都需要在他们开始播客生涯前完成特殊的媒体配置，并在他们线上生存之初就有闪亮的下载数字。比如，当 Adam Carolla 离开主流电台进入播客时，他的播客在上线第一周就被下载了超过 100 万次，这大大地超过了他最初的期望。①

① http://www.podcastingnews.com/2009/03/01/adam-carolla-podcast-makes-radio-irrelevant.

二、商业电视"补剧"(catch-up)

对很多线上电视剧、真人秀和部分情景喜剧而言，一个不利的方面是当错过一集内容时，长篇的故事就变得不连续。这可能由各种原因造成，比如 DRV 发生故障，电视台突然改变播放计划，与客户或幼儿教师间无法避免的会见等。这让广播业者意识到如果他们可以为错过的剧集提供"补剧"功能，则他们可以更好地维系用户忠实度并使用户更乐于追看节目的下一集。幸运的是，IP 视频点播为其提供了完满解决这一问题的方法。比如，BBC 的 iPlayer 允许英国电视观众找到过去 7 天的所有节目，并可以在 Windows 计算机、苹果计算机、Linux 计算机、Nintendo Wii 等设备上进行观看。

它的工作流程是这样的。电视网和其他内容分配商与内容所有者达成协议，允许其建立含有全部电视剧内容的网站以供观看，并与广告商签订以提供长的前置广告(1～2 分钟)或短的中置广告服务的合同。用户被请求全程在网站上，包括广告时段(如 2009 年超级碗中出现的搞笑的 Hulu 广告)并被鼓励在线上(在个人计算机而非电视上)观看节目。相关节目可能只在几周内有效，以避免任何向表演者支付版税的义务，并借此确保内容随后可以彻底在市场中被移除，为下一步 DVD 的发行创造条件。

显然，这一方法是成功的，通过尼尔森的数据可以看到，在商业电视网站上观众数量增长明显，而且这种观众数量的增长是全时段的。

第六节　总结

本章我们详细讨论了各类互联网视频技术。作为一种可管理、可支付的技术，用以替代放送级品质的 IPTV 电视网络技术在全世界发展起来并提供了在公共领域的传送。此外，我们还讨论了 IPTV 和互联网视频流的不同，我们了解了基础流媒体架构下端对端拓扑结构，它不仅是可被发展的，而且是能够通过公司或个人进行部署的。这些公司或个人可能没有预算、没有员工或没有广播级品质频道的传送需求。

互联网中有着各种流媒体的使用方法，而真实流、下载并播放以及渐进式下载和播放这三种方式有着各自的独特优势。虽然本书被定义为一份高管简报，但我们还是主动地进行了一些技术层面的钻研，如 RTP、TCP 以及 UDP 传送，以揭示对流媒体应用在时间和资源上的投资需要有经过技术和市场团队共同完成的计划方案，只有这样才能保证得到一个最佳的结果。

我们还讨论了有关主流软件制造商提供的媒体播放器以及由开源社区提供的替代产品,还对视频内容的获取与准备的各个步骤进行了详细的解释。最后我们对互联网视频的主要应用领域和一些组织在各自区域内寻求开拓虚拟互动窄播的经验进行了检验。

第十二章

IP视频的发展趋势

五年之后，人们会嘲笑我们现在看的电视。

—— 比尔·盖茨，微软

我们只想指出，在你的网站上发布视频是违约行为。

——Peter Chane，谷歌视频

通信网络正在持续快速发展中。本书的最后一章将着重关注在这一新兴环境下的经理人和业务领导，并尝试描述有关未来的重要趋势。其关注的焦点是为IP视频传输开拓道路的一系列全球科技和商业发展成就。让我们从回顾已成长为市场主流的先进科技开始吧。

通过这本书，我们已经了解了IPTV和互联网视频背后的技术和商业驱动因素，它们驱动着全球各地研发新的服务交付模式。IBM的一篇报告更是在其标题就宣告“我们所知道的电视的终结”①。无论结果如何，变幻莫测的IP格局将继续通过公共互联网和专用网络为电视节目提供更为通用的框架。

专家解读

截至2008年底，美国广播公司宣布在其开始通过ABC.com传送节目以来，已经累计播放了4亿集电视节目和10亿条广告。迪士尼-ABC电视集团的总裁Anne Sweeney对电视的未来和内容的收益转化有以下评论：

将来的四合一业务：“……技术是附加性的。它所提供的是你想要的内容，但这种附加技术正在改变我们的产业格局。要想找到通向陌生领域的路径，我们不能再通过旧的地标来导航……”

改变和风险：“……你忽视某个特定的威胁，如音乐产业就是一例发人深省的前车之鉴。我们要理解的是我们是在为消费者打击著作权侵害行为……”

新模式：“……我们不能依赖于旧模式或者老思路。我们要积极寻找机会，以

① www-935.ibm.com/services/us/index.wss/ibvstudy/imc/a1023172? cntwxt5a1000062.

合理的价格和便捷的方式提供我们的内容……”

IP是一个促进者。就像我们在第五章所探讨的那样，IP在多种类型的网络中有强大的控制开支和管理服务的能力，这是其成为端对端业务下各种数据流、渠道和设施演进的基础的原因所在。我们在之前的章节中已经探讨了视频传输技术，我们已经看到了满足消费者的带宽、先进的服务器中间件技术和功能性机顶盒的结合是如何整合为流视频的，这种整合方式直到当下方才实现。

截至2012年，3200万美国家庭有望得到10 Mb/s或者更高的带宽连接，其中大部分带宽被用于传输视频内容。[①] 就像社会化协作下的Web 2.0环境一样，在压缩、安全性和服务器可扩展性方面的突破正在为下一代视频做出贡献。所谓的视频2.0将传统电视、电影和互联网视频结合成一种单一的消费产品，并通过提供普遍存在的线路和互动性的四合一服务来实现交付。

今天你的计算机能够帮助你搜索内容，你的电视却只能显示既有的频道。随着机顶盒以及提供先进EPG和丰富DVR存储途径的流媒体设备的发展，视频消费者对内容的核心操作会越来越多。“我们的新搜索形式真正实现了谷歌化的电视，这样你可以迅速获得你感兴趣的内容，”TiVo的首席执行官Tom Rogers说，“并且当人们看电视的时候，他们正是这样使用电视来获得想收看的内容的。”[②]但是这种全面的改变并不会自动产生出赢得观众的产品并具备市场吸引力。“早期的尝试者可能想体验新服务，”有位分析人士是这么说的：“但是大部分用户只是想打开电视，舒舒服服地坐下然后娱乐一会儿。”他们最终会为“主动或者被动”的消费模式支付更多吗？[③]

最终，我们还需要创造性地将新的线上传送模式和传统播送模式结合起来，由广播、有线电视、卫星公司、通信公司和网络服务提供者向消费者提供新型服务、减少客户流失，当然这一过程肯定少不了风险和实验。在经过未来几年的竞争和行业震荡之后，在这个新兴的价值数十亿的市场上，成功者和失败者将会变得更加清晰。接下来，我们看一下这些期待背后的其他商业驱动者。

第一节　商业驱动者

提供新型服务的IPTV技术在大放异彩的同时并没有放缓发展脚步的迹象。可以说，机遇与挑战并存，因为无数的新特征、设施、标准和举措都是很难掌握的。

---

① Parks Associates，October 2008.

② Tom Rogers，CEO，TiVo，on their new search capability. TV news interview，1/8/09.

③ Deepa Iyer from“IPTV Promise Meets Reality，”C/NET，2006.

这本书之前讨论过其复杂性,而这些因素会使其变得更复杂,IPTV 和互联网视频之间的重叠正在增加,而传送平台的选择也在激增。通过技术选择的激增实现对试验空间的让渡,从而获得关于受众喜好和货币化权利的公式。

我们在第三章中探讨了商业模式,现在我们尝试区分"赚钱者和引发关注者"这一商业成功的关键所在。就像电视高管 Terry Mackin 曾经说的那样:"这可能很酷,不过这是不是一门生意呢? 这个问题决定了我要如何将其变成一个完全意义上的商业模式,那么其收入策略又是什么呢?"将内容转变为现金面临着下面的挑战:①解决许可权和发行权;②提供具有广泛吸引力的用户界面;③提供高质量的服务;④将新型的未证实的服务货币化;⑤解决剽窃和盗版行为。

分析人士和趋势观察者们在判断产品和收益时专注于关键数据节点。其中两个主要指标分别是运营者的基础设施承诺(投资)和大规模的战略性收购。

IP 视频业务商业化转型发展加快的一个明证就是全球各地的电信公司对新网络和基础设施的数十亿美元的大规模投资。多年以来,商业头条反映了这一改变以及将来面临的风险和回报。《洛杉矶时报》报道:"电话运营商正着眼于有线电视业务。""竞争格局正在改变",一位有线电视行业分析人士说,"这就是人们为什么对电话、有线电视和卫星行业的股票持谨慎态度的原因所在。如果你有所关注的话,华尔街认为将来没有成功者。"关于这场竞争中将会生产何种类型的服务,经济动态将继续成为一个关键的决定性因素。①

除了电信公司对 DSL 和光纤网络所做的巨额财务投资之外,市场上还存在着注入收购和并购等行为增多的迹象。最近几年,一些行业的收购和并购引起了我们的注意,这在上述的若干章节中也略有引述。首先,eBay 斥资 26 亿美元收购网络语音电话业务领导者 Skype,这吹响了电信巨头宣告改变的号角:作为现金牛阶段的电话业务收入将呈下降态势。(这一收购后来被证明是 eBay 的负担,但是造成这一事实更多的原因是缺乏协同及货币化不利,而非 Skype 的核心业务。)这一交易和随后的几次交易,为过去壁垒森严的广播、媒体和电信产业确立了新的格局。

最近几年的其他并购和收购也标志着保守派的改变即将发生:

(1) 新闻集团斥资 5.8 亿美元收购 Intermix Media,包括其社交网络平台 MySpace,此举对这个传统保守的广播公司启动下一波互联网业务而言是重要的一步。

(2) Adobe 在 2005 年以 36 亿美元收购网络开发巨头 Macromedia,这一收购看起来像是为了软件。但是,作为一个 IP 视频业务驱动者,Adobe 可以将其明星产品 Flash、Dreamweaver 和其他 Adobe 产品置入 Macromedia 中,这一快速发展

① http://articles.latimes.com/2005/dec/10/business/fi-cable10DDS.

的并购聚焦于新的 HTML 视频，以及跨越广播和数据网络传统界限的动画制作工具。Adobe 系统因其 Flash 视频技术成为美国 2006 年技术及工程艾米奖的获得者，这家公司强调其在广播公司传输内容和吸引新观众过程中所起的作用。[①]

(3) 广受关注的向用户提供内容类的视频门户网站 YouTube 的收购对谷歌而言好像是“异端行为”，谷歌联合创始人希尔盖·布林说：“但是搜索并非始终是学习的最佳方式。如果你想学习一项运动或者学习如何建造一个房子，视频是最好的学习方式。”[②]

最近，哥伦比亚广播公司出资 18 亿美元完成对 CNET 的收购，这一行为立即让这家公司在互联网资产上的排名进入前十，并拥有两亿左右的全球观众。另外，2007 年，NBC(美国全国广播公司)、新闻集团和 Providence Equity Parters 联合出资 1 亿美元投资了一个网站，也就是现在的 Hulu，该网站在黄金时段提供视频流网络节目。

对某些人来说，新媒体市场正在逐步开放，对其他人而言，这种新一代的视频技术只是对现有产品和服务的新包装而已。可是就像领先的分析人士和整合者所分析的那样，这种关于将来发展势头的说法根本不值一提。IP 市场是不是一个万亿美元产业？不妨考虑一下某些趋势，毕竟全球已经有 15 亿人连接到了互联网。[③]

在本书 2007 版中，我们说，仅仅在美国境内，就有三分之一的家庭已联网，到 2010 年，这个数字有可能翻倍。今天，根据 Comscore 的数据，每个月有 140 亿在线视频被观看，Comscore 还估计，2008 年 12 月，在 1.5 亿美国互联网用户中每名用户平均观看 96 部视频。[④] 在英国，过去一年中在线视频观众增加了 10%，达到 3000 万人[⑤]；在法国则增加 16%，达到 2700 万人[⑥]。在线视频数据流广告收入将在 2012 年超过 60 亿美元。[⑦] 同样，根据高德纳公司的预测，现有的两千万宽带电视服务用户将在 2012 年翻三番。[⑧] 截至 2008 年 6 月中旬，苹果电脑公司已经报告了超过 50 亿合法的 iTunes 下载，每天下载 5 万部电影，每季度的收入估计为

① Adobe Systems，Adobe 系统，www. adobe. com/aboutadobe/pressroom/pressleases/200611/110206Emmy. html.

② http://www. lightreading. com/doument. asp? doc_id=107860.

③ http://www. internetworldstats. com/stats. htm.

④ http://www. comscre. co/press/release. asp? press=2714.

⑤ http///www. comscore. com/press/release. asp? press=2753.

⑥ http///www. comscore. com/press/release. asp? press=2747.

⑦ Parks Associates.

⑧ http://informitv. com/articles/2008/09/25/iptvmarketgrows/.

5.27 亿美元。[①] 与此同时,与 2008 年相比,2013 年的移动广告支出将增加 42%,到 2012 年将会达到 27.9 亿美元。[②]

在大多数情况下,这些数据反映了高速增长的前景。其他业务驱动者讨论了已经司空见惯的、进行异时播放的 DVR,这可以使定制内容被更加广泛地获得并且更具吸引力。观众想看视频的时候就会得到视频并且还可以使用便携式媒体进行播放,相关内容我们将会在下文有所探讨。

参与决定了电视的未来,今天很多的广播公司高管都已经开始明白这一点并且开始招徕客户。通过连接到网站内容,包括体育数据、烹饪技巧、选举分析等,节目制作变得越来越可控。可是我们真的做到这一点了吗? IPTV 和互联网视频的货币化是一项进展中的工作。通过广告来实现在线视频的商业化对谷歌首席执行官埃里克·施密特来说仍然是进展中的工作,他甚至称其为新宽带娱乐媒体的"圣杯"。正像一个博客用户最近说的那样:"在我看来 IPTV 肯定会大行其道,我希望与网络语音等网络业务相比,它能够更快、更便捷地来到我的客厅。"[③]

现在很难找出比 IPTV 和互联网视频更炙手可热的技术媒体增长类型了。我们或许尚未确立最终的标准和规模,但是世界各地的行业高管显然都已经意识到我们已来到了最有创意且最令人兴奋的产业阶段。"当你来到连线阶段,也就是按需应变阶段时,究竟会发生什么呢?"前英国广播公司首席技术官 John Varney 问道,"我们没有看到能够显示我们已经真正了解这个行业的一系列行为。此时,我们开始看到社交网络、用户创作和视频发行共同发展的势头。如果这一趋势能够持续,那么民主化效应会使其成为广播历史上最不可思议的阶段。"[④]

可是实现下一个突破意味着将会对界面和传输设计进行实验,为网络速度和市场覆盖设立基准,并在设施兼容性和服务质量等方面下功夫。这一方面涉及项目管理,另一方面涉及未来学,并且需要将风险计算和机敏资源投资结合起来考虑。《跨越鸿沟》(*Crossing the Chasm*)的作者、莫尔·达维多风险投资合伙人 Geoff Moore 关于数字媒体和将来的 2.0 技术创新有这么一个说法,决定这个市场的将来,"重要的不是做决定,而是下赌注"。

就在几年之前,除了法国、意大利,以及部分亚洲国家之外,IPTV 似乎因为姗姗来迟的芯片、机顶盒和包括美国电话电报公司、英国电信公司和瑞士电信在内

---

① http://www.businessinsider.com/2008/6/what-apples-5-billion-songs-mean.

② http://www.fiercemobilecontent.com/story/forecast-moblie-ad-revs-to-reach-2.79b-by-2012/2008-04-29.

③ TekTidbits, www.tektidbits.com/2006/11/iptv_the_futres.html,2006 年 11 月。

④ "Broadcast's New Media Course(广播的新媒体课程)",TVB-Europe,2005 年 7 月,Greenfield。

的电信巨头对微软IPTV解决方案的延迟采用等综合因素而止步不前。然而，IPTV用户在继续增长，我们之前已经指出，美国电话电报公司和中国香港地区电讯盈科有限公司的用户已经超过了100万。在2008年，IPTV用户已经从2007年第四季度的1300万人增加到2008年第四季度的2200万人。[①]

运营商为消费者增加DSL性能的努力仍在继续。不断增加的网络容量和降低的频道变更时间可以与传统电视竞争，这将促使供应商实现性能目标并且排除延迟因素。有些公司已经不满足于ADSL2+，他们开始追求更高的带宽以便为每个消费者提供更多的服务。对于一个家庭的多台电视来说，暂且没有更好的高清解决方案，但是VDSL2是一个有希望的标准，并且这个领域的压缩创新仍在继续。

今天的运营商寻求一种最先进的网络，能够让电视、个人计算机和基于机顶盒的IPTV在零延迟的情况下获得一切内容：按需提供的黄金时段的电视节目，用户生成的互联网视频，自行创作的频道，互动服务，以及便携式接入。

将来成功的网络架构是否是IP、电视和无线混合式的？其构件正在改进：实时H.264解码、RTP和RTSP协议、搭配芯片的机顶盒、CPU+DSP解码，以及802.11g无线网络。可是，有了这些就足以满足性能要求并且能提供规模效益吗？我们还需进一步考虑。

第二节 远大前程

新的导航、协作和内容互动方式是未来电视的特点。这是我们这本书所提及的期望。然而，要想提供互动的视频服务还要涉及并且逐步整合今天的惯例和观看习惯。

一、一切按需提供：免费的和收费的

就像我们之前探讨的那样，关于未来的一个愿景就是基于一切按需提供(EOD)，通过VOD、DVR、在线接入、DVD、移动设备等方式传输。William Randolph Hearst Ⅲ和其他人都认为，"指派内容的电视已经到了穷途末路"[②]，因为电视已经成为按需提供的体验。

---

① http://www.tvover.net/2009/03/25/IPTV+Growth+Doubles+In+North+America+In+2008.aspx.

② Willam Randolph Hearst Ⅲ，Kleiner Perkins Caufield和Byers共同撰写，《纽约时报》，2006年1月2日。

消费者从广播电视上和网站上频繁获得免费内容的历史让他们对何时何地播放何种内容有了更高期望。我们在第三章中谈及了支付方式和商业节目的经济因素。时间位移效应和DVR并不排斥广告行业急于保护价值数十亿美元的电视广告收益的愿望,虽然通过DVR能够实现广告跳过。

可是,"广告变更的速度相当缓慢",OgilvyOne的副主席Rory Sutherland如是说。Sutherland相信从20世纪50年代到互联网时代到来之前,广告行业根本没有发生多少变化。然而,新媒体使新品牌成为可能,并且亟须21世纪的商业模式,Sutherland和其他同事这样说。① 最近几年,我们在网站上看到过伪装成娱乐节目的广告,比如司木露茶党广告活动,塔可钟的超模线上专业摄影,还有最近的百事百战天虫模仿秀商业摄影。百事的商业摄影是在周六晚间直播首次推出的,并且是43届超级碗的最爱。新一代的在线视频广告货币化初创公司不再满足于插播广告、覆盖广告和横幅广告,它们播放参与性更高、干扰更低的互动式广告内容。

互联网电视广告支出呈上升趋势,在线视频市场在接下几年也会稳定增长,预计其支出也会翻倍。媒体公司也在围绕多媒体内容的概念进行重组,因为现在视频已经跨越了电视、电脑、手机和iPod。根据奥美广告公司的其他数据,这意味着"媒体公司不得不担心如何在多个屏幕上实现内容的货币化,与此同时,代理只需要保证我们的营销信息传递给这些平台上的消费者。"②因此,前方的道路让广告客户和内容提供商有了共同的目标:创造跨平台和跨设备的新内容并且传递给所有的观众。

Netflix和Blockbuster这样的DVD邮件租赁服务商(已经为电影观众提供了前所未有的通路和类型)正在被另外一种类型的互联网视频传输取代。之前讨论的99美元Roku box提供数千部电视节目和电影的无限制按需观看服务,每月的费用只有10美元。除传统的"租赁、购买和订阅"打包支付方法外,还要注意灵活性,多层次支付方式,更广泛的利基内容("利基"词是英文单词niche的音译,有拾遗补阙之意,译者注),以及互动性激励(比如"买这个""选那个"或者"获得免费样品")。对音乐库来说,有效的"想听就听"音频订阅范例也可以应用到Netflix"立即观赏"视频服务中。

基于人口统计学的广告也是未来趋势所在。新广告科学家的定制广告将会提升其对基于年龄、文化、经济和地理分类的子群体以及对观看群体的理解。为什么呢?为了更多地学习他们想要的东西,同时为了通过反馈环路来定制广告:"在互联网上,市场营销人员喜欢他们的仪表板、他们的控制台,还有看到结果的

---

① Rory Sutherland,OgilvyOne副主席,英国电信全球峰会,2006年9月。

② Maria Mandel,Ogilvy Interactive,2006年8月。

能力，以及根据结果进行变更的能力。”Visible 首席执行官 Seth Haberman 说：“当你阅读线下广告研究的时候，就像是去停尸间一样……他们把实体剖开，然后告诉你他的死亡原因。不过除非你能改变现实，否则这是毫无意义的。真正的机会在于协调和反馈。”①

二、所有人的频道

下一件重要的事情是以小取胜。

——Seth Godin，作家

未来的经济是基于大众化受众还是利基市场呢？互联网往往拥有超过传统广播和营销活动的受众，雄心壮志的内容提供商已经发现一个新的线上机会来传递他们的信息。或许你试图在不超出明年运营预算的基础上增加客户的独立音乐视频制作公司、地区性旅游委员会或者初露头角的新闻和娱乐广播公司，但更多的 IP 视频解决方案允许你在不耗尽资源的情况下创造你自己的频道。

在往日，电视频道播放一系列的节目供观众随时收看。今天，观众可以在 Hulu、Veoh 和 BBC iPlayer 上在线收看电视节目。“频道”被重新定义为始终在线的网络视频目的地。举例而言，Ustream 的首席执行官 John Ham 认为他们的直播频道并不只是为了收看：它们是为了连接。广播公司和观众间的互动是关键所在。“Ustream 不仅仅是一个目的地，”Ham 说：“它是一个‘直播时刻’的平台。”根据 Ham 的说法，直播网站频道的影响力肯定是会增加的，他说，基于网络的视频互动将来会是社交网络共同的基础。视频流提供商通过提供技术人才和技术设施在互联网上生产和配置节目，这样可以允许任何规模的公司从事以前只有大公司的营销预算才能做到的事情。

视频流媒体提供者提供了以下优势：①全球性观看的受众；②现场互联网节目传输；③创造按次计费的内容选择能力；④播客复制能力；⑤应对观众规模激增的负载平衡的传输；⑥归档和数字版权管理；⑦提供有效的商业网络广播建议。

这一过程允许商业公司和非营利组织使用新的模式运营：“垂直思索并且与需要获得此类信息的人进行全球性的互动。”②

虽然越来越多的公司可以运营各自的视频门户，上传内容能获得特别的观众流，但是大部分公司都不是视频和多媒体网站制作的专家，并且可能缺乏时间、技巧和人才，因而难以成功。有的公司通过各自的互联网电视频道来改进广播质量，

① 《连线杂志》，2006 年 2 月。

② Dave Gardy，www. tvworldwide. com.

这的确是真的。IPTV服务将允许小型公司或者新产品开发商向全世界进行广播。

这一过程复制了消费者在家里使用遥控器和电视机的经历，并且其质量与卫星电视和有线电视提供商的内容质量类似。这些端对端的服务供应商通过充分使用压缩技术来实现在电视上显示互联网电视频道。其他服务还包括收费和客户关系管理。内容公司可以了解目标客户和整个世界。与传统有限服务不同，用户可以插上电视机顶盒连接到世界上任何一个地方的互联网，然后获得他们想要的内容。①

以上及其他的宽带频道解决方案继续通过该介质来为沟通创造新的选择。YouTube、Yahoo和其他网站提供更多的用户以友好的方式来点击和上传可普遍访问的视频。那么，频道究竟是什么？是美国广播公司、英国广播公司还是音乐电视？或许将频道定义为“来自同一个来源或者用户的系列视频”更简单一些。②

第三节　便携式媒体：移动设备的IPTV

每年全世界销售十亿台手机。虽然它们的显示屏幕很小，但是它们正变得越来越智能并且越来越便于携带。夏普184ppi分辨率的屏幕可以支持数以亿计的手机应用的出售和下载。便携式媒体被赋予一个如商业情报高级搜索分析员Jeff Orr所说的“更加适当的角色并作为传统广播电视服务的延伸”③。

可是便携式流媒体准备好应对黄金时段了吗？关于人们对在两英寸屏幕上观看电视的兴趣的社会化辩论仍在继续。全球范围内有超过20亿部手机正在被使用，其中有数千万部已经配备了允许视频播放的技术，这一趋势很可能会继续。

世界领先的广播公司正在进入战场，与此同时，移动电话和PDA(个人数字助理)供应商已经准备好新的可播放视频的手持式设备。初创公司如雨后春笋般涌现，提供各种各样的移动视频节目、搜索、音频、无线电和广告模式。支持苹果手机的MobiTV和其他350多家移动平台传输来自HBO等电视台的内容并且能保持无线网络、Edge网络和3G互联网连接。当美国全国广播公司财经频道的《On the Money》节目问MobiTV首席执行官是什么将观众吸引到小屏幕前时，毫无疑问，答案是全面的兴趣：“我们看到娱乐内容的广泛使用，也就是‘消磨时光的东西’，还有爆炸性新闻和体育比分。那么，每个人都能各取所需。”

---

① www.neulion.com-example custom IPTV provider.

② video.yahoo.com/video.

③ http://www.abiresearch.com/press/1366-Half+a+Billion+Mobile+TV+Views+and+Subscribers+in+2013.

便携式媒体的吸引力在于随时随地获得观看或者倾听你所选择的内容的渠道。“你可能住在东海岸，却想观看(旧金山)巨人队的棒球比赛，以前当你在户外的时候是无法观看的，”Palm 公司的多媒体产品高级经理 Matt Crowley 说，“但现在，无论何时何地，你都能看到你所喜欢的内容。”①

一、新网络的估值

随着更多的客户使用这项服务，网络变得越来越有价值。对无线服务来说尤其如此，因为更多的客户加入这个网络，有更多的人可以对话并且接触新的业务，无论是出于个人、医疗还是教育目的。梅特卡夫(Metcalfe)关于规模报酬增加的定律对此有很好的诠释(见图 12-1)。这一定律假设网络价值随着节点数量以指数规模增加。就像当多数公司开始使用传真机时，传真机就会成为一个业务必需品。当获得更多观众之后，广播网络就会变得更有价值；广告用户将支付更多以赞助有很多观众的内容。这同样适用于便携式视频设备，可是对于创建可行的服务而言，依然存在问题。

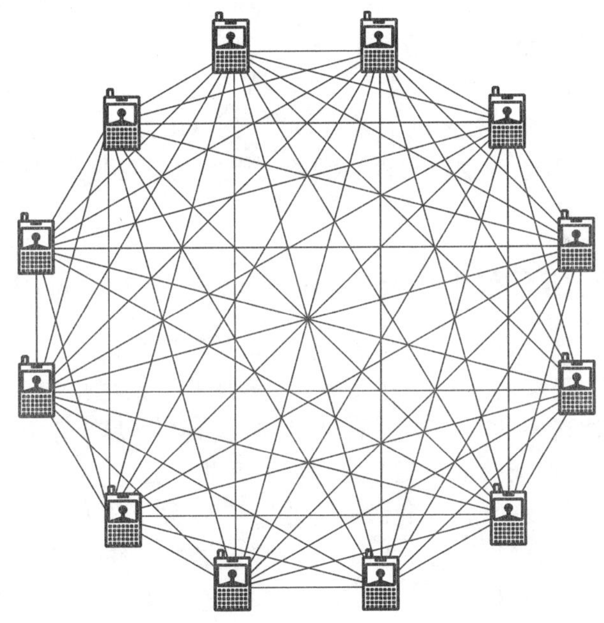

图 12-1　梅特卡夫定律(Metcalfe's law)：网络延伸中的规模报酬增加

① Streaming Media 2006，San Jose，California. 2006 年加利福尼亚圣何塞市流媒体会议。

二、移动:跨越技术鸿沟

到现在为止,小屏幕移动式视频的货币化进展缓慢,尚未成为主流,这是因为其自身存在着包括版权管理、收费、互动性在内的技术问题(比如分享视频和协作),以及创造新的用户界面、EPG(错误模式生成程序)、输入/输出控制等人为设计因素。最后,有效小屏幕内容的定制化生成、实时性和多平台版本生成要求也必须得到解决。

一些技术问题在于:①为内容消费寻找最可行的平台(例如,激励采用新媒体和界面,以及"下载或者媒体流");②4G、WiMAX 和无线网络配置的交替使用;③DVB-H之类的标准(数字视频广播-手持式);④与 GPS 和蓝牙整合来控制家庭安全、服务和设施等;⑤电池寿命(屏幕显示,潜在的 WiMAX 需求)。

对移动媒体营利性而言,非常关键的另一个技术问题是找到智能的方式来提供和管理足够的广播带宽——为服务确定有吸引力的价格来吸引消费者。

移动鸿沟不仅仅是技术问题。"我们仍然在学习人们是如何消费(小屏幕手机)视频的。"MobiTV 首席技术官 Kai Johansson 说。有人相信,仅仅将标准家庭显示屏上的视频转移到小屏幕移动设备上是有可能的,这样的话,人们就可以观看了,这是行业内最大的错误。"情况不是这样的,"Johansson 说:"现象级手机应用究竟是哪个?每个人都有不同的观点,可是我不认为每个人都知道。不过它已经来了!"①随着 iTouch 等手持式视频设备在市场上变得越来越便宜,这一时刻即将到来。②

三、2021:把所有东西都放在你的移动设备(laptop)中

移动媒体的大众市场可能会由出生在 2000 年以后的一代引领,他们更有可能体验新生代媒体设备的便利性和功能性。③ IPTVi 杂志出版人 Nick Snow 说,理解这个群体媒体运用的另一个方式就是:"成功将取决于另一个无休止辩论的结果:成功的电视是消极获取还是积极参与?我想这是一代人的事情。"④

除了提供手持式运动、新闻和激动人心的移动视频剧集之外,持续价格/性能的改进也驱动着数据存储的不断迭代。就像《记忆神探》的情景重新上演一样,我们将很快随时随地拥有视觉内容和沟通。笔者在 2007 年写道,磁盘驱动器存储

① Streaming Media 2006,San Jose,California. 2006 年加利福尼亚圣何塞市流媒体会议。

② http://www.mobiletechnews.com/info/2009/03/09/185536.html.

③ Anne Sweeney,Disney-ABC,"Monetizing New Distribution Platforms"(开拓新型发布平台市场),2006 年 4 月。

④ IPTVi Magazine(IPTVi 杂志),2006 年 9 月。

容量每年都在翻倍,3.5英寸驱动的容量在2009年能够达到万亿字节。事实上,截止到2008年,日立、三星、希捷和西部数据都达到了万亿字节。根据IDC的估计,到2012年将可以达到3万亿字节。[①] 据估计,到2015年,驱动容量将会增长到16万亿字节(足够容纳有史以来录制的所有音乐)。到2021年,会出现256TB的硬盘(存储64万小时的视频,或者说截止到现在,所有制作的电影、电视视频和音频足以持续观看73年)。

其中的商业潜力是非常有吸引力的。考虑到产品迭代速度和市场变化,有没有时间去实施战略呢?根据典型的"预备、开火、瞄准"策略,这个行业将在未来继续进行试验。"我们几乎尝试了一切,"哥伦比亚广播公司数字媒体前总裁拉里·卡莱莫说:"我们试图将所有的娱乐内容放在尽可能多的平台上,看看消费者的接受程度如何。"[②]

第四节 来自行业的声音

在我们对IPTV和互联网视频的反思中,我们将发现,今天商业思想领导者和技术专家对受IPTV影响的世界和互联网视频的想象就像盲人摸象。而盲人摸象的故事是说,有三个盲人,他们曾经听说过但是不曾见过大象。有一天,一头大象经过他们的村子,三个盲人去摸了一下。触摸之后,第一个盲人认为大象是一座墙,第二个人说大象是一支长矛,第三个说大象像是一条绳子。这三个人各自触摸的是大象的身体、牙齿和尾巴,但三个盲人都说对方是傻瓜。

不管你对行业的感受来自动态新闻、分析报道,还是办公室闲聊,大多数人都会认为今天的IPTV的布局正逐步获得改变游戏规则的能力。现阶段,无论是开发还是运用,我们看到的可能都只是早期空想主义者的幻象。

后模拟时代正在驱动更广泛的互联网视频消费,我们将继续见证视频发行的新型线上市场的出现。工作室和视频博客使用者将拥有更大更好的平台进行电视升级,为消费者提供全屏幕传输——通常不存在传统广播系统所施加的金融、地理或者监管性的限制。这种"电视广播民主化"与互联网一样影响深刻。因为视频是向各个方向传播的,这个过渡可能会被解析成新旧媒体特征,具体如表12-1所示。

---

① "IDC Predicts 3 TB Hard Drives By 2012(IDC预测到2012年将出现3TB硬盘)",http://www.tomshardware.com/news/IDC-HDD-SSD.5527.html.

② "Turning Content into Revenue"(将内容转换为价值),NAB,2006年4月。

表 12-1　媒体帝国的构件

旧　媒　体	新　媒　体
20 世纪	21 世纪
模拟广播	数字/IP 格式
集中式	分布式,个人/便携式
每日-每周,基于指定内容	按需提供,全天候服务
安全,授权安装	时间转移的,存在盗版问题

就像自以为是未来学家一样,我们都在推测 IPTV 的发展空间,下文是最有资质的人向我们讲述的关于“大象”的事实。

一、商业领导者们怎么说

无论是否为黄金时段电视、电影或用户生成的视频内容提供新的宽带站点,互联网视频门户的影响力都是一股成长的力量,而这一力量将更加壮大。此外,随着社交媒体和网络扩展,将视频用于商业的全新方法也正在得到发展。

对很多人来说,广播时代已经结束了,现在是发行为王,而非内容为王。“或许这是暂时的情况。”MMAX 企业负责业务发展的副总裁 Chuck Vaughn 曾这样说道。“但是碎片化已经改变了一切,好莱坞人因此而紧张不已。网络正为三种屏幕——计算机、电视和手机提供所有内容,所以我们已经准备好拔下分线盒的插头,”Vaughn 继续说,“我们都想以游击战的方式闯入后门,但是也准备好在将来进行发行和货币化……社交媒体是这个策略的一个重要方面。这是一个成功的模式:社区感支撑内容的‘长尾’无存储限制。这个共享的经验将用户放在首位,将内容放在第二位。”

很多商业高管早在 IPTV 发轫之时就预测其会在商业上大行其道。意大利电信服务供应商 Tiscali 的前任 CEO Mario Mariani 说:“在我看来,这更关乎人类工程学中用户体验和服务的独特性。在 IPTV 领域,这的确是一个挑战。”①转移到新 IPTV 服务供应的公司通过其端对端的网络来寻求保护和增加每个用户的收入(RPU)。

所以,通过若干服务填充网络来增加每个用户的收入是一个重要目标。“另一个 IPTV/计算机-电视挑战就是内容的可获得性,”Mariani 说道,“内容产业已经习惯与电视广播公司合作,但是未能有序地组织起来以便与欧洲的网络服务供应商和电信服务供应商建立合作关系。”

---

① 采访 Greenfield,2006 年 8 月。

IPTV真的能够与有线电视竞争吗？互联网视频能否提供传统广播之外的令人信服的选择呢？根据尼尔森在2009年第一季度的调研，观众在电视上观看了153小时的视频，与此同时，他们观看互联网视频的时间是3小时。然而改变早已发生，因为电视开始提供整合的互联网内容。其中的一个案例是LG、三星和索尼电视上安装的雅虎软件。雅虎"将互联网直接带到电视屏幕上"，雅虎VP Connected TV的Patrick Barry说，基于"最受欢迎的才能生存"这个法则，通过并购互联网媒体和将来的胜出者，电视行业会有所进展。

在欧洲，IPTV业务领导者的一个假设就是"欧洲消费者需要更好的电视体验，也就是说，使用IPTV环境的高清内容可提供更好的电视环境"，前阿尔卡特贝尔负责营销和传播的副总裁Carl Rijsbrack也这么认为。因为你可以使用平台来创造独特的电视环境，将用户纳入好友列表中，然后随时消费，"IPTV已经到来并且正在发生——火车已经驶出了车站，"Rijsbrack相信，"电视成了更好的电视。电视变得更加个性化，并且这是真正的三网融合体验。"①

此外，会有很多设备让消费者接触不断扩充的媒体体验。"近期是关于家庭、办公室和移动设备的附加媒体，"迪士尼-ABC电视总裁Anne Sweeney补充道，"迪士尼相信新技术允许内容去追随你——还有你的钱。"②

当Showtime首次宣布其移动内容门户网站的时候，它知道移动广播是"日益重要的……提供卓越的用户体验和节目取样机会"。Showtime负责数字媒体的总经理Robert Hayes如是说。③ 今天，很多内容提供商已经加快步伐，比如说哥伦比亚广播公司，这家公司的免费TV.com移动应用通过无线网络和3G网络提供完整的系列节目，包括哥伦比亚新闻、运动和Showtime。

在世界各地，成为制作人的能力现在正落入业余人士手中。有些行业资深人士认为，这种类型的视频要想跟电视展开真正的竞争还有很长的路要走。《办公室》系列电视剧的共同创作者Ricky Gervais认为："你无法使用小小的手持式数码摄像机拍摄一集《黑道家族》或者《24小时》。"④然而，其他内部人士认为我们应该好好审视一下最佳案例以重新考量它的前进方向。"这是不可思议的新产品和材料的分享，我发现这种现象非常不可思议，"美国电影学会(AFI)新媒体公司的导演Nick De Martino说，"配备价值500美元的计算机，价值500美元的摄像机，还有每年300美元的宽带连接，你就可以营业了。你已经万事俱备，可以开始进

① 2006年9月11日国际广播会议(IBC)。

② Anne Sweeney, Disney-ABC, "Monetizing New Distribution Platforms"(开拓新型发布平台市场)，2006年4月。

③ www.prwebdirect.co/releases/2006/10/prweb448357.htm.

④ 采访Greenfield，2006年11月，伦敦。

行不同寻常的改变了,在此过程中,你可以发出自己的声音……这是互联网能做的划时代的改变。”

人们自行生产视频的到来是影响未来的新生力量。ManiaTV 网络和 Blip. tv 等网站是重塑观众内容的在线广播模型。用户生成内容的网站已经将每一个人变成制作人。“从一开始分享链接和嵌入视频的人数就呈现病毒式增长,”YouTube 首席执行官 Chad Hurley 在谈及其日益受欢迎的网站时说,“还有很多事情正在发生,但是最重要的是我们已经成为一个视频目的地。”Hurley 说:“我们的观点是每个人都存在于同一水平上,我们创造了一个舞台,甚至美国国家广播公司也未能例外,我们并没有向用户推荐美国国家广播公司。它只是像其他所有用户一样存在于我们的系统中。”

在 NAB 前总裁和首席执行官 David K. Rehr 看来,我们最终已经为数字电视奠定了一个强大的基础,并且“即将重新塑造我们的行业”,“我们即将采用新一轮的技术,这种技术将带我们前往从未去过的地方”。

二、分析人士怎么说

在增加新技术和业务模式的同时,最有影响的行业玩家正在用脚投票。In-Stat 首席分析师 Gerry Kaufhold 认为:“美国在线、谷歌、雅虎、MSN、苹果、主要广播电视网络、付费电视,以及本地电视台都在想方设法将其视频资源和个性化电视服务结合起来。”他补充道:“电视的未来被逐步定义为在线电视,互联网门户巨头正在想方设法将专业视频和在每个典型日期跟随消费者的高接触服务结合起来。”

一个问题是,我们如何从这里实现无缝对接的未来新体验呢? IPTV 已经在广播行业风生水起,可是在很多行业分析人士看来,只有在解决若干问题之后它的发展速度才会加快。

网络和电视节目必须通过一个更加单一的格式优化并整合在一起。

在包括美国在内的很多国家,需要更高速的宽带来发行有竞争力的规模化 IPTV 服务,尤其要满足广播 DTV 带宽的要求。

必须有更加统一的架构来整合电视、机顶盒、有线电视和电信公司。

另一个问题就是服务保证。“如果某个地方出了差错或者不奏效的话,那么应该如何报告,另外谁来解决这个问题?”IBM 前 IPTV/三网融合解决方案高管 Mark Weiss 问道。要想成功,有必要协同办公室系统来实现聚合的登录、监测和及时应对。“当有人说他们无法获得一部电影的时候,”Weiss 说,“你要有能力去核实。”

有人将其称为新电视文化。观众之间分享的下一代的社交网络、好友列表和社区 DVR 视频结合形成了市场驱动因素，这是一种用户生成内容。你可以通过 YouTube 等门户网站来分享视频，并且通过实时讯息来与朋友们实现即时互动，同样也可以进行用户控制内容的传输。

无论是播放纪录片还是政治辩论的英国广播公司，抑或是播放《迷失》最后一集的美国广播公司，或者是报道北京奥运会的中国广播公司，IPTV 及其传播层面，都交织在一起。你可以在自己的社区，甚至在另一个大陆，与朋友同时观看视频，并且通过实时讯息或者视频界面来发布评论，就如同你们在同一个地方观看同一个节目一样。

专门的 IPTV 和网络流媒体在从浏览到搜索的过程中都会面临同样的用户界面挑战。计算机过滤器满足于不断提高的效率，但是电视不一定有能力收集观众在寻找的东西。"今天你可以浏览频道网络并且进行频道转换，将来你要跟你的电视互动，就像进行谷歌搜索一样，"伯恩斯坦调研副总裁和高级分析师 Graig Moffett 这么认为，"至少在某些时候，你会积极地搜索你想观看的东西，并且你可以通过网络内容库对之前的电影节目和娱乐内容进行搜索。"①

三、极客们怎么说

我们都站在巨人的肩上，那些先驱者们树立远大梦想，然后研究出能够产生巨大效应的技术。我们向极客们表达敬意——也将自己视为极客，然后我们还要转向他们，看一下究竟是什么推动 IPTV 和互联网视频文化的进步。

在第九章中，我们探讨了带宽在任何实际服务供应商的产品和服务中所起到的关键性作用，尤其是当观众们不再忍受画面抖动或者频道转换迟缓的时候。我们可以想象一个无须担心生产能力的世界，在这个世界中，所有的速度和容量都是充分的。从现在开始到 2020 年，进步不可避免。到那个时候，我们会回顾今天的设备还有界面，然后嘲笑它们有多么原始。有人甚至断言，到 2020 年，宽带速度会超过 1 Gb/s。虽然我们认为这是很难实现的，但事实上，正像我们之前提及的那样，宽带速度肯定会持续大幅增加。② 除了增加的性能和用户数量之外，截止到 2012 年，全球每月 IP 流量会达到 44 艾字节（是 2007 年全部流量的 6 倍），视频流量预计会占消费者 IP 流量的 90%。③

另一个观察人士，《纽约时报》驻硅谷记者 John M. Arkoff 在 *Coming Soon*

---

① "Streaming vs. IPTV"（流媒体与 IPTV），Greenfield，Advanced Television（高阶电视），2005.

② Parks Associates.

③ http://www.cisco.com/en/US/netsol/ns827/networking_solutions_sub_solution.html.

to TV Land:*The Internet*(《即将到来的电视格局:互联网》)中诠释了未来的多媒体发展和IPTV。

在互联网时代到来的时候,美国在线、计算机服务,还有MSN等大型在线服务公司试图将客户锁在电子数据信息的围墙花园中。

可是很快就已证明,没有一家公司能够与提供给网络的各种各样的信息和娱乐资源相竞争。

同样的现象可能会远远超过传统的电视服务商。IPTV有可能会以数百万来自网络的视频、文字甚至视频——游戏风格的互动来取代有100个或者500个频道的有线电视。①

就像谷歌副总裁Bradley Horowitz(前雅虎媒体调研总监)曾经告诉我们的:"聚合并不是将电视和计算机杂糅在一起,更多的是关于使其成为'自媒体'而非'大众媒体'。"随着电视逐步成熟,并成为个性化互动的"可随地观看"的媒体,这种愿景肯定会逐步实现。这些电视面临的变革"将会使互联网的Web2.0相形见绌",福布斯杂志如是说。

四、IPTV:新旧的聚合

全球21世纪宽带网络的基础已经奠定,带宽正在增加,并且越来越多的内容可以通过新的混合式广播——宽带平台获得。就像本章之初探讨的梅特卡夫定律一样,这些因素的结果将超过其组成部分的总和。就像传真机或者19世纪的铁路网创造了一种新的商业和沟通模式,并且在接下来的几十年内保持增长一样,新兴媒体聚合创新将会成为"金色道钉"(指明道路者,译者注)。

虽然新的网络技术层出不穷,但是决定成功的关键是业务驱动者。举例而言,VDSL(超/甚高速数字用户环路)对于人口密度稠密的区域是有用的(因为有效距离非常之短),但是今天大多数电信部署倾向于ADSL2+。

最后但同样重要的是,不要低估消费者设计创新者的影响,这些公司推动了多媒体设备的舆论、收入和服务市场。在开发和完善的其他众多新产品和服务中,有一些引起了注意——在新兴市场中为自己寻求一席之地的行业破局者。

从Babelgum到Blinx,Hulu到Vudu,雅虎到Zattoo,宽带视频逐步盛行。其他引人注目的案例包括英国广播公司的按需提供的iPlayer "catch-up"互联网服务,Xbox游戏机IPTV集成,以及任何本书前文提及的将广播和宽带域名连接起来的其他混合式解决方案。

---

① "Coming Soon to TV Land:The Internet,Actually"(电视领域的未来:互联网),John Markoff,《纽约时报》,2006年1月7日。

简而言之,IPTV和在线视频都处于萌芽时期。包括Veoh、Vuze和Joost在内的在线视频提供商是先行者。就像曾经第一批电视就是在舞台口用摄影机拍摄的那样,真正的电影摄影技术、特效和伟大电影都是在几十年的尝试后才实现的。

TiVo允许我们对视频进行时间位移,实现随时观看。曾经"位移"听起来就像科幻小说的术语一样,直到Slingbox(2007年被Echostar以3.8亿美元价格收购)向我们提供家庭电视或者TiVo,无论我们是在新加坡还是圣路易斯。Slingbox将来自用户家庭电视、有线电视和DVR设备的信号通过世界上任何一处的互联网来进行提供。广播DTV和移动兼容性(包括3G)将内容传输到个人数字助理和智能电视,便携式媒体改进的价值定位为随时随地地为个人媒体提供通路。

Slingbox使用德州仪器DSP对来自分信源的视频进行数字编码(从480i到480p,720p到1080i)并且将其转换为受保护的Windows视频(WMV)格式以便以最高640×480的分辨率进串流。每个Slingbox都有独特的32位字母ID,并且客户可以为其设备设定密码。当一个SlingPlayer软件客户在某一既定时间连接到Slingbox,内容仍然是个性化的。但是这种允许视频通过互联网实现"再次传输"的方式——虽然只能传输给自己,仍然在娱乐产业引发轩然大波。

不过重要的不是技术本身。"你不能低估向消费者提供伟大体验的重要性,"Slingbox前首席执行官Blake Krikorian说:"过去,消费者的权利不大,所以他们不得不被强迫接受。在今天,消费者有了话语权,商家必须取悦他们,但是业务模式也必须行得通。"

苹果公司会不会继续成为将苹果电脑或者个人电脑带到内容发行中心的积极力量?在苹果的模式中,流入个人电脑和苹果电脑的内容通过IPTV层面整合基于网络的互动,并使用传统有线电视、电信公司和卫星作为第二层面,创新策略的首席分析师Tim Bajarin说过:"并且在短时间内,这可能是所有人的处理方式。"根据Bajarin的说法,他们的行业影响已经为最佳用户的界面外观和感受设定标准,并且"使电视内容转移至电脑变得更加简单——无论电脑是在起居室还是在楼上"。("地下室、起居室、汽车、口袋",这是乔布斯的说法。)

另外一个日益流行的方法就是社交媒体:整合线上视频并且分享至社交网络。举例而言,Joost互联网电视服务企图通过与全欧洲网页浏览市场的领导者Netlog(月度浏览量为400亿次)进行合作。Sequoia资本是由Kazaa创始人、Skype和雅虎支持者、谷歌、Youtube等共同成立的,创始人Niklas Zennström说,他们的目标是通过"移除你的数字电视或者广播所承载的频道数量等人为限制来搞定电视",然后将其带入互联网时代,增加社区特征和互动性。旨在引入新Web2.0最好的分享和协作文化,并且将其与合法权利和专业广播文化结合起来,就像很多其他新型服务一样。

软件和硬件供应商也发明了更多有影响力的、有成本效益的工具,并且在一个新的水平上促进内容生产、存储和发行。存储、压缩、吸收和播放的进步带来了令人欢喜的好处,将我们带到一个"全面连接的明天",前主席兼首席执行官 Frank Dangeard 曾经这样说:"只有当消费者控制内容的时候,他们才会观看。"毫无疑问,未来的协作创造内容将会更加娴熟,会出现按需提供的服务、新移动平台,还有更加司空见惯的广播 DTV。

最后一章中,有的观点强调打破惯例,但是我们在变革中看到了很多重要机遇。充分连接的明天或许仍然犹如天上的彩虹,继续让我们猜测其最终特征。但是下一个阶段属于大大小小的,初创的或者既有的,愿意掌握新进程和不断涌现新技术的市场以及拥抱未来的组织。您不妨研究一下这些观点,并且在不可思议的系列活动中继续下一阶段,在将来继续演化并影响这个行业。

第五节　总结

这本书讲述了 IPTV 和互联网视频的高速发展,我们已经看到新的服务、业务、商业实践和经济模式如雨后春笋般涌现出来。在这个执行简报中,我们已经为行业状态提供了一个清晰的视角,更加深刻地去探究科技,这对读者而言似乎是有价值并且合适的。

这一章再次阐述了 IPTV 的故事,然后探讨了其业务驱动者,还有塑造互动媒体新世界的尖端技术。然后考量了对这些新兴的、经常被夸大其词的发展的期待。本章还考量了更多不同类型内容的日益增加和一切媒体节目按需提供的可能性。

我们还估量了允许个人和企业制作人创造各自的定制频道或者节目网络的服务。在便携式媒体的世界中,我们还看到,随着消费者将所有信息放置于手中,设备变得小型化,更加联通,而所有内容也在这个过程中实现了移动化。

在最终反思 IP 视频的时候,我们回顾了盲人摸象的故事,用以类比今天的思想领导者、预言者和技术奇才是如何想象在 IPTV 和互联网视频技术影响下的世界的。

附录

术　语　表

1. 3G

第三代移动通信技术。该技术提供了更高的带宽，在车载设备中，其速率可提升至 128 Kb/s；在低于步行速度的设备中，带宽可提升至 384 Kb/s；处于固定位置的设备其带宽达到 2 Mb/s。数十亿美元的无线电频谱项目在 21 世纪之初就倍受青睐。

2. AAC(高级音频编码)

针对 MPEG-2 和 MPEG-4 的音频编码系统，可提供 48 个音频信道。在 5.1 环绕声中，一般编码速率为 192 Kb/s。

3. ADSL(非对称数字用户线)

支持标准电话线在正常语音通信基础上进行高速数据传送。其方法是使用高频率来传送数据，要求在消费者家中和供应商处安装 DSL 调制解调器。之所以称其为“非对称”，是因为从服务提供商到终端用户的数据速率比从终端用户到服务提供商的数据速率要快。

4. Aggregator(聚合器)

用于用户订阅的站点清单在远程网站上的周期性检测、信息收集和新内容合并。很多网页浏览器和电子邮件程序都内嵌了聚合器功能，门户网站亦然。

5. AP(接入点模式)

提供有线设备和无线设备连接的设备模式，一般提供发送和接收来自互联网的数据。

6. ATM(异步传输模式)

数字复用和网络标准，用于传输制式数据包(又称信元)。每个信元含有 48 字节的用户数据和 5 字节的报头。在 20 世纪 90 年代常被用于视频和数据的传送。

7. ATSC(高级电视系统委员会)

1982 年成立的业界委员会，主要负责制定不同媒介环境下的电视标准。ATSC 在美国数字电视和高清电视广播上有着卓越的贡献。目前，ATSC 制定的标准涉及数字广播的多个领域，包括了压缩文件、射频调制技术以及需要确保广播公司和观众设备间兼容性的其他领域。

8. Avail(广告效用)

在线性节目源中,系统运营商可以为本地广告提供插入服务。

9. AVC(高级视频编码)

2003年完成的视频压缩系统标准,比早期算法更加有效,也被称为H.264和MPEG-4。

10. Bandwidth(带宽)

衡量网络容量或吞吐量的标准,常用Mb/s或Kb/s来做单位。

11. B Frame(B帧)

MPEG-2的最高压缩类型,需要用到之前和之后的I帧和P帧。

12. Blu-Ray(蓝光)

一种光碟的行业标准,可用于高清视频的记录、重写和回放。

13. Broadband(宽带)

用以描述信号或携带高带宽信号的系统,一般传送速率在256 Kb/s。

14. CA(有条件接收)

用于控制视频、音频或其他数据文件接入的条款。用户接收(如视频文件的观看和记录)可以被限定于满足条件的特殊群体中,比如只有订阅了高阶电影服务的受众才能享有相关服务。

15. Cache(缓存)

短期、临时的存储位置。通常与硬盘驱动器和微处理器结合使用,通过每次读/写操作完成数据的传输,从而提高传送速率,也可用于简化高速设备与低速网络的连接。

16. Capture(获取)

将原始音频和视频内容转换的过程,可处理基于计算机的编辑、制作和流媒体系统。

17. CAS(有条件接入系统)

强制执行有条件接入许可的硬件或软件系统。一般包括置乱机制或基于传送前的内容加密机制,是允许经授权的用户设备在用户所在位置进行解扰或解密内容的机制,以及将置乱密钥或解密密钥安全分发给授权用户的机制。

18. CAT5(非屏蔽双绞线5类)

经认证的可用于10 BaseT和100 BaseT(以太网)网络连接的数据通信电缆类型。

19. CAT6(非屏蔽双绞线6类)

经认证的可用于1000 BaseT(千兆以太网)网络连接的数据通信电缆类型。

20. CATV(有线电视)

通过使用宽带光纤和同轴电缆进行视频节目的订阅用户传送的系统。现代有线电视系统提供数百个广播频道、视频点播节目以及数据和语音服务。

21. CDN(内容分发网络)

分布式服务器网络,用于传送网页或视频/音频文件给位于多个地理位置的用户,也可用于流应用中。

22. Closed Captioning(闭路字幕)

在视频图像中添加文本的过程,这些文本可在适合的电视机上显示。这些字幕之所以被称为“闭路”,是因为只有在观众选择显示字幕的情况下,它们才是可见的。一般来说,这些字幕除了关于音效的描述,还包含对话文本。

23. CO(中心区,中心站)

电话公司或其他服务提供商用于将信号传送给订阅用户的区域。通常来说,一个电话中心区包含用户电话呼叫的处理设备,还可能包含数据或视频的传送及处理设备。

24. Coaxial(同轴)

含有两条导线的电缆或连接器。其中一条在电缆的中心,另一条对其完全环绕,但两者之间被绝缘层隔绝。同轴电缆常被用于视频应用,因为它们在模拟信号和数字信号下都有良好的性能。

25. Codec(编解码)

对数字流或数据进行编码(压缩)和解码的软硬件。

26. CSS(内容置乱系统)

对 DVD 进行内容置乱,从而禁止在未经授权的播放设备上播放或复制内容。

27. Decoder(解码器)

将压缩的视频和音频内容转换为原始形态的设备,通常使用 MPEG 和 JPEG 等技术。

28. Digital Turnaround(数字转换)

将基于某种编码下的视频和音频信号(格式)转换为另一种编码下的视频和音频信号(格式)。

29. DOCSIS(有线电缆数据服务接口规范)

电缆调制解调器接入有线电视线路的行业规范。

30. DNS(域名系统)

将 IP 地址转换为易于识记的名称,并将该名称转化为互联网通信所需的 IP 地址的系统。

31. Download and Play(下载并播放)

一种网络视频传送技术。在此技术下,视频播放前会要求将整个视频文件下载到播放设备中。与之对比的是流媒体播放和渐进式下载和播放。

32. DRM(数字版权管理)

用来描述多种控制用户接入数字内容的通用规则。它包含有加密、置乱、复制保护等多种功能,一般用于版权作品和其他专利作品。

33. DSL(数字用户线)

在现有电话线上为用户提供高速数据连接的流行机制。目前有多种技术实现了市场化,它们通常都是传送速率和传送距离的不同组合。

34. DSLAM(DSL 接入复用器)

它可在多个 DSL 和高速带宽主干网络中提供高速数据传送信道。

35. DTH(直接入户)

一种卫星电视广播系统。它可以将节目直接传送到安装于用户家中的天线中。而其他基于卫星的业务则是将节目传送给 CATV、IPTV 和地面服务提供商,再由它们提供给观众。

36. DTV(数字电视)

用于压缩数字信号的视频播放系统。DTV 既适用于标清视频的播放,也适用于高清视频的播放。使用已转化为数字传输信道的模拟 6 MHz 电视信道,能够传送 19 Mb/s 或更高的数据流。

37. DVB(数字视频广播)

形成于欧洲的一个以制定用于播放数字电视信号标准的组织。这些标准中包含多种分发方法(参见 DVB-H)和格式,这些方法和格式可用于内容的制作。

38. DVB-H(数字视频广播——便携式)

用于将实时电视节目传送到便携式设备上的标准,在实际应用中它与 DMB(数字多媒体广播)/DAB(数字音频广播)和 FLO(单一前向链路)等标准进行竞争。

39. DVD

高密度、可移动存储介质。用于录制高质量数字视频和音频信号,广泛用于电影和其他视频内容的销售/租赁。已取代 VHS 录像带,成为消费者新的购买选择。

40. DVI(数字视频接口)

用于在信号源(PC、DVD 播放器和机顶盒)和多种显示器之间传送数字信号的连接器。它支持 HDCP(高宽带数字保护)协议。该协议保证内容分发给正确播放设备,而不会分发给录制设备。在许多高性能视频显示器中均可以发现此类 24 针脚的连接器。

41. DVR(数字视频录像机)

允许在终端用户控制下的记录和回放内容,一般基于视频压缩和硬盘技术。

TiVo 是此类技术较早的名称之一。

42. EAS(紧急报警系统)

美国的广播公司建立起来的政府命令系统，主要用于自然灾害或人为灾害等紧急情况下的公众警报传送系统。

43. Encoder(编码器)

使用 MPEG 和 JPEG 等技术对原始音频/视频内容进行压缩转换的设备。

44. Encryption(加密)

通过处理使数据对收发两端外的任意第三方不可用的技术。一般情况下，通过对原始数据和收发者密钥的计算来实现。如果没有密钥的第三方无法复原数据，我们就认为该加密方法是有效的。

45. EOD(全部点播)

潜在的未来视频传送概念，在此概念下所有的内容都在用户选择时传送给了用户，从而完全取消了线性节目及其时间安排。

46. EPG(电子节目指南)

通过屏幕显示信息支持浏览广播频道的节目安排以及可用于点播的电视节目。

47. ES(基本流)

MPEG 系统中的一个术语，用来描述加载到视频或音频解码器上的原始数据。这些数据流可被转换为可录制、可传输的其他形式。

48. Feeder Plant(加载端)

电话网络中用于本地中心区和远程终端间信号传送的部分。远程终端也可通过本地环路经由双绞线或其他技术连接到户。

49. Firewall(防火墙)

两个网络连接处的设备，用于确保一个网络中的某些类型的数据不会传送到其他网络中。当将 LAN 与互联网相连时，为了保护本地用户免受有害数据或探测器的破坏，一般会使用防火墙。

50. FEC(向前纠错)

数字网络信息中用于确定和纠正传输错误的技术，它为内容数据流带来数量不等的开销。

51. FTTH(光纤到户)

将高速数据和视频业务通过全光纤链路直接传送到用户住宅的系统，也被称为 FTTP。与部分使用光纤的 DSL 网络和 HFC 网络形成对比。

52. GB(千兆字节)

存储容量为 1024 MB 的存储空间，也可以被定义为 10 亿字节存储空间。

53. Gb/s(每秒千兆字节)

每秒可进行1024兆字节的数据传送。

54. GigE(千兆以太网)

数据传输速率达到1 Gb/s标准的LAN,其标准被称为IEEE 802.3。

55. GOP(图像组)

在MPEG中一系列的帧,包括1个I帧及多个(或0个)P帧和B帧。

56. HD(高清)

视频清晰度高于标准清晰度的图像。典型格式包括720行渐进扫描图像、1080行隔行扫描图像等。HD信号的高宽比一般为16∶9。

57. HDCP(高带宽数字内容保护)

在高清接收器和显示器间用以防止对数字内容进行非授权复制的DRM技术。

58. HDMI(高清多媒体接口)

用于连接机顶盒、高清DVD播放器和高清显示器的高性能数字音频和视频连接插口。

59. HDTV(高清电视)

高清信号的广播版本,通常指压缩到18 Mb/s或更低的HD信号,用以在DTV广播频道中广播。

60. Head End(前端)

在有线电视和IPTV系统中分发给多用户的视频或其他节目源。

61. HFC(混合光纤同轴电缆)

在有线电视分发系统中广泛使用的结构,在这种结构中从前段到本地区的长距离连接由光纤完成,信号分发入户的工作则由同轴电缆完成。HFC的优点在于可提供模拟和数字信号长距离传送,消耗低,并能进行高带宽传送,而不需要在每户安装管线接收器。

62. Home Gateway(家庭网关)

通过高速DSL调制解调器和通信端口,完成于互联网连接的具有服务器存储功能的组网设备。

63. Home Passed(家庭通过)

现有连接到网络的家庭数,其标准是物理构件能够让任意家庭成为网络订阅用户。

64. HPNA(家庭电话线网络联盟)

由AT&T、惠普、IBM和英特尔组成的业界组织。其制定了家庭组网的标准,推动了电信和IT数据、设备及业务供应商间的革新和交互。

65. HTTP(超文本传输协议)

应用于互联网的以便于客户端和服务器间进行通信的协议。

66. Hub(集线器)

在双绞线以太网中将同一域中多个电路进行连接的数字通信设备。

67. Hulu

由 NBC Universal 和 Fox 共同投资 1 亿美元建立的商业流视频网站。

68. IETF(互联网工程任务组)

用于提供互联网通用框架所需方案和规范的工程组。IETF 负责生成 RFC 的技术,而 RFC 构成了控制互联网运作的标准。

69. I Frame (I 帧)

MPEG 帧类型之一,即不依赖其他任何帧的数据。一般来说,I 帧需要对数据进行编码,但当新的数据流出现时需要解码器工作。

70. Impulse PPV (即兴 PPV)

消费者用于定制点播视频业务的方法,该业务通常按观看次数付费(PPV)。使用即兴 PPV,用户可以简单地使用其遥控器来定制点播视频内容,费用则从用户已建立的账户中扣除。而传统 PPV 则需要观众根据屏幕提示进行电话号码呼叫,人工定制内容。

71. Interactive TV(交互式电视)

通过用户接口,观众可以以各种形式参与到视频内容中去。

72. Internet(互联网)

为数据提供商和用户提供互联功能的全球性网络。数以百万的用户通过互联网进行日常交流、资料搜索和娱乐。它为不同的应用提供了通用媒体以支持现代商业、政府和个人活动。

73. Internet Video(互联网视频)

网站浏览用户选择的、分别传送的视频内容。一般被连接到个人计算机或其他可联网设备上进行播放。

74. IP(互联网协议)

用于互联网上及其他分组数据包中进行通信的规范数据格式标准。这些标准包括每个包的报头的标准格式和数据包的寻址机制。目前,我们称为 IP 的标准定义存在于 RFC791 文档中,该标准是 1981 年 9 月由美国国防部高级研究计划局(DARPA)制定的,是 IETF 维护的标准集的一部分。

75. IP Address(IP 地址)

一串 32 字节的数字,用于为 IP 网络上的每个数据接收器和发送器提供唯一的标识。一般以点分十进制来表示,如 129.35.76.177。

76. IPTV

通过宽带连接在机顶盒上进行双向数字广播信号的传输。通常在交换电话网或有线网络中进行。IPTV 和传统的有线电视、卫星电视和广播电视类似，一般是将频道的连续节目传送给消费者，以供其在传统电视机上进行观看。

77. IRD(集成接收器/解码器)

卫星电视系统中的一类设备，主要用于接收信号，并对其解码，以使之能够在用户电视机上显示，通常包括对保护内容进行置乱和将数字信号转换为兼容电视机的模拟视频信号所需的线路。

78. ISO(国际标准化组织)

由来自全球的多个组织构成的、负责定义和建立多领域国际标准的机构。

79. ISO/IEC

国际标准化组织和国际电工委员会的联合委员会，用于开发信息和通信的标准。MPEG 的众多标准都由该委员会通过，并在其标准编码前加注 ISO/IEC。

80. ISP(互联网服务提供商)

为商业团体和个人进行互联网接入的公司或组织，其业务通常建立在付费基础之上。

81. Jitter Buffer(抖动缓冲器)

抖动缓冲器是一个共享的数据区域，在这个数据区域中，每隔一段均匀的间隔，语音或视频包会被收集、存储并发到语音处理器。

82. JPEG

一种由联合图像专家组制定的关于数字图像压缩的标准。

83. Kb/s

每秒 1024 字节的数据传送速率。

84. Kbyte

数据大小为 1024 字节。

85. Key(密钥)

通过加密算法来生成用户加密信息。如果加密算法没有被破解，则除了拥有密钥的发送者和接收者外，其他各方均无法理解信息的内容。

86. LAN(局域网)

覆盖本地区域(家庭、公司或小型建筑等)的数据通信网络。绝大多数 LAN 技术的传输距离有限，通常只有数百米。

87. LEO(本地终端区)

IPTV 网络中最接近用户的部分，在该区中，视频信号经过转换传送到每个家庭。

88. Lip-sync(嘴形同步)

视频和音频信号经过调整，使图像和声音匹配，是视频、音频信号的特性之一。如果无法实现嘴形同步，则用户体验就会很差。

89. Macroblock（宏块）

一个包含每个帧或视频序列的 16×16 的像素区，是 MPEG 的基本工作单位。宏分块通常用于描述被破坏的 MPEG 图像，其色块由单色块所替代。

90. MB

计算机平均存储量为 1024 千字节。

91. Mb/s

数据传送速率约为每秒 1 百万字节。

92. Metadata（元字节）

从字面上看就是“关于数据的数据”。元数据用于描述数字文件的内容，以使文件易于被处理和存储。关于视频内容的元数据包括多种信息，如作品标签、时长、格式及其他有用信息。一般情况下，元数据可以被插入到视频流中去，以支持视频内容的自动识别。元数据就好比录像带外的标签，它帮助我们查找到我们想要的内容，而不需要对每盒录像带内容进行观看。

93. Metcalfe's Law（梅特卡夫定律）

网络的价值与系统用户数量的平方有关。这是罗伯特·梅特卡夫针对互联网提出的定律，有助于解释互联网和无线通信网的叠加效应和价值。

94. MhP（多媒体家庭平台）

DVB 开发的中间件标准。它定义了机顶盒上安装的操作系统和用户之间的接口，有利于简化软件开发者和机顶盒设计者的工作，为开发和部署提供了一个通用平台。

95. Middleware（中间件）

用于将特定构件和应用软件联系起来的一系列功能和业务。

96. Moore's Law（摩尔定律）

每 18 个月应用于信息的处理器价格与性能比和晶体管密度提高一倍。

97. Motion Estimation（运动估计）

MPEG 的关键部分，通过对前后视频帧的分析比较，确定图像的各部分是否发生了移动。如果发生了移动，则 MPEG 解码器就会收到命令，在下一帧中将一个或多个宏块从图像中的一个位置移动到另一个位置。

98. Motion Vectors（运动矢量）

用来描述两个连续帧中宏块从一个位置到另一个位置的运动，包括运动的方向和幅度。

99. MPEG（活动图像专家组）

1988 年成立的委员会，主要负责制定数字存储的视频编码标准。由其制定的多个标准通过了 ISO/IEC 批准而成为国际标准。MPEG 也被用于描述多种压缩格式。

100. MPEG LA(MPEG 专利管理机构)

MPEG 统一专利许可供应商。

101. MPLS(多协议标签交换)

在多种传输网络中,用来简化核心路由器执行功能、改善不同数据流的技术。

102. Multicast(组播)

数据传输由单一信号源发出,面向多个目标进行传送的技术,与之相对的是单播技术。

103. Musicam

MPEG 第二层音频的别名,在欧洲通常用于 DAB 和 DVB 中。

104. Narrowcast(分众传播)

特定传送者针对公众中的一小部分人进行特定内容的传送,与之相对的是广播。

105. NTSC(美国国家电视标准委员会)

成立于 20 世纪 50 年代早期的委员会,负责美国彩色电视标准的制定。

106. NVOD(准视频点播)

视频传送系统之一,用于模拟视频点播系统中的一些属性,但没有单个视频流控制能力。NVOD 的常用形式被称为交错播放。在此种形式中,节目的多个副本以每 5 分钟的速度开始播放,从而保证观众的等待时间不超过 5 分钟。

107. OCAP(开放电缆应用平台)

由 CableLabs 开发的中间件接口标准,从而为美国有线电视运营商提供软件应用和机顶盒便携服务。OCAP 部分基于 MhP 标准。

108. OTA(空中传送)

使用标准射频信号传输至电视机天线的电视广播技术,也称为地面广播。

109. Packet(数据包)

由多种长度组成的,可在 IP 网络中进行传送的数据集。

110. PAL(逐行倒像)

通用于欧洲的彩色视频信号,在这种信号中每一行的像都与下一行的像相反。也可用于 625 行、25 帧/秒隔行扫描视频标准的简化版,该标准广泛用于欧洲和其他国家。

111. PC(个人计算机)

描述台式计算机和便携式计算机的通用名称。通常用来形容基于英特尔/AMD 处理器,运行微软操作系统的计算机,有时也被用来形容 Macintosh 和 Linux 的计算机。

112. Peer-to-Peer(同等延迟机制)

基于计算机采用同等行动而非客户端或服务器的文件分布系统。

113. PES(分组数据流)

用于 MPEG 中,描述在进行深度处理前被划分为多个分组的数据流。PES 分组的长度可以是数十万字节,因此在通过 IP 网络传送前需要进一步进行传送流分组。

114. P Frame(P 帧)

MPEG 视频帧的一种,它使用之前的 I 帧数据。一般情况下,P 帧包含的数据比 B 帧的多,比 I 帧的少。

115. PID(包标志符)

用于识别 MPEG 传送流中的每个不同的视频和音频流,包含在传送流中的每个分组具有来自基本流的数据,如视频或音频 ES,并且每个包中都具有唯一的 PID。

116. Placeshifting(位移)

将视频节目从用户家中的电视机、电缆、PVR 等设备发送到位于全球任意位置上的用户 PC 或无线设备上。

117. Podcasting(播客)

线上媒体发布形式,支持生产者上传内容文件,并支持观众下载内容或订阅新文件的更新信息。

118. PONs(无源光网络)

“最后一里路”(整个传送过程的最后阶段,译者注)的网络技术。由光纤组成并在服务提供商和消费者间构建无源光元件。

119. Portable Media(便携式媒体)

一般指通过无线方式访问,通过更强大功能、更大硬盘容量的新设备来进行传送的高移动性音频、视频和图像内容。诸如 mobisode(手机电视剧)的新术语可用于描述更短、更小的视频内容。

120. Pop3

由互联网服务提供商提供的接收和存储 e-mail 的客户端/服务器协议的最新版本,被绝大多数 PC 用于接收邮件。

121. Post-roll(后置广告)

在内容播放完成后向观众播放广告,相较于前置广告和中置广告。

122. PPV(按次观看付费)

收费方式的一种,即在特定的时间内,用户拥有观看或收听某个特定内容的权利,并为此支付费用。观看权利可能限于单项内容的播放,或在特定时段(如 24 小时)后过期。

123. Pre-roll(前置广告)

在用户观看内容之前播放广告,相较于中置广告和后置广告。

124. Progressive Download and Play(渐进式下载播放)

网络视频传输技术的一种。在这种技术中,视频内容被分割成为一系列小文件,并在播放过程中依次将每个小文件下载到用户设备上。与之相对的是流播放和下载后播放技术。

125. PS(节目流)

包含一个或多个分包的 MPEG 流,其中包括一个通用时钟源。这些流可以使不同类型的视频、音频能够被同步播放。节目流无法匹配传送,但适用于录制目的和磁盘存储,如 DVD。

126. Push VOD(推播)

在用户机顶盒中存储 VOD 内容并用于用户控制播放的技术。区别于普通 VOD 系统,推播不需要与中心局建立高速视频数据连接。

127. PVR(个人视频录像机)

参见 DVR。

128. QoS(服务质量)

IP 及其他数据网络所遵循的机制。它允许一些数据流有更高的优先等级,并与其他数据流一起分享通信线路或设备。

129. Quadruple play(四重播放)

包括互联网接入、电视、电话以及无线服务在内的电信业务。

130. Quick Time

苹果公司开发的软件框架,可集成多媒体应用和功能,从而处理视频、音频、图像、动画、音乐和文本。

131. Remote Terminal(远程终端,简称 RT)

传统电话网络的一部分。在这里,数字电话信号被转换为标准二线式模拟信号。RT 常被用来为 DSLAM 的安装提供物理空间、能源等。

132. Return Path(回程路径)

与信息基本流向相反的通信信道。常用于有线电视应用中,这些应用里很多路径在建立之初就是单向的(从有线电视提供商到用户家庭)。但对数据或语音通信等双向应用而言,回程路径是必需的。

133. RF(射频)

通过天线向外辐射或接收的高频电信号。大量的设备使用了 RF 信号,如 AM(调幅)/FM(调频)电台、电视台、蜂窝电话、卫星接收器和所有现代计算机设备。常见频率范围在 3 kHz 到 30 GHz。

134. RJ-45

适用于 10 BaseT 和以太网后续数据通信标准的标准连接器。它是一个有 8 线的塑料小夹子，看上去与用作将电话固定在墙壁底座上的 4 线或 6 线连接器近似。RJ 是 Registered Jack(已注册插口)。

135. Router(路由器)

在 IP 网络中，它被用于 IP 包包头的处理，并将 IP 包分发至各个目的地；在视频网络中，它是一种用于提供视频源和目标间进行交换的设备。

136. RTCP(实时传送控制协议)

一种数据传送控制协议，常与 RTP 一同使用，以完成实时媒体流的传送。RTCP 的功能包括支持不同媒体类型(音频和视频)间的同步，为流媒体提供包括网络质量、用户数量、用户身份等在内的多种信息。

137. RTP(实时协议或实时传送协议)

专为传送流媒体视频和音频信号特别设计的实时数据传送协议。通常与 UDP 一起使用，提供包序列号和包时间戳。RTP 常与 RTCP 一起使用。

138. RTSP(实时流媒体协议)

用于建立和控制实时流的协议，通常用来创建网站链接以指向特定的流媒体文件。

139. SAP(会议通知协议)

用于发送网络中可用组播流信息和监理组播连接所需用户设备信息的 IP 数据包。

140. SD(标清)

20 世纪 50 年代普及的视频图像清晰度标准，在世界范围内的电视机中被采用。对于 60 Hz 的 NTSC 系统而言，视频图像是由 525 个隔行扫描水平线构成的，其中 485 行代表了实际的图像。对于 50 Hz 的 PAL 系统而言，视频图像由 625 个隔行扫描水平线构成，其中 576 行代表实际图像。这两种标准的高宽比均为 4∶3。

141. SHE(超级前端)

在有线电视和大型 IPTV 系统中，SHE 常用于接收来自不同源的信号，并将它们分发到位于 MSO(移动交换基站)内的前端设备或 VSO 上。为大量的用户提供服务，对一个 SHE 而言再正常不过。

142. SMTP(简单邮件传送协议)

在 IP 网络中进行电子邮件传送的互联网标准，在众多 PC 中用于邮件的发送。

143. SLA(服务等级协议)

运营商和消费者签订的，规定了运营商向消费者提供不同等级的网络性能的合同。一般包括网络性能保证(最低的可用性、最大差错率等)以及一系列在最低要求无法满足时的补偿措施(如退款等)。

144. Slingbox

TV 设备品牌名称,是最早实现将 TV 信号从用户家庭的电视、有线网和 DVR 设备中传送到互联网上任何地方的设备之一(参见位移)。

145. Smart Card(智能卡)

包含微处理器和记忆体的小型塑料卡或芯片,常用于设备的存储和传送授权解密代码,如机顶盒和移动电话。

146. SMPTE(活动图像和电视工程协会)

位于美国的、负责为电影和视频技术开发标准的组织。

147. Social Networking(社交网络)

在用户设备间实现语音、聊天(IM)、网页、短视频和协作式好友列表的网页交互,常被视为 Web 2.0 的主要特征。

148. Soft Real Time(软实时)

视频传送应用之一,在这一过程中视频信号的传送时间与其显示播放的时间长度相等。对于软实时而言,视频信号可以是实时的,也可以是提前录制的。特殊的端对端延迟是可被接受的。

149. S/PDIF(Sony/Philips 数字插口格式)

用于连接用户音频播放设备的数字音频格式。

150. Staggercast(交叉传送)

一种接近于视频点播传送的方式。它在几分钟的间隔内重复传送同一节目的多个拷贝,从而使用户至多只需要等待几分钟就可以收看到其选择的节目。

151. STB(机顶盒)

与视频传送系统同时使用的设备,能够完成包括信号处理、解调、解密和数/模转换在内的多种功能。在基于 DSL 的 IPTV、DTH 卫星电视系统以及有线电视系统中常用到 STB。

152. Streaming(流)

在网络中,以匹配显示设备所需传送速率连续传送视频或其他内容的方式。

153. Streaming Engine(流引擎)

在视频服务器中,用来向用户生产直播或实时视频流的软件包。

154. Subtitles(字幕)

添加到活动图片和电视内容中的文本,它有多种用途,如使用另一种语言文字来显示内容。在内容中加入字幕后,文本成为视频图像的一部分一起呈现给用户。与在美国的闭路字幕对比中可以看出,闭路字幕的显示或隐藏可以通过用户指令完成。

155. Supertrunk(主干网络)

用于将多信号从一个前端传送到另一个前端的高性能 CATV 应用链路。这些信号可以是模拟信号，也可以是数字信号，其选择标准源自传输距离和所需应用。

156. S-Video(S-视频)

一种模拟视频信号，其色度和亮度通过单独的信号路径进行传输。与不需要和电视显示的色度和亮度信号分离开的合成信号相比，S-视频的质量更好。

157. Switch(交换机)

在以太网中提供多个端口，且每个端口都有独立的逻辑和物理网络接口的设备。这一功能杜绝了交换机独立端口间产生包碰撞的可能，从而提升了整体系统表现。

158. Tagging(标签)

对内容文件的简短描述(一到两个字)，从而帮助基于文本的搜索引擎能够辨识和定位非文本数据文件。它可以由内容所有者或初始发布者标注，也可以由其他用户完成，这取决于网站所有者提供的功能。

159. TB

存储容量为 1024 GB。

160. TCP(传送控制协议)

IP 网络中使用的可靠数据传送协议，具备数据传送以及自动数据传送的速率控制和错误分组重传功能。作为一种广泛应用的数据传送协议，TCP 可应用于整个公共互联网。然而，对直播或流媒体信号而言，基于 UDP 上的 RTP 才是更好的选择。

161. Telepresence(远端临场)

视频会议的一种高阶形式。通过结合高清晰度视频、音频和房间装饰，让用户产生犹如同其他与会人身处同一房间的强烈感受。

162. Timeshifting(时间移动)

在一个时间点使用 PVR 或其他设备录制广播电视节目，而在另一方便时间点进行观看。

163. TiVo

一种 DVR 设备名称(参见 DVR)。

164. Transcoding(代码转换)

将使用一种技术(如 MPEG-2)进行编码的视频信号转换成另一种技术编码(如 MPEG-4)。

165. Transrating(速率转换)

改变已压缩视频流比特率的过程。

166. Triple Play(三重播放)

互联网、电视和电话业务的组合,由电信商提供。

167. tru2way

由 CableLabs 制定的行业标准,用以支持基于 Java 的有线电视系统的电视交互应用。

168. True Streaming(真实流)

一种与下载后播放不同的网络视频传送技术。在这种技术下,视频信号实时传送到用户设备上,以供用户观看。

169. TS(传送流)

在 MPEG 中使用的标准方法,用于将 PES 流转换为可轻松进行传送的包流,如连接到家庭的 IP 网络、卫星链接或数字电视广播等。每个 TS 包长度固定在 188 字节,尽管可以增加 FEC 数据,但也只能让 TS 包的长度增至 204 字节或 208 字节。需要注意的是,用于 MPEG 信号的 IP 包通常包含多个传送流包。

170. TV 2.0

区别于传统广播和宽带网络的,基于 Web 2.0 的下一代交互、点播和个性化视频节目传送服务。

171. UDP(用户数据报协议)

IP 网络上使用的数据传送协议,可提供无连接、无状态数据传送功能。它提供的低开销并不可能影响视频传送的自动速率降低和分组重传机制,所以它常被用于视频传送。

172. UWB(超宽带广播)

一种无载波通信技术,利用时间间隔极端脉冲进行通信的技术。它可抵抗多重路径衰退,且功率低、速率高。

173. Unicast(单播)

数据传输以单一源向单一目标传输完成,可对比组播。

174. Upconvert(上行转换)

将标清信号转换成高清信号的视频处理技术。

175. UTP(非屏蔽双绞线)

用于传送数据信号的一种电缆形式,包括多种形态的以太网。

176. VC-1

SMPTE 421M 视频压缩技术标准,曾被称为 Windows Media 9。

177. VDSL(甚高速数字用户线)

支持大量带宽的数字用户线技术。其第一代标准提供了距离源 1000 ft(300 m)位置上的 52 Mb/s 带宽。在这一范围内,其速率通常可供在单一 DSL 线路上向多台电视机传送多条高清视频流。

178. Video Blogging(视频播客,也被称为 vlogging)

由业余或专业人士以日志、报道或通信序列更新的形式完成视频故事、新闻或信息覆盖的一种传送形式。与博客一样,视频播客常通过允许其他网站使用者根据所需订阅源来进行用户整合。

179. VOD(视频点播)

在用户想要观看视频节目时将视频节目传送给用户的过程,通常包含跳过片头(快进)或回放等。

180. VoIP(网络电话)

基于 IP 下的网络语音通话形式,以替代公共交换电话网语音通话。

181. VSO(视频服务区)

大型 IPTV 网络的组成部分。在该区域内,本地节目被处理并分发给 CO/RT 设备,最终传送给 IPTV 用户。

182. Walled Garden(围墙花园)

用户浏览内容和功能受到服务提供商限制的网站浏览环境。

183. WAN(广域网)

在大地理跨度(城市间或全球内)下用于连接两个或多个网络分块的网络。

184. Web 2.0

2004 年 O'Reilly Media Web 2.0 会议上确定的被称为第二代互联网应用的事物。它支持社交网络、多媒体、wikis 和播客的传播、集合和社区形态。

185. Wi-Fi

无线局域网数据技术,也被称为 802.11。在多种台式计算机、大多数新产笔记本和移动设备中都会用到该技术。

186. xDSL(x 数字用户线)

在这个缩写词中,x 代表任意所选字母,如"ADSL"代表不对称数字用户线,"HDSL"代表高速数字用户线等。xDSL 是一个通用词,表示"任意类型的数字用户线"。

187. (Ad)Zapping(广告跳过)

在 DVR 或 VOD 系统中,用户可以通过控制节目播放达到广告跳过的目的。